本专著得到国家自然科学基金资助
优化反倾销税率模型的理论研究及实证分析(基金号:70673061)

优化反倾销税率研究

——基于社会福利最大化

钟根元　著

上海交通大学出版社

内容提要

我国成为世界贸易组织(WTO)的成员国后,国外企业对我国的倾销问题十分突出。本书建立了各种因素影响的反倾销税率的优化模型,可以为我国政府部门确定合理的反倾销税率提供理论依据,以避免过低的税率不能有效防止国外的倾销以及过高的税率导致的贸易摩擦。

本书适合反倾销研究人员以及政府相关部门、企业管理人员参考阅读。

图书在版编目(CIP)数据

优化反倾销税率研究:基于社会福利最大化/钟根元著. —上海:上海交通大学出版社,2009
ISBN 978-7-313-06093-8

Ⅰ.优... Ⅱ.钟... Ⅲ.反倾销税—税率—研究 Ⅳ.F745

中国版本图书馆 CIP 数据核字(2009)第 207592 号

优化反倾销税率研究
——基于社会福利最大化
钟根元 著
上海交通大学出版社出版发行
(上海市番禺路 951 号 邮政编码 200030)
电话:64071208 出版人:韩建民
常熟市华通印刷有限公司 印刷 全国新华书店经销
开本:787mm×960mm 1/16 印张:11.25 字数:209 千字
2009 年 12 月第 1 版 2009 年 12 月第 1 次印刷
ISBN 978-7-313-06093-8/F 定价:28.00 元

前言

自从1978年我国实行改革开放30余年来，我国经济总量在世界占比从1.8%增长到7.3%，排名从第13位跃居到第3位，人均GDP每10年不到就翻一番。对外贸易年均增长17%，入世以来更是高达27%，出口占世界比重由0.8%增长到8.9%，成为全球第二大出口国，第三贸易大国。

尤其是2001年11月10日正式成为世界贸易组织(WTO)的成员国以来，我国融入世界贸易组织这个大家庭，使得我国开放型经济迅速发展，综合国力不断提升，改变了国际经贸格局，推动国际体系深刻演变。同时我国的贸易政策必须同国际接轨，要符合世界贸易组织有关条款的规定。成为世界贸易组织(WTO)的成员国后，国外企业进入我国的关税将大幅度下降，同时我国政府还必须消除很多非关税壁垒。所以，面对国外企业对我国进行的倾销，我国政府还无法运用关税及其他非关税壁垒进行抵制，以保护我国的幼稚企业免遭倾销的损害或威胁，而只能借助世界贸易组织(WTO)条款允许的反倾销(AD)措施。同时，对于我国企业出口到国外市场的产品遭受国外政府的反倾销，使我国企业近年来的出口额受到显著影响，从而减少了我国出口企业的利润。

这样，我国遭遇倾销与反倾销有关的贸易摩擦和各类贸易保护主义具有必然性。所以，我国政府在完善反倾销法律法规的同时，必须建立完善的反倾销机制以抵制国外企业对我国进行的倾销；同时我国政府、企业必须采取有效的措施消除或减少我国出口企业的出口产品遭受外国企业申请的反倾销调查。

本书主要研究在国内外企业以利润最大化、国内政府以社会福利最大化为目标的假设前提下，在不同信息条件及不同市场结构的假设条件下，运用经济学、博弈论等有关原理确定涉及国外企业、国内企业及国内政府双方或多方博弈的国内政府应适用的优化的反倾销税率，同时对影响优化的反倾销税率的因素进行经济学分析，并与以倾销幅度为基础的现行反倾销税率公式，在理论上作比较研究并讨论其合理性。

本书主要包括四个部分：

第一部分：阐述有关倾销的概念、提出倾销反倾销问题研究意义以及有关研究回顾。

第二部分:讨论反倾销的经济效应及提出和分析现行反倾销税率计算基础的倾销幅度公式存在的缺陷。

第三部分:在国内外企业以利润最大化、政府以社会福利最大化为目标的假设前提下,以经济学、博弈论和数理统计等有关原理来确定在国内外企业或上下游企业处于完全信息静态博弈下、完全信息动态博弈下、不完全信息静态博弈下、不完全信息动态博弈下政府对出口国企业所征收的优化反倾销税率,并分析影响优化反倾销税率的因素,同时分析证实现行计算反倾销税率的倾销幅度公式的缺陷。

第四部分:运用前三部分的分析结果,在倾销和反倾销问题上为我国政府提供政策建议,为我国出口企业提供应对策略的思路。

希望本书对从事倾销反倾销研究工作的有关学者以及实务工作者具有一定的参考价值。

目 录

第 1 章　倾销与反倾销概述

本章主要讨论倾销反倾销有关概念，提出研究倾销反倾销问题的意义，回顾国内外学者专家对倾销反倾销问题的研究状况，并列出本研究框架。

1.1 倾销、反倾销概念

1.1.1 学术界对倾销概念的界定

倾销(Dumping)，源于北欧国家的语言，是指人们抛弃自己不需要的东西。《布莱克法律辞典》把倾销定义为：倾销是以低于国内市场的价格在海外市场大量销售商品的行为。可见，倾销作为国际贸易理论上的概念实际上与其原意已相差甚远。

早在 1776 年，著名英国经济学家亚当·斯密(Adam Smith)在其名著《国富论》中论及英国奖励出口政策时，把倾销概念引入了经济学领域。指出：依赖国家奖励金，商人和制造业者才能在国外市场上以与竞争者同样低廉或更为低廉的价格出售他们生产的货物，导致出口量增大，贸易差额变得对本国有利。认为倾销是出口国对自己国家企业生产的销往国外市场的产品的一种奖励，即相当于国际贸易中对出口产品的一种国家补贴(Subsidy)，而完全不同于现代意义上的倾销概念的含义。

直至 1884 年，在一次有关关税问题的讨论会议上，英国议会才赋予倾销一词为具有“低价抛销商品”的含义，但是，当时还不能把倾销理解为国际贸易领域里的与国外企业争夺世界市场的一种竞争手段，而只是一种普通意义上的价格促销策略。

19 世纪末 20 世纪初，西方发达资本主义国家生产企业生产能力的不断扩大和先进机器设备的广泛应用，为一些生产企业垄断国内市场和低价抢占国外市场提供了有利的物质条件。为此，人们进一步认识到倾销对国际贸易的重大影响。国际社会开始关注倾销行为对国际贸易的利弊问题。当时最有影响力的国际组织——国际联盟对倾销问题进行了探讨，并于 1922 年在一份备忘录中首次对倾销作了如下定义：如果出口产品的国外市场销售价格低于出口国国内市场价格或低于生产成本即构成倾销。这一定义将进出口两个市场价格或与生产成本相比较的方法来确定倾销。但是这份意义深远的有关倾销的备忘录招来了不少的批评而没有被普遍接受。

1923年，著名的倾销研究先驱，美国学者雅各布·维纳(Jacob Viner)教授在《倾销:一个国际贸易问题》一书中首次把倾销定义为:不同国家市场之间的价格歧视。此定义表明倾销是一种价格行为，并指出了构成倾销的两个最基本条件:一是两个国家市场，二是价格歧视。按照该定义不同国家市场上的价格歧视存在两种倾销现象:第一，在进口国市场上销售的商品价格高于在出口国市场上销售的商品价格;第二，在进口国市场上销售的商品价格低于在出口国市场上销售的商品价格。第一种倾销现象被称为"反向倾销"，第二种倾销现象被称为"正向倾销"。同时，雅各布·维纳依据倾销持续时间的长短和对国际贸易的不同作用将倾销划分为零星性倾销(Sporadic dumping)、连续性倾销(Persistent dumping)和间歇性倾销(Intermittent dumping)。第一，零星性倾销是指非人为外界因素引起的偶尔的或临时性的倾销，又称为短期性倾销(Short-run dumping)。例如，某一生产商由于生产能力过剩，产品大量积压或库存，短时间内向国外市场低价抛售。第二，连续性倾销是指生产商一直以低于出口国市场价格向国外市场倾销。生产商这种连续不断的倾销行为是基于生产商规模经济、成本递减等优势而产生的。这种倾销行为对进口国相同或相似产业会产生损害作用，而消费者则能从中受益。第三，间歇性倾销，又称掠夺性倾销(Predatory dumping)，是指生产商为了侵占和垄断国外市场，故意作暂时性的利润损失，以低于竞争对手的价格大量倾销产品，一旦搞垮对手，反过来重新提高销售价格的倾销行为。这种倾销行为不仅损害进口国的产业，而且进口国的消费者最终会失去先前获得的消费者剩余。这种倾销行为应该成为反倾销的主要对象。

现代著名女经济学家罗宾逊夫人在她的名著《不完全竞争经济学》中对雅各布·维纳的价格歧视作了进一步阐述和证明:某垄断生产商将同种产品按不同价格销售给不同市场上的消费者的行为称为价格歧视。

1.1.2 倾销的经济学分析

垄断生产商将同种产品按不同价格销售给不同市场上的消费者可以增加其企业利润。而向国外倾销能使一个企业的利润达到最大化，可见，利润达到最大化是使企业向外国市场进行倾销的内在原因。下面，来分析一下倾销怎样使企业达到利润最大化。

假设条件:

假设1:假设市场为不完全竞争市场，具有一定的垄断程度，垄断厂商对国内市场和国外市场具有一定的控制力，可以自己确定自己生产的产品价格。

假设 2:国外市场和国内市场相互分离,销售到国外市场的产品不能返销回国内市场。

假设 3:在国外市场上销售产品的价格需求弹性大于在国内市场上销售产品的价格需求弹性。

假设某垄断厂商在国内市场的销售量为 Q_d ,在国外市场的销售量为 Q_f ,总生产量为 $Q_A = Q_d + Q_f$ 。用 $p_d(Q_d)$ 表示国内市场的消费者反需求函数,用 $p_f(Q_f)$ 表示国外市场的消费者反需求函数。而用 $C(Q_d + Q_f)$ 表示该垄断厂商生产该产品的成本函数。那么,该垄断厂商的利润函数为:

$$R(Q_d + Q_f) = p_d Q_d + p_f Q_f - C(Q_d + Q_f) \tag{1-1}$$

根据利润最大化的条件,即边际收益等于边际成本,可以得到:

$$MR_d(Q_d) = MC(Q_d + Q_f) \tag{1-2}$$

$$MR_f(Q_f) = MC(Q_d + Q_f) \tag{1-3}$$

式中, $MR_d(Q_d)$ 和 $MR_f(Q_f)$ 分别为该垄断厂商在国内市场和国外市场上获得的边际收益,而 $MC(Q_d + Q_f)$ 为该垄断厂商生产产量为 $Q_A = Q_d + Q_f$ 时的边际成本。

也就是说,生产一单位额外产品的边际成本等于国内、国外每个市场上的边际收益时,该垄断厂商的利润达到最大。如果国内市场的边际收益大于边际成本,那么该垄断厂商增加在国内市场的销量将增加它的总利润。在国外市场上也是这样。由于两个市场上的边际成本相同的,因此,要达到利润最大化,厂商在国内、国外两个市场上销售产品带来的边际收益必定相等。于是,可得到

$$MR_d(Q_d) = MR_f(Q_f) = MR_A(Q_d + Q_f) = MC(Q_d + Q_f) \tag{1-4}$$

根据边际收益和需求弹性的关系式,即

$$MR(Q) = p(Q)\left[1 - \frac{1}{|\varepsilon(Q)|}\right]$$

式中 $\varepsilon(Q)$ 表示产品市场的价格需求弹性。

因此,可以得到:

$$p_d(Q_d)\left[1 - \frac{1}{|\varepsilon_d(Q_d)|}\right] = p_f(Q_f)\left[1 - \frac{1}{|\varepsilon_f(Q_f)|}\right] \tag{1-5}$$

根据假设: $\varepsilon_f(Q_f) > \varepsilon_d(Q_d)$,可由式(1-5),得到:

$$p_d(Q_d) > p_f(Q_f) \tag{1-6}$$

也就是说，在国外市场上销售的产品价格小于在国内市场上销售的产品价格，这就是倾销。因此，倾销能使垄断厂商的利润达到最大化。也就是说国外企业对进口国进行倾销的目的是追求利润最大化。

下面以图示来说明倾销产生的原因。

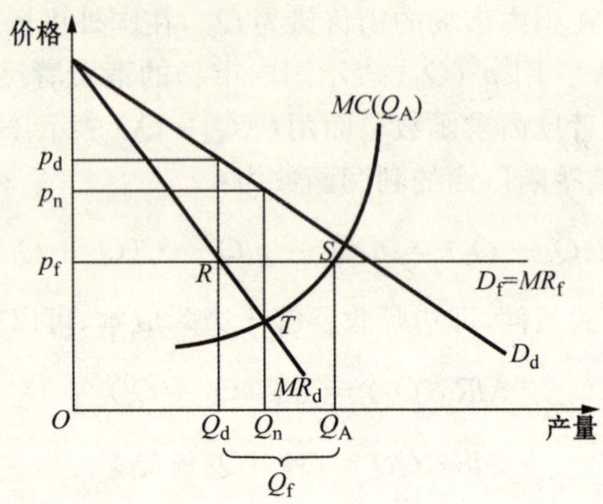

图 1.1 倾销模型图

在倾销模型图（见图 1.1）中，D_d 为国内需求曲线，D_f 为国外需求曲线，为了分析方便，假设 D_f 曲线是水平的，即它有无限大的价格需求弹性系数。此时国外市场上产品的价格就等于产品的边际收益。显然，在国外市场上产品需求的价格弹性系数大于在国内市场上产品需求的价格弹性系数。假如不存在对外贸易，即所有的产品都在国内市场上销售，那么根据利润最大化原则即 $MR = MC$ 原则，国内厂商将生产数量为 Q_n 的产品并以价格为 p_n 在国内市场上销售，可以实现利润最大化。此时，最大的利润为 $Q_n \cdot p_n - C(Q_n)$，不能再增加。但是，存在对外倾销的情况下，上述的利润还可以增加。下面分析倾销如何增加利润。

现假设存在对外贸易，同时满足上述前两个假设条件，即，①假设市场为不完全竞争市场，具有一定的垄断程度，垄断厂商对国内市场和国外市场具有一定的控制力，可以自己确定自己生产的产品的价格；②国外市场和国内市场相互分离，销售到国外市场的产品不能返销回国内市场。第三个假设条件显然满足。那么为了实现利润最大化，国内厂商必然：①使国外市场的边际收益等于国内市场的边际收益，即 $MR = MC$，从而决定了其在国内市场销售产品的数量减少到 Q_d，见图 1.1，而产品的国内销售价格提高到 p_d；②同样实行实现利润最大化，即 $MR = MC$ 原则，其在国外市场上以国外市场价格 p_f 出口数量为 $Q_f = Q_A - Q_d$。这样，国内厂商在存在对外贸易和不存在对外贸易的情况下，国内销售产品的价格都大于在国外市场上销售产品的价格，即图中所示的 $p_d > p_n > p_f$，这就是某产品从一国出口到另一国的出口价格低于正常价值(国内市场销售价格),即倾销。由于国内对于价格的需求弹性低于国外市场的需求弹性,国内厂商通过倾销从国外市场获得的超额收益大于由于国内销售数量的减少而引起的利润减少额,即倾销所增加的利润为在倾销模型图中的面积 RST 。所以,倾销能增加国内垄断企业的利润。

1.1.3 关贸总协定对倾销概念的界定

第二次世界大战之前,对国际贸易中的倾销现象都是通过国内立法加以界定。1901 年,澳大利亚首先在其国内法《工业保护法》中就规定了反对国外的出口倾销的有关法规。1904 年,加拿大政府在国内法《海关关税法》中首次规定了有关反倾销措施,该法第 19 款规定:如果进口产品的价格低于该产品在出口国的公平市场价值,那么加拿大政府可以对该进口产品征收反倾销税。此后,新西兰、德国、日本、罗马尼亚等国也对国外产品的不公平竞争问题进行了国内立法,规定其国内行政部门可以对不公平竞争的进口产品征收一种所谓的反倾销税的额外税收。美国在 1916 年的税收法中也对国外的进口产品规定了反倾销措施。1921 年,在美国化工部门的要求下,美国政府又颁布了专门的反倾销法(1921,Antidumping Act)。这部法律为美国工业提起反倾销诉讼提供了法律基础,同时它也是现代反倾销法的雏形。

各国相继进行的国内反倾销立法,说明了倾销和反倾销已成为当时国际贸易中的一个重要问题;另一方面,各国政府又担心各自的反倾销措施会影响国际贸易的发展。在这种背景下,于 1948 年 1 月 1 日生效的《关贸总协定》(GATT)首次对倾销与反倾销问题作了一项国际性的规定。该协定的第六条款对倾销作了如此规定:“缔约方承认倾销,即一国之产品以低于该产品的正常价值被输入另一国的商业,应受到谴责,如果倾销对某一缔约方领土内已建立的工业造成了实质损害或实质损害威胁,或者实质阻碍了一项工业的建立。在这种情况下,缔约方为了抵消或防止倾销,可以对任何倾销的产品征收数量不超过这种产品的倾销幅度的反倾销税。”从此以后,反倾销的基本原则就被正式纳入了多边条约之中。先后加入《关贸总协定》的西方国家必须承担遵守并执行该协定的义务。

自 WTO 的《反倾销协定》通过以来,全球各国的反倾销行为终于有了一个统一的准则与规范,随之而来的问题是各国政府如何在确定的规则下运用合理的手段来进行反倾销斗争,从而捍卫本国企业和公民的权益。反倾销税是对倾销商品所征收的进口附加税,它是 WTO 反倾销协议允许使用的保护受倾销损害的国内产业的措施之一。当进口国因外国倾销某种产品,国内产业受到损害时,征收相当于出口国国内市场价格与倾销价格之间差额的进口税。目的在于抵制倾销,保护国内产业。通常由受损害产业有关当事人提出出口国进行倾销的事实,请求本国政府机构征收。政府机构对该项产品价格状况及产业受损害的事实与程度进行调查,确认进口国低价倾销时,即征收反倾销税。政府机构认为必要时,在调查期间,还可先对该项商品进口暂时收取相当于税额的保证金。如果调查结果倾销属实,即作为反倾销税予以征收;倾销不成立时,即予以退还。有的国家规定基准价格,凡进口价格在此价格以下者,即自动进行调查,不需要当事人申请。各国征收倾销税的法则差别很大,关税及贸易总协定第6条关于征收反倾销税的规定,对各国并无约束力。20世纪60年代中期,肯尼迪回合时,曾制定《反倾销法典》(Anti-Dumping Code)。1973～1979年东京回合时,又加以补充修改,除对倾销含义加以界定外,并规定征收反倾销税时的必要条件。倾销停止时,应立即取消征收反倾销税。但这未能真正起到统一各国立法的作用。滥用反倾销税的事例时有发生。

反倾销税从来就是贸易大国进行关税战、贸易战的重要工具。它通过提高进口价格限制进口,对国内进口竞争产业发挥保护作用,是反倾销斗争的最重要最直接的方式之一。反倾销税的制定过程牵涉到政府、国内企业、国外企业及社会福利的方方面面。然而,值得注意的是,反倾销税作为一项贸易政策,应服务于发展本国经济,增进国家整体福利水平,而非局限于保护进口竞争产业。基于世界瞬息万变的事实,反倾销斗争中的双方也在不断改变对策。

目前,世界贸易组织的所有成员国都要受到反倾销协定的约束。

1.2 倾销与反倾销问题研究意义

2001年11月10日,我国正式成为世界贸易组织(WTO)的成员国,随着许多非关税壁垒的消除以及关税的大幅下降,随之而来的问题是国外对本国市场的大量倾销。根据WTO公布的最新数据,从1995年到2008年6月,我国一共发起了141起反倾销立案,同时实施反倾销108起,具体数据见图1.2。

由图可知,我国从反倾销立案到反倾销最终的实施有至少1年的滞后期,同时近年来反倾销立案数有明显的下降趋势。这是由于许多国外企业存在规避反倾销措施的行为。一些涉案国企业相继到我国投资建厂。例如,由于进料加工不交反倾销税,近年来,三氯甲烷进料加工贸易量不断加大,进料加工贸易比例由2003年的50.5%升至2006年的79.5%,2007年1～9月已升至95.8%。

同时看一下世界整体的反倾销立案与实施数据,见图1.3。

通过WTO数据统计,我国虽然GDP总量排名世界第三,但是作为经济大国,在反倾销立案与实施方面才刚刚起步,只是世界总量的一小部分。同时,根据WTO最新发布的1995年到2008年6月世界范围内遭受反倾销措施最多的10个国家(地区)的数据,见图1.4。

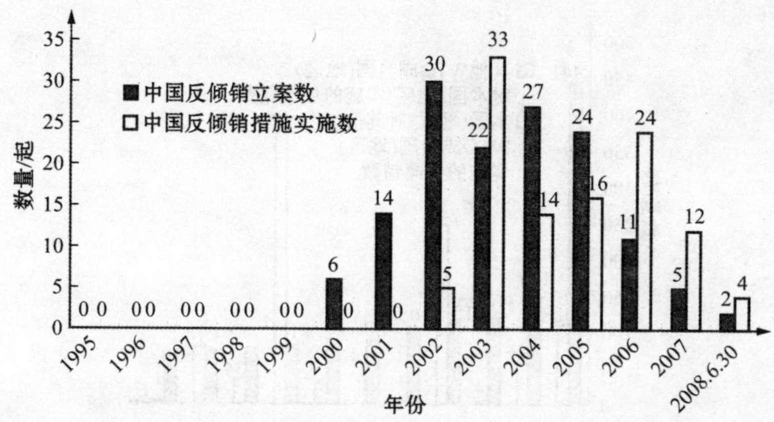

图1.2 我国1995～2008上半年反倾销立案与实施数据图

数据来源：Statistics on anti-dumping from WTO

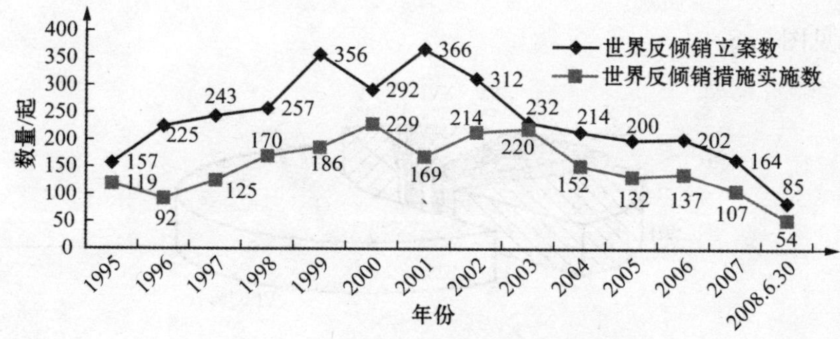

图1.3 世界反倾销立案与实施数据图

数据来源：Statistics on anti-dumping from WTO(数据截至2008年6月)

通过与其他发达国家(地区)以及发展中国家(地区)遭受反倾销以及实施反倾销数据的比较，可以发现在短短的13年中，其他WTO成员国对中国实施反倾销达到441起，总量世界第一，是排名第二的韩国所遭受的反倾销措施数量的3倍之多，同时我国对其他WTO成员国实施反倾销却只有108起，与同样是发展中国家的印度相比，只有它的三分之一。这一结果显然对我国的制造业，尤其是劳动密集型行业不利。因此对于国内企业，要通过自身努力，强化其反倾销应诉能力，提高应诉成功率，从而降低其他WTO成员国对本国实施的反倾销数，而对于我国政府，则应该在完善反倾销法律法规的同时，迅速建立完善的反倾销机制以抵制国外企业对我国的倾销。

WTO数据显示，我国所实施的108例反倾销措施的案例中，大部分是第Ⅵ、Ⅶ

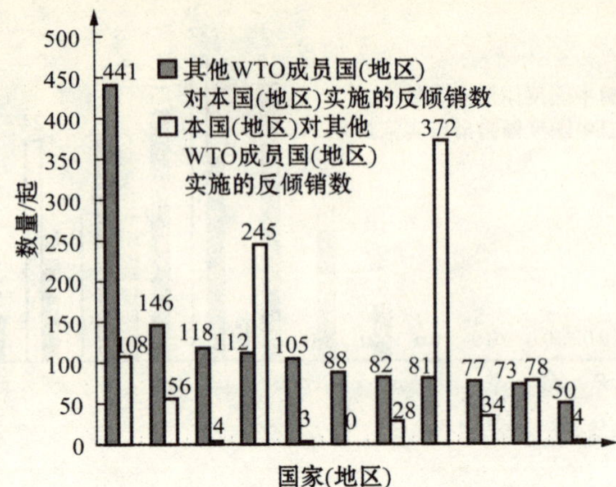

图 1.4 1995～2008.6 遭受反倾销措施最多的前 10 个国家(地区)数据统计

数据来源:Statistics on anti-dumping from WTO

类商品,见图 1.5。

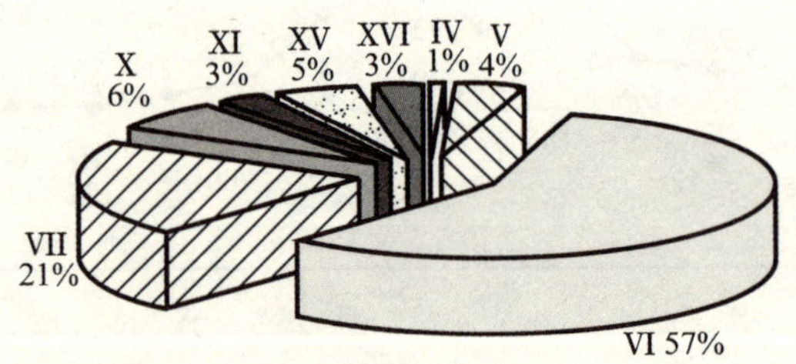

图 1.5 我国 1995～2008.6 实施反倾销措施商品分类图

数据来源:Statistics on anti-dumping from WTO

根据《海事合作理事会税则商品分类目录》,第Ⅵ类商品代表化学工业及其相关工业的产品,第Ⅶ类商品代表塑料及其制品、橡胶及其制品,通过图 1.5 可知我国对这两类商品实施反倾销的数量占了总量的 78%。

自从 1978 年我国实行改革开放以来,我国经济总量和进出口贸易量一直在持续快速地增长,至 2007 年中国年度外贸进出口总值首次超过 2 万亿美元,2008 年我国对外贸易进出口总值达 25 616.3 亿美元,比上年增长 17.8%。贸易总额在世界上的排名由 1978 年的第 34 位上升到第 3 位,已成为世界贸易大国之一。海关统计数据显示,2007 年欧盟为我国第一大贸易伙伴,双边贸易总额 3561.5 亿美元,增长 27%。美国为第二大贸易伙伴,双边贸易总值为 3020.8 亿美元,增长 15%。日本为第三大贸易伙伴和最大进口来源地,双边贸易总值 2360.2 亿美元,增长 13.9%。此外,2007 年我国对东盟、香港地区、韩国和台湾地区的双边贸易值均超过千亿美元，分别为 2 025.5 亿美元、1 972.5 亿美元、1 599 亿美元和 1 244.8 亿美元，分别增长 25.9%、18.8%、19.1%和 15.4%。但是，我国国内企业的出口产品一直遭受国外的反倾销(antidumping)调查，使我国企业不得不退出很多国外市场，失去很多国外市场份额；同时，我国幼稚产业遭受国外企业的倾销(dumping)，使我国相关产业造成实质性损害或者产生实质性损害的威胁，或者阻碍我国相关产业的建立，但是我国国内企业和政府还没有相应的反倾销机制保护我国国内企业免受损害。因此，慎用反倾销税这项措施，对其经济合理性做出判断，是值得世界各国，特别是深受反倾销措施危害的中国深入研究的问题。

1.2.1 有利于我国出口企业应对国外的反倾销调查

自从 1979 年 6 月欧共体对我国糖精发起首例反倾销调查以来，我国企业的出口产品屡遭国外反倾销的指控。

1995 年以来，针对中国的反倾销案件呈现出不断上升的趋势，至今在全球遭遇反倾销排行榜上居于榜首，成为了国际上遭受反倾销投诉的首要对象国。据世贸组织统计，20 世纪 80 年代，我国遭受的反倾销案件年均 6.5 起，90 年代上升至年均 30.5 起，2001 年至 2004 年平均每年 47 起，而 2007 年第一季度就达到了 11 起。

所有这些反倾销指控使我国企业在国际市场上的市场份额大量减少，出口贸易大受阻碍。这些反倾销指控突出表现在以下几个方面：

1）对我国企业的出口产品提起反倾销调查的国家和地区越来越多

对我国实施反倾销的国家和地区日益增多。20 世纪 80 年代末期之前指控我国企业倾销的国家主要集中在欧共体、美国、澳大利亚、加拿大 4 个发达国家和地区。但是 90 年代以后，很多发展中国家和其他一些发达国家也加入对我国出口产品进行反倾销调查的行列。如印度、墨西哥、伊朗、智利等也开始纷纷对我国提起反倾销指控。

2）我国出口产品被反倾销调查的范围不断扩大

我国出口产品遭受反倾销调查的范围涉及动物商品、蔬菜、加工食品、矿产品、化工商品、塑料制品、皮革、纸浆及纸张、纺织品、鞋类、玻璃及陶瓷制品、基本金属、机电设备、车辆、仪器、其他工业制成品等，20 世纪 90 年代被调查产品以低附加值或劳动密集型产品为主，近年来一些技术产品也开始遭到外国的反倾销指控。

3）出口产品反倾销的涉案金额不断增加

20 世纪 90 年代以来，随着我国出口贸易的快速发展，出口额增大，出口产品被反倾销的涉案金额也不断增加，由开始时的几十万、几百万、上千万增加到上亿美元。

4) 我国出口产品的反倾销案件具有波及效应

随着全球经济一体化的快速发展,世界各国的开放程度越来越高,导致各国市场之间相互联系越来越强。当我国某一出口产品遭受某一国家的反倾销调查之后,其他国家会马上警觉起来,建立预警机制,或相继对该产品提起反倾销调查,以防止我国出口产品改变贸易方向,向这些国家和地区大量出口这种产品。因此,每当我国出口产品被某国反倾销调查之后,经常会出现连锁反应的局面。

5) 我国出口产品被裁定的反倾销税率不断上升

近年来,我国出口产品经常被征收高达100%以上的反倾销税率而使我国出口产品失去外国市场。例如秘鲁对我国服装征收10.63%～910.91%的反倾销税率,墨西哥对我国自行车裁定的反倾销税率为144%、电池为300%、玩具为351%、铅笔为451%。

6) 我国出口商品的出口商或生产商对国外的反倾销调查应诉不力

面对国外对我国企业的疯狂反倾销调查,我国大多数企业并未积极参加应诉,而参加应诉的很少能够胜诉。这主要是与我国企业对反倾销概念比较生疏,运用法律武器进行自我保护的观念不强,应诉费用昂贵等因素有关。

因此,研究倾销反倾销的有关理论,以及了解世界贸易组织对于倾销反倾销的有关规则等等,对于我国出口企业及政府应对倾销反倾销问题具有重要的现实意义,可以指导我国出口企业及政府建立反倾销预警机制及建立应对国外反倾销的应诉体系,从而从容地应对国外对我国出口企业的反倾销。

1.2.2 有利于我国企业政府应对国外产品对我国的倾销

一方面,我国出口企业的产品遭受国外的反倾销愈演愈烈,而另一方面,某些外国产品在我国市场上的倾销现象已相当严重,并且严重地挤占我国国内市场,给我国不少幼稚产业带来实质损害或实质损害威胁。到目前为止,外国产品的倾销行业已涉及彩卷、建材、计算机、钢材、造纸、化工、家电等诸多产业或相关产业,给国内同类产业造成了严重的经济损失,扰乱了国内正常的市场秩序,在一定程度上制约了我国民族工业的正常发展。

中国已于2001年11月10日正式成为世界贸易组织(WTO)的成员国,从此,我国就融入世界贸易组织这个大家庭,这样,我国的贸易政策必须同国际接轨,同时要符合世界贸易组织有关条款的规定。成为世界贸易组织(WTO)的成员国后,国外企业进入我国的关税将大幅度下降,同时我国政府还必须消除很多非关税壁垒。所以,面对国外企业对我国进行的倾销,我国政府无法运用关税及其他非关税壁垒进行抵制以保护我国的幼稚企业免遭倾销的损害或威胁,而只能借助世界贸易组织(WTO)条款允许的反倾销(AD)措施。

所以，我国政府在完善反倾销法律法规的同时，必须建立完善的反倾销机制以抵制国外企业对我国进行的倾销；同时我国政府、企业必须采取有效的措施消除或减少我国出口企业的出口产品遭受外国企业申请的反倾销调查。

可见，分析出口国企业、进口国企业、国外政府及国内政府之间倾销、反倾销行为，对于我国政府制定倾销反倾销法律法规及我国企业如何应付国外对我国出口产品的反倾销调查等，具有重要的理论意义和现实意义。可以指导我国政府如何确定合理的反倾销税率及指导我国出口企业与政府应对国外对华反倾销。

1.3　国内外研究回顾

首次规定反倾销措施法规的是加拿大在 1904 年制定的《海关关税法》。该法第 19 款规定：如果进口产品的价格低于该产品在出口国的公平市场价格，那么加拿大政府可以对该进口产品征收反倾销税。然而，现代反倾销历史的开端在于 1947 年的关贸总协定(GATT 协定)。当时主要由于美国政府的支持，首次关贸总协定包括了如何进行反倾销税征收的有关条款。在 1947 年的关贸总协定第 6 款里把倾销定义为：当一个国家的产品以低于该产品的正常价值进入另一个国家，并由此对该国的相关产业造成实质性损害的行为，即为倾销，允许进行征收反倾销税。从此以后，反倾销的基本原则就被正式纳入了多边条约之中。先后加入该总协定的国家和地区必须承担遵守并执行总协定所规定的义务。

然而，关贸总协定第 6 款只是一个原则的规定，许多具体问题并未涉及，也无明确的程序规则，因此各国在反倾销的立法与实践中相互之间存在很大的差异。为了改变这一状况，关贸总协定的成员国于 1967 年 6 月 30 日在日内瓦讨论通过了第一个《反倾销守则》(1967 GATT Antidumping Code)。该守则是对关贸总协定第 6 款的具体化，对反倾销中的一系列问题及调查程序都规定了具体的标准。在总协定的东京回合谈判期间，成员国又签署了一个新的《反倾销守则》，即于 1979 年 4 月 1 日达成的《关于执行关税与贸易总协定第 6 款的协定》。该协定于 1980 年 1 月 1 日起生效。该守则条文更加完善，而且解决了过去各国国内法与 1967 年守则之间存在的法律冲突，使其具有更广泛的可接受性。同时也反应了反倾销条件的放松，也是 20 世纪 80 年代反倾销次数明显增加的因素之一。

尽管反倾销有悠久的历史，但是 1980 年以前反倾销争端相对来说非常少，而且反倾销措施仅仅限于少数几个国家和地区。真正反倾销措施的普遍运用是在 1980 年以后。

1.3.1 20世纪80年代前反倾销行为研究

由于对20世纪80年代前的反倾销行为缺乏系统性的证据，所以很难对80年代前的反倾销行为进行系统的研究。但是下面几个观点具有普遍的可接受性，第一，80年代前几乎所有的反倾销行为都集中在以下6个国家（地区）：美国、欧共体、澳大利亚、加拿大、南非和新西兰；第二，这6个国家（地区）每年最多发起二、三十起反倾销行为；第三，征收反倾销税很难符合关税与贸易总协定的规则，即对征收反倾销税规定了比较高标准，使80年代前的反倾销行为很少。例如，在整个50年代美国政府没有对一个反倾销案件征收过反倾销税，而整个60年代美国政府只有对美国反倾销案件的10%左右征收过反倾销税。关税与贸易总协定对反倾销的高标准规则意味着反倾销规则对缔约国之间几乎没有什么反倾销保护作用。70年代中期以前的这么多年里在国际贸易中只有少数反倾销案件，而且在大多数年份里反倾销调查的最终结果是没有征收反倾销税。同时，根据仅有的资料显示70年代早期以前的最终实施征收反倾销税的案件不到反倾销案件的5%。

当然，现在都知道即使没有实施征收反倾销税，反倾销案件的受理和调查都会对别国的倾销行为具有限制作用。例如，美国经济学家Prusa(1992)经过调查认为反倾销案件的撤销和终止常常会导致自动出口限制（VER）。但是在80年代以前通过谈判解决倾销反倾销问题通常不太常用。另外，直至东京回合即80年代以后实施征收反倾销税才开始渐渐使用。所以，两位经济学家Staiger和Wolak(1994)强调的调查效应在80年代以前不是一个重要的问题。

综上所述，由于反倾销申请的数量较少，而且反倾销法律法规的倾销标准定得较高，所以80年代以前反倾销对国际贸易的影响微乎其微，故当时对倾销反倾销的理论研究较少。

1.3.2 20世纪80年代后反倾销行为研究

鉴于20世纪80年代以前的关税与贸易总协定有关反倾销法规对倾销所起的作用甚小，总协定成员国在东京回合谈判期间签署了一个新的《反倾销守则》，即于1979年达成的《关于执行关税与贸易总协定第6款的协定》。该协定对反倾销法规作了大量的修正，其中最主要的有两个条款。第一，扩大了“低于正常价值”(LTFV)的定义的外延。“低于正常价值”不仅是指价格歧视，而且还指低于成本销售。现在，在美国国际贸易中，基于成本的反倾销申请占美国所有反倾销案件的1/2到2/3之间(Clarida,1996)。而根据Messerlin(1989)估计欧盟对发展中国家的反倾销案件的90%以上是基于成本的反倾销案件。美国著名的法学专家Horick说基于成本的反倾销申请已经成为“美国反倾销法律的主要特征”

(Horick,1989,p. 136)。第二,肯尼迪回合守则要求在征收反倾销税以前必须证明倾销产品对国内相关产业造成了实质性损害或实质性阻碍,或者实质阻碍了相关产业的建立。迫于发达国家的压力,东京回合守则修改了这个条款,认为这种证明没有必要。

这两项修正根本上改变了反倾销的游戏规则。在东京回合守则生效后的前三年里各国提起的反倾销申请数量几乎等于整个 70 年代反倾销的申请总量。整个 80 年代在世界范围内提起的反倾销申请超过 1 600 起,反倾销申请率至少是 70 年代的两倍。

从 1980 年到 1985 年,四个传统反倾销使用者(美国、欧盟、澳大利亚和加拿大)提起的反倾销申请数量占这期间全球反倾销数量的 99%以上(Finger,1993)。之后,越来越多的国家和地区加入反倾销的行列。到 90 年代早期,新型反倾销使用者提起的反倾销申请几乎占所有反倾销申请数量的 1/4,然而到 90 年代中期,新型反倾销使用者提起的反倾销申请几乎占所有反倾销申请数量的 1/2 强。

按照数量来计算,欧盟和美国仍然是世界上提起反倾销案件数量最多的国家或地区。然而,美国经济学家 Finger,NG,和 Wangchuk(2000)认为,仅仅按照反倾销申请的数量来计算不能反映一国的反倾销使用程度。因为欧盟和美国是世界上最大的两大商品进口国或地区,所以,从理论上来说,它们也应该提起更多的反倾销案件。如果改用反倾销案件数量占单位美元进口额比例来衡量反倾销的使用频率,那么,从 1995 年到 1999 年的期间内,欧盟和美国是世界上使用反倾销频率最低的国家或地区之一。按照这种替代方法计算,反倾销案件使用密度最高的国家和地区是发展中国家,即新型反倾销使用者。例如,巴西的反倾销使用密度是美国的 5 倍,印度是美国的 7 倍,而南非和阿根廷是美国的 20 倍。事实上,几乎所有的发达国家使用反倾销的密度都比欧盟和美国要高。

发展中国家实施使用反倾销措施的发展趋势向传统反倾销使用者如欧盟和美国提出了严重的挑战。传统反倾销使用者由原来反倾销的纯粹实行者同时也变为了反倾销案件的积极防御者。在整个 90 年代,欧盟作为一个整体,受到的反倾销调查数量比其他任何一个国家或地区来得多。美国也一样,其受到的反倾销调查数量位于中国和欧盟之后,排在第三位。

当然,在国际贸易中反倾销案件数量的大量增加决不意味着不公平贸易的增加,或者,事实上在国际贸易中根本不存在不公平贸易。

反倾销的研究者研究表明反倾销争端的不断增加源于以下三个原因:第一,正在进行的关税日益自由化。由此会导致国际贸易量的增加从而引起贸易纠纷的增加;第二,没有令人满意的反倾销保护条款。由此导致被倾销损害或威胁的相关产业避免使用这些保护条款;第三,GATT/WTO 规定的反倾销标准不断弱化(Hansen and Prusa,1995;Miranda,Torres,and Ruiz,1998;Finger,Ng,and Wangchuk,2000)。

1.3.3 国外反倾销研究综述

传统倾销理论对倾销的理解就是“市场之间的价格歧视”,即在国内外两个市场销售同质产品,国内市场的售价高于国外市场。传统倾销理论的代表人物是Viner,他于1923年出版了《倾销:国际贸易中的一个问题》这一经典专著,第一次对倾销进行了系统全面地阐述,包括倾销的定义、分类、动机、对价格和福利的影响以及各国法律的对比分析等。Viner在书中还指出倾销的基本条件是垄断和保护。在随后相当长的一段时间对倾销问题的研究都是基于他的分析基础之上的。

随着贸易模式的发展,传统的倾销理论不能解释经济社会出现的一些新问题,于是出现了现代倾销理论。Ethier(1982)最早将低于成本销售纳入到倾销的研究范畴,并且他认为传统倾销理论对于“垄断”的要求过于极端,“保护”也成为当代主张的目的而不是起因了,因此Ethier对传统倾销理论提出的倾销基本条件给予了扩展。他考虑了存在产品需求条件改变时的不完全调节的要素市场,这一条件对大多数当代问题至关重要,而在传统理论中完全排除了对它的考虑。于是作为对传统倾销理论的补充,他提出另一个理论,并称之为现代倾销理论:即在一个不确定的和缓慢调解的世界中,倾销是国内要素市场和国际商品市场之间关系的一个整体部分。

Staiger和Wolak(1994),Krupp和Pollard(1996)研究了反倾销过程(例如反倾销申请、立案、初步调查以及终止等等)如何影响出口企业的出口额及出口价格。

Simon,Nicolas& Jacques-Francois(1995)运用Cournot和Bertrand竞争模型探讨了反倾销政策的施行使谁获益,指出反倾销税的征收使国内消费者剩余增加,使国内相同或相似行业的利润减少,但这两者之和增加。

Czinkota & Kotabe(1997)利用美国政府1980～1992年所实行的反倾销案件实证研究了美国国际贸易委员会(ITC)在什么条件下会做出损害存在的裁决,认为以下情况更可能裁决为对美国国内企业造成损害:进口商品所占的比例越高,进口商品的进口增长率越快,国内行业由少数几个企业所垄断,大量国内企业提起的反倾销申请,进口关税税率越低和有关消费品提起的反倾销申请等等。

Hansen & Prusa(1996)研究表明,美国国际贸易委员会和商务部对倾销案件的裁决受政治压力的影响,拥有参议员的地区的企业更容易获得有利的裁决。

Sabry(2000)利用4位的SCI数据进行研究,结果表明,决定东道国国内厂商提起申诉的因素是进口产品在东道国国内的市场占有率、国内的产业就业状况和该产业的资本密集度。

Aradhna Aggarwal(2004)对99个发达国家和发展中国家1980～2000年有关反倾销案件的数据进行了实证分析，认为发达国家和发展中国家对反倾销措施的运用具有很大区别，发达国家往往在商业周期处于萧条时实施反倾销措施，而发展中国家往往作为一种保护措施来弥补其他诸如关税等措施。

Farrell, Gaston & Sturm(2004)利用1984～1998年日本对外直接投资(JFDI)数据分析了20世纪90年代JFDI连续激增的原因，认为东道国反倾销措施的应用不断增加及反倾销税率的不断提高是JFDI增加的一个重要原因。

Brander和Krugman(1983)将寡头垄断竞争作为国际贸易产生的独立原因建立了一个倾销模型，说明倾销是由于与寡头垄断有关的结构原因而引起的，而且倾销可以是相互倾销。

在90年代，因为倾销理论已经基本趋于成熟，而国际上反倾销的使用却在不断扩大，所以理论又有了新的发展，博弈论被广泛地用来解释倾销和反倾销的战略行为。Furusawa和Prusa(1996)建立一个两国相互倾销模型，其中只有一个国家具有反倾销法。他们发现，如果市场条件导致出口市场更多的竞争性，具有反倾销法国家的厂商不会提起反倾销诉讼。Blonigen(2000)也考虑相互倾销模型，但允许两个国家都有反倾销法，这就使报复成为可能。他的模型显示，如果来自两个国家的厂商相互有足够的产品出口到对方市场，则可能出现合作的结果，而不会提起反倾销诉讼。此外，宏观经济变量的变化，例如汇率和GDP，也成为所考虑的影响因素。Feinberg(1989)研究汇率变化对美国反倾销申请的影响，发现美元贬值导致更多的反倾销申请。Knetter和Prusa(2000)重新考虑这个问题，得出了不同的结论。他们的模型显示汇率也影响损害裁定，事实上，汇率对损害裁定的影响与对倾销计算的影响方向是相反的，美元贬值使进口渗透率降低，从而降低损害判定的可能性。因此，汇率对反倾销的影响取决于损害和倾销计算哪个更重要。Knetter和Prusa对此进行检验，发现美元贬值导致反倾销的增加，说明损害判定对一项申请的成功更重要。他们还发现，GDP的降低也导致反倾销的增加。此外，还有大量文献运用二元回归技术检验反倾销损害判定的经济因素。

与任何贸易政策一样，经济学家不能不关注的问题就是福利影响和市场结果。通常经济学家估计福利影响时使用的标准方法是可计算局部和一般均衡模型。Murray和Rousslang(1989)，DeVault(1996)，Kelly和Morkre(1998)使用局部均衡模型研究反倾销案件中计算的倾销幅度对国内产业的经济影响。Kelly和Morkre检验了美国的反倾销案件，发现在大部分案件中，国内产业的收入下降(或损失)是相当小的。研究的一个推论是，如果倾销没有引起国内产业的显著损失，那么反倾销税的影响和整个福利影响必然会很小。

当然，福利估计还需要考虑其他一些非常重要的因素。例如"调查效应"的影响，Prusa(1992)以及 Staiger 和 Wolak(1994)对此问题作出了研究；Prusa 还发现反倾销造成实质性的贸易转移效应；反倾销诉讼对厂商和政府的战略行为的影响，以及它们对利润、就业和福利的含义正受到越来越多的关注。反倾销诉讼导致的 FDI 和它对创造就业的影响尤其引起了学者们特别的兴趣。Fischer(1992)重点从数量、价格、市场占有率与反倾销政策、福利等方面分析研究了贸易保护的内在动因及其企业行为。

近几年，国外学者结合 WTO 规则以及反倾销与发展中国家的密切关系的角度来研究反倾销。Jota Ishikawa(2004)考虑了垂直市场结构，他考虑了分离的市场结构到统一市场结构的转变对贸易交易量、消费价格、利润和国内社会福利的影响。结合市场整合，联系反倾销的相关政策与法律，得出结论：在统一的市场结构下，无论是消费者还是垄断厂商都不能从中获利；反倾销的相关法律会为消费者带来一定的正效应，而这种正的利益是以牺牲生产者剩余为代价的。

Chad P. Bown(2008)指出，自从 1995 年起，发展中国家使用反倾销手段的频率比较高，通过最新的数据，他对 9 个最新启用反倾销政策的国家进行分析，利用跨国工业行业的面板数据，分析反倾销税率对该国工业产业的保护程度。研究也发现，一些发展中国家实行反倾销政策是受宏观经济冲击、外贸政策的特点以及 WTO 对反倾销的相关规定的影响。同时结合 WTO 对于反倾销的规定，发现 WTO 相关的反倾销条款对近年来各国实际使用反倾销政策没有明显的制约与被制约的关系。

Haaland 和 Wooton(1999)的理论分析表明，反倾销的目标厂商在单方面反倾销诉讼和相互倾销的情况下都有动力在当地建立生产能力。他们的研究还显示，外国厂商直接建厂导致的国内就业的改善可能是巨大的。但是同时他们指出，为了就业目的而使用反倾销政策是“使你的邻国变穷”的政策，如果两个国家或者所有国家都追求这样的政策，那么净就业影响将会是最小的。

1.3.4 国内反倾销研究综述

与国外的研究相比较，国内倾销与反倾销的研究开展得比较晚，相对缺乏系统化和深入化。在所能查阅到的研究文献中，大部分是从法学角度进行讨论的。从经济学角度进行研究的相对较少，但也不乏一些好的观点。

方勇和张二震(2004)对反倾销申请的提起及倾销幅度裁定的预警机制进行了研究，提出了反倾销预警的有效方法。

朱钟棣和鲍晓华(2004)以我国化工行业为例，运用投入产出定量法分析了反倾销税的价格效应对国民经济各产业部门的关联影响，指出在反倾销措施的执行中应当全面考虑包括下游产业利益在内的公共利益问题。

湖北大学的杨仕辉(2000,2001)对国内外反倾销博弈研究作了综述,建立了不完全信息倾销与反倾销的博弈模型,对倾销与反倾销博弈规则进行了说明,从理论和实践上分析和解释了国外对华反倾销的原因和后果,讨论提出了在当今国际经济环境下,我国防倾销、反倾销的政策建议,并指出进一步研究的方向。

浙江大学的沈瑶(2000)从经济学角度以竞争优势国际间转移的观点,力图探讨倾销发生、发展的内在规律,深入分析倾销与反倾销的经济效应,解释20世纪70年代以来国际倾销与反倾销矛盾尖锐化的原因,并讨论了在中国出现的这一问题。其中,以动态竞争优势观点探讨了反倾销措施的经济学理由,分析了两国或多国市场下,反倾销措施对倾销的影响。

浙江大学的卓俊(2001)研究了管理贸易体制下的贸易保护主义,也以反倾销作为实证分析,指出失业率增加和经济不景气是导致反倾销增加的主要因素。他还对国际反倾销作了时间序列分析,得出的结论是其序列相互独立、平稳、趋势不明显。

清华大学的于永达(2001)从国际经济深层理论方面探讨了倾销与反倾销的基本动因、主要表现方式,指出倾销的形势和手段已超越了以往的货物贸易以及实物领域,扩展到环境交易倾销、金融倾销、信息服务倾销等。他认为"非均衡收益格局"是倾销与反倾销产生的根源,指出反倾销确实既可保护国内产业及其市场,又不损害国际贸易的自由化,反倾销法的本质特征亦充分体现了WTO"自由贸易与适度保护的协调统一"的宗旨。但如果企业不利用对外征收反倾销税期间提升竞争力、进行技术改造,那么反倾销的保护是有限的。

中国人民大学的谷克鉴(2003)在研究应用于中国贸易政策内生化的模型中,构造了满足转型经济需要的单部门和多部门模型及其演进路径,突出强调了部门间利益表达能力和国家间实施贸易政策的治理结构差异对于代理人行为的意义。他以反倾销案程序为例进行论证,指出中国采取的行政裁决方式难以通过正式程序充分体现部门间的利益均衡,而一些国家,典型的如美国采取的公共选择方式,体现在治理结构上就是委员会制,赞成、反对和弃权的委员可分别代表进口竞争、进口和两者间接影响部门的经济偏好。通过对中美反倾销中倾销的成立概率进行回归计算,显示:进口竞争部门的实际利益主导着中国迄今为止的反倾销案例的裁决,而进口部门的利益表达并不充分。与此相反,在美国,进口部门的利益表达对裁决结果有着显著影响,使得其倾销成立的概率明显低于中国。

此外,国内一些学者比如杭州大学的金祥荣(1993,2001)、西安交通大学的冯宗宪(2000)等研究关税和非关税壁垒,其中作为非关税壁垒的一部分对反倾销进行了论述。

其他国内有关倾销和反倾销的论文也比较多,但是很少涉及到反倾销税率的确定问题。

1.3.5 各国反倾销法规比较

每个成员国按照GATT/WTO的反倾销守则规定的基本原则制定自己的反倾销政策。然而,WTO的反倾销原则非常模糊,所以,每个成员国在制定自己的反倾销法规的时候必须首先解释WTO的反倾销原则。因此,并不奇怪,每个成员国制定的反倾销法规存在明显的差别,同时每个成员国都坚持认为自己的反倾销法规是最公平的。经济学家Jackson和Vermulst(1989),Steele(1996),GAO(1991)及Messerlin和Reed(1995)对各国反倾销法规的异同作了详细的研究。现对他们研究的结果作简短的总结。

(1) 所有反倾销使用者都把反倾销调查授权给特别的行政单位,然而,这些单位免受政治压力和独立于其他行政部门的程度对于不同的成员国来说是不一样。但是,即使在那些调查机构是独立的国家和地区里,它们还是同政治压力有联系。

(2) 反倾销两项调查的权限要么是一元的要么是二元的。有些国家和地区诸如美国和加拿大授权一个机构处理倾销调查而授权另一个机构处理损害调查。另一些国家和地区诸如欧盟和澳大利亚只授权一个机构同时处理倾销调查和损害调查。赞成二元机构的认为反倾销调查处理结果更客观,因为两个独立机构必须同时确认反倾销申请。相反,一元机构的国家和地区在处理反倾销案件时能够节约资源和避免出现矛盾的裁决。然而,不管是一元机构还是二元机构,如果它们都不独立国内产业的压力,那么它们做出的决策一般来说都存在偏见。

(3) 各国反倾销法律的透明度差异很大,这对新型反倾销使用者来说是个比较独特的问题。特别地,许多新型反倾销使用者对他们的反倾销决定不作任何解释。

(4) 有关商业秘密资料几乎总是由政府机构在反倾销调查过程中收集的,然而,并不是所有国家都会把这些商业秘密资料提供给相关利益者。例如,欧盟和澳大利亚的反倾销法律规定只有反倾销调查机构有资格获得相关的信息,而相关利益者(包括律师)只能获得这些资料的一个概述(Jackson和Vermulst,1989)。相反,美国和加拿大反倾销法律规定,相关利益者的辩护律师(不包括其他相关利益者)可以获得所有有关商业秘密资料。

(5) 价格承诺(就是按照正式谈判而改变商品价格的协议)在欧盟和澳大利亚非常通用,而在美国和加拿大使用频率不太高。

(6) 大多数反倾销使用者在征收反倾销税以前至少要求有一个基本的损害决定,但是很多新型反倾销使用者在受理反倾销申请后几天就开始征收反倾销税。美国产业资料研究表明(Staiger和Wolak,1994)国内相关产业的反倾销申请是使国内相关产业获利的良策。就是说,仅仅反倾销调查期间就能使国内相关产业大量获利。如果其他国家或地区对其反倾销调查不积极应诉,那么这个国家或地区的反倾销申请的倾向就会增加。

(7) 有些国家和地区,以美国和加拿大为最,以倾销幅度作为税率来征收反倾销税。而另一些国家和地区诸如欧盟和澳大利亚要求反倾销税率低于倾销幅度,因为反倾销税能够弥补倾销造成的损害。前者的征税方法往往会导致完全停止该产品的进口。

1.4 研究框架

本专著主要包括四个部分:

第一部分:阐述有关倾销反倾销的概念、提出倾销反倾销问题研究意义以及有关研究回顾。

第二部分:讨论反倾销的经济效应及提出和分析现行反倾销税率计算基础的倾销幅度公式存在的缺陷。

第三部分:在国内外企业以利润最大化、政府以社会福利最大化为目标的假设前提下,以经济学、博弈论和数理统计等有关原理来确定,在国内外企业或上下游企业处于完全信息静态博弈下、完全信息动态博弈下、不完全信息静态博弈下、不完全信息动态博弈下进口国政府对出口国企业所征收的优化反倾销税率,并分析影响优化反倾销税率的因素,同时分析证实现行计算反倾销税率的倾销幅度公式的缺陷。

第四部分:运用前三部分的分析结果,在倾销和反倾销问题上为我国政府提供政策建议,为我国出口企业提供应对策略的思路。

第2章 反倾销经济效应及反倾销税制缺陷

本章主要包括两部分：第一部分主要讨论进口国政府实施的反倾销措施对出口国企业、进口国企业、进口国消费者剩余以及进口国社会福利的影响；第二部分主要讨论现行反倾销税率的计算基础——倾销幅度公式存在的缺陷。

2.1 反倾销经济效应的理论分析

首先分析一下进口国政府实施的反倾销措施所产生的经济效应。

假设在进口国国内市场上有两家企业，一家为国外企业(foreign firm)，用下标f表示，另一家为国内企业(domestic firm)，用下标d表示。它们生产相同的产品，即两种产品具有完全的替代性。两个企业在国内市场上的销售量分别为 Q_f 和 Q_d，它们的生产成本分别为 $C_f(Q_f)$ 和 $C_d(Q_d)$。国内市场上的反需求函数为 $P(Q)$，其中 $Q=Q_f+Q_d$。假定它们处于完全信息市场中，且同时决定其在国内市场上的销售量，即实行利润最大化下的古诺竞争。国内政府对国外企业在国内的产品销售征收税率为 t_d(不妨假设关税税率为零)的反倾销税以追求国内社会福利最大化。这样，这两个企业就形成了在国内市场上的完全信息双寡头垄断竞争。用 π_f 和 π_d 分别表示国外企业和国内企业的利润，用 CS 表示国内市场上消费者剩余。

则在国内市场上国外企业和国内企业的利润函数分别为

$$\pi_f = PQ_f - C_f(Q_f) - t_d Q_f \tag{2-1}$$

$$\pi_d = PQ_d - C_d(Q_d) \tag{2-2}$$

另外，为了讨论的方便，增加以下假设：

假设1：$\forall Q \geqslant 0$，$P(Q) > 0$，$P(Q)$ 是二次可微的，而且 $P'(Q) < 0$，式中 $Q = Q_f + Q_d$。

假设2：$\forall Q_i \geqslant 0$，$C_i(Q_i)$ 是二次可微的，而且 $C'_i(Q_i) > 0$，$C''_i(Q_i) \geqslant 0$，式中i为f或d。

由于国外企业和国内企业进行古诺竞争，所以分别令 $\dfrac{\partial \pi_f}{\partial Q_f} = 0$ 和 $\dfrac{\partial \pi_d}{\partial Q_d} = 0$，可

得它们的反应函数分别为：

$$P'Q_f + P - C'_f - t_d = 0 \tag{2-3}$$

$$P'Q_d + P - C'_d = 0 \tag{2-4}$$

由反应函数方程组(2-3)、(2-4)可得出国外企业和国内企业在国内市场上的均衡销售量，其均衡销售量分别用 $E_f(t_d)$ 和 $E_d(t_d)$ 表示，则总销售量为 $E(t_d) = E_f(t_d) + E_d(t_d)$ 。

下面考察国内政府对国外企业征收反倾销税对国内外企业在国内市场上的均衡销售量的影响，即反倾销税率 t_d 的变化对 $E_f(t_d)$ 、$E_d(t_d)$ 及 $E(t_d)$ 大小的影响。

由式(2-3)、(2-4)，分别对 t_d 求偏导数并整理可得：

$$\begin{cases} (P''E_f + P')\dfrac{\partial E_d}{\partial t_d} + (P''E_f + 2P' - C''_f)\dfrac{\partial E_f}{\partial t_d} = 1 \\ (P''E_d + 2P' - C''_d)\dfrac{\partial E_d}{\partial t_d} + (P''E_d + P')\dfrac{\partial E_f}{\partial t_d} = 0 \end{cases}$$

由上述方程组可求得：

$$\frac{\partial E_d}{\partial t_d} = \frac{\Delta_d}{\Delta} = \frac{P''E_d + P'}{\Delta} \tag{2-5}$$

$$\frac{\partial E_f}{\partial t_d} = \frac{\Delta_f}{\Delta} = -\frac{P''E_d + 2P' - C''_d}{\Delta} \tag{2-6}$$

$$\frac{\partial E}{\partial t_d} = \frac{\Delta_d + \Delta_f}{\Delta} = -\frac{(P' - C''_d)}{\Delta} \tag{2-7}$$

式中，

$$\Delta_d = \begin{vmatrix} 1 & P''E_f + 2P' - C''_f \\ 0 & P''E_d + P' \end{vmatrix} = P''E_d + P'$$

$$\Delta_f = \begin{vmatrix} P''E_f + P' & 1 \\ P''E_d + 2P' - C''_d & 0 \end{vmatrix} = -(P''E_d + 2P' - C''_d)$$

$$\Delta = \begin{vmatrix} P''E_f + P' & P''E_f + 2P' - C''_f \\ P''E_d + 2P' - C''_d & P''E_d + P' \end{vmatrix}$$

假设 3：国内外企业的边际收益大于或等于零，即 $P - C'_d \geqslant 0$ ，$P - C'_f - t_d \geqslant 0$ 。

假设 4：国内外企业的收益符合微观经济学关于边际收益递减的规律，即：

$(P-C'_{\mathrm{d}})'<0$，$(P-C'_{\mathrm{f}}-t_{\mathrm{d}})'<0$。

由以上的假设条件及相关结果，可以得到命题 2.1。

命题 2.1：如果国内外企业有关参数满足假设 1～4，而且 $E_{\mathrm{f}}>0$，$E_{\mathrm{d}}>0$，那么：

$$\frac{\partial E_{\mathrm{d}}}{\partial t_{\mathrm{d}}}>0,\ \frac{\partial E_{\mathrm{f}}}{\partial t_{\mathrm{d}}}<0,\ \frac{\partial E}{\partial t_{\mathrm{d}}}<0 \tag{2-8}$$

命题 2.1 说明，在均衡状态下，在国内市场上国内企业的销售量 E_{d} 是反倾销税率 t_{d} 增函数，国外企业的销售量 E_{f} 是反倾销税率 t_{d} 减函数，并且国内市场上总销售量 $E=E_{\mathrm{d}}+E_{\mathrm{f}}$ 是反倾销税率 t_{d} 减函数。

下面考察反倾销税率的变化对国内外企业所获得的利润的影响。

在均衡状态下，对国内外企业的利润函数(2-1)和(2-2)两式求导(对 t_{d} 求导)：

$$\begin{aligned}\frac{\partial \pi_{\mathrm{d}}}{\partial t_{\mathrm{d}}}&=\frac{\partial P}{\partial E}\cdot\frac{\partial E}{\partial E_{\mathrm{d}}}\cdot\frac{\partial E_{\mathrm{d}}}{\partial t_{\mathrm{d}}}\cdot E_{\mathrm{d}}+P\cdot\frac{\partial E_{\mathrm{d}}}{\partial t_{\mathrm{d}}}-\frac{\partial C_{\mathrm{d}}}{\partial E_{\mathrm{d}}}\cdot\frac{\partial E_{\mathrm{d}}}{\partial t_{\mathrm{d}}}\\&=\frac{\partial P}{\partial E}\cdot\frac{\partial E_{\mathrm{d}}}{\partial t_{\mathrm{d}}}\cdot E_{\mathrm{d}}+\left(P-\frac{\partial C_{\mathrm{d}}}{\partial E_{\mathrm{d}}}\right)\cdot\frac{\partial E_{\mathrm{d}}}{\partial t_{\mathrm{d}}}>0\end{aligned}$$

$$\begin{aligned}\frac{\partial \pi_{\mathrm{f}}}{\partial t_{\mathrm{d}}}&=\frac{\partial P}{\partial E}\cdot\frac{\partial E}{\partial E_{\mathrm{f}}}\cdot\frac{\partial E_{\mathrm{f}}}{\partial t_{\mathrm{d}}}\cdot E_{\mathrm{f}}+P\cdot\frac{\partial E_{\mathrm{f}}}{\partial t_{\mathrm{d}}}-\frac{\partial C_{\mathrm{f}}}{\partial E_{\mathrm{f}}}\cdot\frac{\partial E_{\mathrm{f}}}{\partial t_{\mathrm{d}}}-E_{\mathrm{f}}-t_{\mathrm{d}}\cdot\frac{\partial E_{\mathrm{f}}}{\partial t_{\mathrm{d}}}\\&=\frac{\partial P}{\partial E}\cdot\frac{\partial E_{\mathrm{f}}}{\partial t_{\mathrm{d}}}\cdot E_{\mathrm{f}}+\left(P-\frac{\partial C_{\mathrm{f}}}{\partial E_{\mathrm{f}}}-t_{\mathrm{d}}\right)\cdot\frac{\partial E_{\mathrm{f}}}{\partial t_{\mathrm{d}}}-E_{\mathrm{f}}<0\end{aligned}$$

命题 2.2：如果国内外企业有关参数满足假设 1～4，而且 $E_{\mathrm{f}}>0$，$E_{\mathrm{d}}>0$，那么：

$$\frac{\partial \pi_{\mathrm{d}}}{\partial t_{\mathrm{d}}}>0,\ \frac{\partial \pi_{\mathrm{f}}}{\partial t_{\mathrm{d}}}<0 \tag{2-9}$$

命题 2.2 说明，在均衡状态下，在国内市场上国内企业所获得的利润是反倾销税率的增函数，随着国内政府所运用的反倾销税率的增大而增加；相反，国外企业所获得的利润是反倾销税率的减函数，随着国内政府所运用的反倾销税率的增大而减小。所以，反倾销政策有利于遏制国外企业在国内市场上的竞争力，保护国内企业的利益。

下面再讨论反倾销税率的变化对国内消费者剩余的影响。

令国内消费者剩余为 CS，那么：

$$CS=\int_0^E(P-P_{\mathrm{e}})\mathrm{d}Q$$

式中，E 和 P_e 分别是国内市场上均衡销售量和均衡价格。图 2.1 所示的曲线围成的 ABP_e 的面积就是国内消费者剩余。

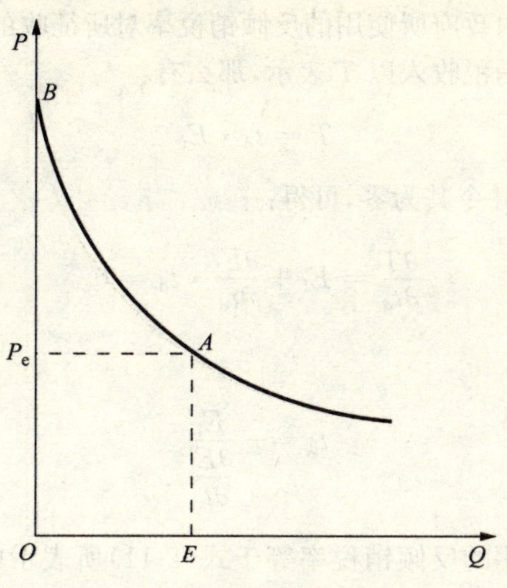

图 2.1　国内消费者剩余

在国内市场处于均衡状态时，由消费者剩余对反倾销税率求导可得：

$$\frac{\partial CS}{\partial t_d}=\lim_{Q\to E}\frac{\partial}{\partial t_d}\int_0^Q(P-P_e)\,\mathrm{d}Q=P_e\frac{\partial E}{\partial t_d}-P_e<0$$

命题 2.3：如果国内外企业有关参数满足假设 1～4，而且 $E_f>0$，$E_d>0$，那么：

$$\frac{\partial CS}{\partial t_d}<0 \tag{2-10}$$

命题 2.3 说明，在均衡状态下在国内市场上国内消费者剩余是反倾销税率的减函数，随着国内政府所运用的反倾销税率的增大而减小。可见，国内政府所施行的反倾销政策会损害国内消费者的社会福利。

最后再来讨论国内社会福利总和（用 W 表示）与国内政府所运用的反倾销税率之间的关系。

国内社会福利总和是由国内企业所获得的利润、国内消费者剩余与国内政府所征收的反倾销税之总和，即

$$W=\pi_d+CS+t_d\cdot E_f$$

由国内社会福利总和对反倾销税率进行求导并令之为零，可得：

$$\frac{\partial W}{\partial t_d}=\frac{\partial \pi_d}{\partial t_d}+\frac{\partial CS}{\partial t_d}+E_f+t_d\cdot\frac{\partial E_f}{\partial t_d}$$

现在探讨一下国内政府所使用的反倾销税率对所征收的反倾销税的影响。国内政府所征收的反倾销税收入以 T 表示，那么有：

$$T=t_d\cdot E_f$$

由上式对 t_d 求导并令其为零，可得：

$$\frac{\partial T}{\partial t_d}=E_f+\frac{\partial E_f}{\partial t_d}\cdot t_d=0$$

由上式可得：

$$t_d=-\frac{E_f}{\dfrac{\partial E_f}{\partial t_d}} \tag{2-11}$$

当国内政府所适用的反倾销税率等于式(2-11)所表示的值时，政府所征收的反倾销税收入达到最大，见图 2.2。

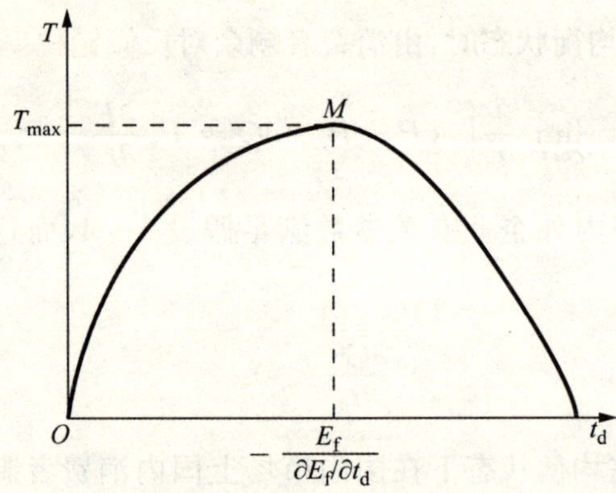

图 2.2 反倾销税收入与反倾销税率间关系

命题 2.4：由于 $\frac{\partial \pi_d}{\partial t_d}$ 及 E_f 都大于零，而 $\frac{\partial CS}{\partial t_d}$ 及 $t_d\cdot\frac{\partial E_f}{\partial t_d}$ 都小于零，由假设条件 1～4可得：存在 t_d，使得 $\frac{\partial W}{\partial t_d}=0$。

命题 2.4 说明，存在某个反倾销税率，使得国内社会福利总和达到最大。

2.2　现行反倾销税制规定

根据《WTO 反倾销协议》的规定，某产品从一国出口到另一国的出口价格低于正常价值，则该产品的销售被视为倾销。

依据《中华人民共和国反倾销和反补贴条例》的规定，出口价格按照下列方法确定：①进口产品有实际支付价款或者应支付价款的价格的，以该价格为出口价格；②进口产品没有实际支付价款或者应支付价款的价格，或者其价格不能确定的，以该进口产品首次转售给独立购买人的价格或者以对外贸易经济合作部商海关总署后根据合理基础所推定的价格为出口价格。而正常价值按照下列方法确定：①进口产品的相同或类似产品在出口国市场上有可比价格的，以该可比价格为正常值；②进口产品的相同或类似产品在出口国市场上没有可比价格的，以该相同或类似产品出口到第三国的可比价格或者是以该相同或类似产品的生产成本加合理费用、利润为正常值。

倾销幅度的计算就是以出口产品的正常价值，通常为国外企业在自己市场上的产品销售价格与出口国企业在进口国市场上销售该产品的价格两者的差为基础所决定的，与其他因素无关。我国反倾销税率的计算也是以倾销幅度为基础确定的。

倾销幅度一般采用百分比的形式表示，其基本计算公式为：

$$\text{倾销幅度} = \frac{\text{正常价值} - \text{出口价格}}{CIF\ \text{出口价格}} \times 100\%$$

可见，依据世界贸易组织有关协定及我国的反倾销法律法规的规定，出口企业生产的出口产品是否存在倾销需要满足三个条件：①倾销：在进口国市场上销售的出口企业生产的产品存在倾销事实，即出口商以低于正常价值向进口国销售产品；②损害：上述销售的产品对进口国相关产业造成了实质损害或实质损害的威胁或对建立相关产业造成了实质阻碍；③因果关系：实质损害或实质损害的威胁或对建立相关产业造成了实质阻碍的产生是由该产品的倾销造成的。

2.3　现行反倾销税制缺陷

由上述可知，倾销幅度的计算就是以出口产品的正常价值，通常为国外企业在自己市场上的产品销售价格与出口国企业在进口国市场上销售该产品的价格两者的差为基础所决定的，即只与出口产品的正常价值及出口价格有关，而与所有其他因素都无关，其实反倾销税率的适用与否及大小都同商品的价格需求弹性、商品竞争力强弱等等有关。

2.3.1 忽视需求弹性对反倾销税率的影响

假设进口国市场上只有一个国内企业和一个国外企业，即出口企业在自己的国内市场的销售量为 q_1，在进口国市场的销售量为 q_2。用 $p_1(q_1)$ 表示出口企业自己的国内市场的反需求曲线，用 $p_2(q_2)$ 表示进口国市场的反需求曲线。而用 $C(q_1,q_2)$ 表示该出口企业的成本函数。那么，该出口企业在国内外市场上获得的总利润函数为：

$$R(q_1,q_2)=p_1(q_1)\cdot q_1+p_2(q_2)\cdot q_2-C(q_1,q_2) \tag{2-12}$$

根据利润最大化的条件，即边际收益等于边际成本，可以得到：

$$\begin{aligned} MR_1(q_1,q_2)&=MC(q_1,q_2)\\ MR_2(q_1,q_2)&=MC(q_1,q_2) \end{aligned} \tag{2-13}$$

也就是说，生产一单位额外产品的边际成本等于国内、国外每个市场上的边际收益时，该出口企业在两个市场上获得的利润达到最大。如果国内市场的边际收益大于边际成本，那么该出口企业增加在国内市场的销量将增加它总利润。在国外市场上也是这样。由于两个市场上的边际成本相同的，因此，要达到利润最大化，出口企业在国内、国外两个市场上销售产品带来的边际收益必定相等。于是，可得到：

$$MR_1(q_1,q_2)=MR_2(q_1,q_2) \tag{2-14}$$

根据边际收益和需求弹性的关系式，

$$MR(q)=p(q)\left[1-\frac{1}{|\varepsilon(q)|}\right] \tag{2-15}$$

式中 $\varepsilon(q)$ 表示市场上消费者产品的需求弹性。

因此，由式(2-14)及(2-15)可以得到：

$$p_1(q_1)\left[1-\frac{1}{|\varepsilon_1(q_1)|}\right]=p_2(q_2)\left[1-\frac{1}{|\varepsilon_2(q_2)|}\right] \tag{2-16}$$

式中 $\varepsilon_1(q_1)$ 是出口国自己市场上消费者的需求弹性，$\varepsilon_2(q_2)$ 表示进口国市场上消费者的需求弹性。

当进口国市场上消费者的需求弹性 $\varepsilon_2(q_2)$ 大于出口国自己市场上消费者的需求弹性 $\varepsilon_1(q_1)$ 时，$p_1(q_1)>p_2(q_2)$。也就是说在进口国市场上销售的产品价格小于在自己市场上销售的产品价格，这就是倾销。

当进口国市场上消费者的需求弹性 $\varepsilon_2(q_2)$ 小于出口国自己市场上消费者的需求弹性 $\varepsilon_1(q_1)$ 时，$p_1(q_1) < p_2(q_2)$。此时，出口企业的产品销售不存在倾销幅度，即不存在对进口国企业的倾销。

可见，进口国市场上消费者对产品的需求弹性会影响倾销是否存在及幅度的大小。

同时需求弹性还影响进口国相同或相似行业损害程度，当进口国市场上消费者的需求弹性越小，进口国企业越容易遭受损害。见组合图 2.3，可以分析出：在其他条件相同的条件下，进口国市场上不同的消费者需求弹性对于出口国企业对进口国企业的损害程度是不一样的。

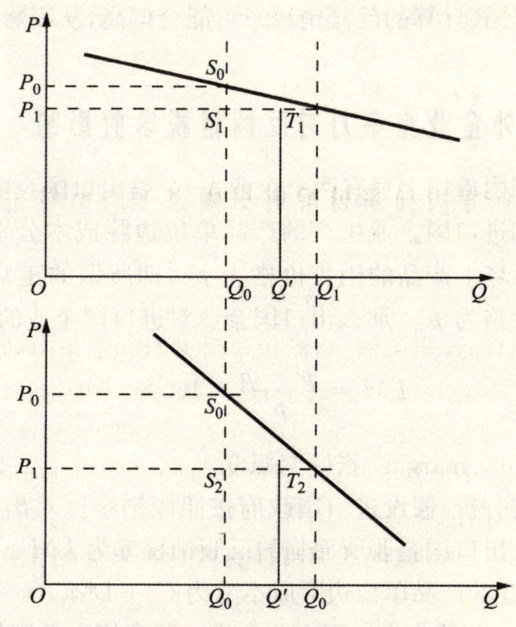

图 2.3　需求弹性对损害程度的影响

假设在两个需求弹性不同的进口国市场上，开始时只有进口国企业，不考虑出口企业，它们达到市场均衡时的价格和销量相同，都是 P_0 和 Q_0。现假设出口国企业进入进口国市场，这样加强了在进口国市场上的竞争，导致市场价格下降。同时，假设出口国企业在进口国市场的销量为 $(Q_1 - Q')$，而进口国企业增加的销量为 $(Q' - Q_0)$。这样，在消费者需求弹性较大的进口国市场上的进口国企业的损害，为矩形 $P_0S_0S_1P_1$ 的面积（见图 2.3 的上图）与矩形 $S_1Q_0Q'T_1$ 的面积之差；而在弹性较小的国内市场上的进口国企业的损害，为矩形

$P_0S_0S_2P_2$ 的面积与矩形 $S_2Q_0Q'T_2$ 的面积之差。显然，后者的值大于前者的值，也就是说，出口国企业对进口国市场的销售对进口国企业所造成的损害与进口国市场上的消费者需求弹性的大小有关，需求弹性越大，所遭受的损害越小，反之亦然。

因此，出口企业在进口国市场上的同样增量，如果进口国市场上消费者对产品的需求弹性越大，进口国政府对出口国企业所采用的反倾销税率就应越小，反之亦然。

可见，如果出口国企业对进口国的倾销幅度基本相同，国内消费者对该进口产品的需求弹性很小，那么依据上述公式计算的反倾销税率可能不能有效抵制出口企业对进口国市场进行的倾销行为；反之，如果国内消费者对进口产品的需求弹性很大，那么依据上述公式计算的反倾销税率可能会偏高，从而影响进出口贸易及双边关系。

2.3.2 忽视国内外企业竞争力对反倾销税率的影响

假设在进口国国内市场上只有两个企业，一个是出口国企业，另一个是进口国企业。出口国企业和进口国企业生产的产品单位边际成本分别为 C_f 、C_d 。出口企业在自己的国内市场上产品的销售价格为 p^f ，即所谓的正常价值，其在进口国市场上产品的销售价格为 p 。那么出口国企业对进口国企业的倾销幅度

$$DM = \frac{p^f - p}{p} \times 100\%$$

式中 DM(dumping margin) 指倾销幅度。

为了便于问题的分析，假设进口国政府按照倾销幅度对出口企业的倾销行为征收反倾销税。那么出口国企业所面临的反倾销税率为 DM 。

这样，出口国企业的产品单位边际成本变为 $C_f + DM$ 。

如果 $C_f + DM < p$ ，那么出口国企业在进口国市场上的销售依然有利可图，所以，其就不会减少在进口国市场上的销量，从而也就不能减少对进口国企业的损害程度。

如果 $C_f + DM > p$ ，出口国企业在进口国市场上的销售将无利可图，那么出口国企业就会退出进口国市场。

如果对于正常价值、出口价格及 CIF 出口价格三者相同但边际成本不相同等条件下的两个国外倾销企业征收相同的反倾销税率，那么可能会产生对边际成本较低的国外企业起不了限制其倾销的作用或征收的反倾销税率过低，而对于边际成本较高的国外企业征收的反倾销税率过高而产生贸易摩擦。同时，还必须考虑

倾销企业生产的出口产品与国内相同或相似企业生产的产品的边际成本的相对优势。

2.3.3　忽视倾销与损害的因果关系缺陷

依据世界贸易组织有关协定及我国的反倾销法律法规的规定，出口企业生产的出口产品是否存在倾销需要满足损害与倾销之间存在因果关系，但在实际情况中，有如下情况：出口企业在进口国市场上的产品销售造成了实质损害或实质损害的威胁或对建立相关产业造成了实质阻碍，但是，不存在倾销或倾销幅度与造成的损害程度不匹配。如果此时仍然按照世界贸易组织有关协定及我国的反倾销法律法规的规定的倾销幅度来确定反倾销税率，进口国政府就不能有效地防止出口企业对进口国企业所造成的损害。这种情况对大国（指国内市场容量大）来说更容易发生。因为，在大国里，由于其国内市场容量大，且生产某种产品的进口国企业数量也多，因此，在国内市场上的竞争就比较激烈，从而其市场化程度也比较高，所以，某一家国内企业很难垄断整个行业；而在小国里，由于其国内市场容量小，且生产某种产品的国内企业数量也少，因此，在小国里很容易形成垄断企业而控制或影响在自己的国内市场上的销售价格。这样，小国向大国出口产品时，如果通过降低在自己的国内市场上的销售价格更有利可图时，出口企业就不会通过降低其在进口国市场上的出口价格，而是通过降低在自己的国内市场上的销售价格来降低倾销幅度，于是，就可能出现这种情况：出口企业在进口国市场上的产品销售造成了实质损害或实质损害的威胁，或对建立相关产业造成了实质阻碍，但是，不存在倾销或倾销幅度与造成的损害程度不匹配。

美国是世界上最大的资本主义发达国家，在其国内有很大的市场容量，所以，很多小国都纷纷进军以占领一席之地，这样，肯定会在一定程度上造成对美国国内企业的损害，但是不一定存在倾销幅度。以美国钢铁行业为例，2002 年 3 月 20 日，美国正式启动“201 条款”，对进口钢铁加征 30%的进口关税。美国此次启动的 201 条款不要求调查出口国是否进行了不公平的贸易活动，只要求对国内行业是否受到进口增加的损害进行深入调查。其策略有一定的道理，因为，小国对大国的出口会造成实质损害或实质损害的威胁，或对建立相关产业造成了实质阻碍，但可以规避倾销幅度。但对大国的出口不宜采取这种政策，所以，时任美国商务部长埃文斯对我国外经贸部部长石广生表示同意把中国排除在钢铁 201 条款之外。

我国是世界上最大的发展中国家，有很大的市场容量，所以，我国企业是很容易遭受国外企业销售产品的实质损害或实质损害的威胁或对建立相关产业造成了实质阻碍而不存在倾销或倾销幅度与造成的损害程度不匹配；所以，面对国外企业对我国企业的规避倾销的损害销售行为，也应该采取类似美国政府的做法，即根据国内行业的损害程度来确定是否进行反倾销及反倾销税率大小。

下面以小国对大国的倾销模型来说明。

这里的小国指其国内市场容量比进口国市场容量小而生产能力较大的出口国，大国指其国内市场容量较大的进口国，如日本、韩国等国家相对于美国、中国等国家来说是小国，而美国、中国等是大国。下面分析小国如何对大国进行倾销。

图 2.4 描绘了小国对大国倾销的模型图。

在出口国的国内市场上，其供给曲线为 S_f，需求曲线为 D_f，均衡价格为 P_f。

在进口国的国内市场上，其供给曲线为 S_d，需求曲线为 D_d，出口国的剩余供给曲线为 S_x。

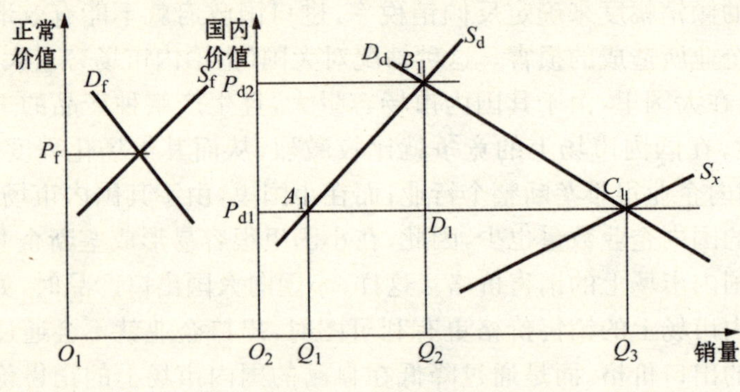

图 2.4 倾销模型图

在不存在国际贸易的条件下，国内市场上的均衡价格为 P_{d2}，均衡销量为 Q_2。在自由贸易条件下，在进口国的国内市场上的均衡价格为 P_{d1}，均衡销量为 Q_3，其中进口国的国内企业的销量为 O_2Q_1，出口企业所占的销量为 Q_1Q_3。

在这种情况下，出口企业的销售行为符合世界贸易组织关于倾销的定义：①存在倾销：在进口国销售的价格 P_{d1} 小于该产品的正常价值 P_f（出口产品在自己的国内市场上销售的价格）；②存在损害：国内相同或相似行业的损害为图 2.4 所示的梯形面积 $A_1P_{d1}P_{d2}B_1$；③两者存在因果关系。此时，进口国政府会对出口企业征收反倾销税，以保护国内相同或相似的行业。

但是，出口企业会改变出口价格战略，以避免进口国政府的反倾销。出口企业改变价格的策略有两种：第一，提高其在进口国市场上的销售价格；第二，降低其自己市场上的销售价格，即正常价值。

首先，讨论第一种情况，即提高其在进口国市场上的销售价格，见图 2.5。

在这种情况下，出口企业为了回避进口国政府的反倾销，使出口价格与正常价值相同，即出口企业在进口国市场上销售产品的价格为 P_f。此时，出口企业所占国

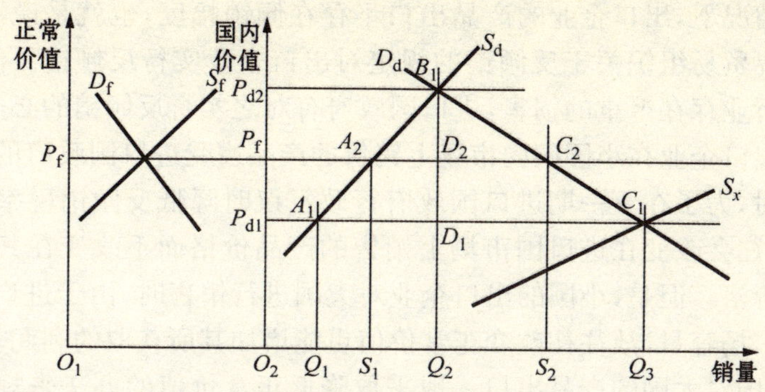

图 2.5　提高出口价格规避倾销模型图

内市场的份额为 S_1S_2，国内相同或相似行业所占份额为 O_2S_1。国内相同或相似行业所遭受的损害为梯形面积 $A_2P_fP_{d2}B_1$，其大小明显小于图 2.5 所示的损害程度梯形面积 $A_1P_{d1}P_{d2}B_1$。

在这种情况下，出口企业的产品出口不存在倾销幅度，而且对国内相同或相似行业的损害也很小，所以进口国政府没有对出口企业实行反倾销的必要，同时按照世界贸易组织的规定也不能对之实行反倾销。

其次，讨论第二情况，即降低其自己市场上的销售价格，即正常价值，见图 2.6。

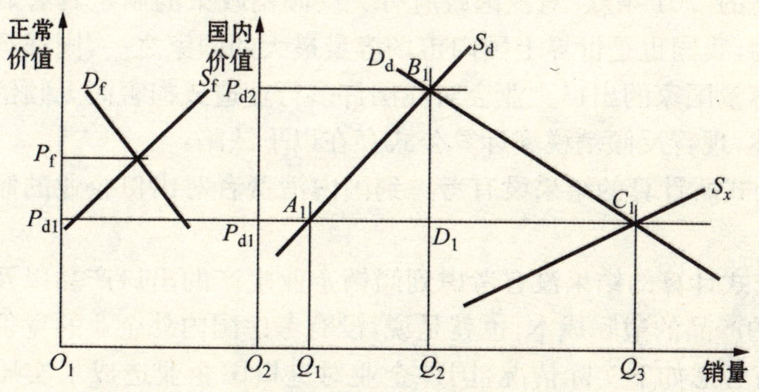

图 2.6　降低正常价值规避倾销模型图

此时，出口企业降低正常价值使之等于 P_{d1}。

在这种情况下，在进口国国内市场上的供求均衡与图 2.4 所表达的情况一样，即在进口国的国内市场上的均衡价格为 P_{d1}，均衡销量为 Q_3，其中进口国的国内企业的销量为 O_2Q_1，出口企业所占的销量为 Q_1Q_3。国内相同或相似行业的损害为图 2.4 所示的梯形面积 $A_1P_{d1}P_{d2}B_1$。

在这种情况下，出口企业的产品出口不存在倾销幅度，也就是说，进口国政府不能按照世界贸易组织关于反倾销的规定对出口企业实行反倾销。但是，对国内相同或相似行业存在严重的损害，进口国政府有对之实行反倾销的必要。

大国的出口企业在小国国内市场上销售的产品遭受进口国政府的反倾销而征收反倾销税时，为了在下一期进口国政府行政复议时降低反倾销税率或者不征收反倾销税，往往会改变在进口国市场上销售的产品价格而不改变在其自己的国内市场的产品价格。但是，小国的出口企业对大国进行销售时，由于进口国比出口国具有更大的市场容量，故往往改变正常价值更能增加其所获取的利润。

所以，小国对大国的产品出口一般采取降低正常价值的办法来规避进口国政府的反倾销，来实现国内外市场上所获取的利润总和最大化。

在自己的国内市场容量较小的出口企业向国内市场容量较大的进口国销售产品时，出口企业往往会通过改变在自己国内市场上的产品销售价格，即正常价值，从而达到规避进口国政府反倾销的目的，而对出口企业来说则增加了利润。但是，对于进口国来说，国内相同或相似行业遭受严重损害而不能利用世界贸易组织关于反倾销的规定对出口企业征收反倾销税。所以，美国政府利用“201 条款”对来自欧盟15 国、日本、巴西、韩国、墨西哥和澳大利亚等国在内的数个国家和地区①的出口企业的钢铁出口仅仅根据损害程度来征收反倾销税是符合经济学有关原理的。

美国政府的“201 条款”对我国政府有关反倾销政策的制定具有非常重要的借鉴意义。因为，我国也是世界上国内市场容量最大的国家之一，同样会面对世界上很多小市场容量国家的出口企业会对我国许多行业造成损害而无倾销行为。

综上所述，现行反倾销税率计算公式存在以下缺陷：

(1) 该公式所计算的结果没有考虑到国内消费者对出口企业的倾销产品的需求弹性。

(2) 该公式计算的结果没有考虑到倾销企业生产的出口产品以及国内相同相似企业生产的产品的边际成本，也就是说，没有考虑国内外企业的竞争力强弱。

(3) 没有考虑如下实际情况：国外企业对进口国企业造成了实质损害或实质损害威胁或对建立相关产业造成了实质阻碍，但是不存在倾销行为或倾销幅度与造成的损害程度不匹配。

可见，世界贸易组织及有关国家和政府有必要建立新型的反倾销税率机制以更有效地防止倾销现象从而更好地发展国际贸易。

---

① 把中国排除在“201 条款”之外，笔者认为，因为中国也是大容量市场国家，无法规避反倾销。

第 3 章　完全信息静态下反倾销税率优化定价模型

由第 2 章所述内容，以及《WTO 反倾销协议》和《中华人民共和国反倾销和反补贴条例》的规定可知，反倾销税率的计算只与出口产品的正常价值及出口价格有关，而与所有其他因素都无关，其实反倾销税率的适用与否及大小都同商品的价格需求弹性、商品竞争力强弱等等有关。本章主要是在国内外企业以利润最大化、政府以社会福利最大化为目标的假设前提下，以经济学、博弈论和数理统计等有关原理来确定在国内外企业处于完全信息静态博弈下进口国政府对出口国企业征收所适用的优化反倾销税率，并分析影响优化反倾销税率的因素，同时分析证实现行计算反倾销税率的倾销幅度公式的缺陷。

3.1　完全信息静态下两国反倾销税率优化模型

3.1.1　完全信息静态下不存在反倾销时的 Cournot-Nash 均衡

假设在进口国市场上只有两个企业，一个为出口国企业，另一个为进口国企业，它们都追求利润最大化，而且它们处于完全信息市场中，同时它们两者在进口国市场上的销售量同时进行决策。进口国政府对出口国企业在进口国的销售不征收反倾销税。这样，这两个企业就形成了在完全信息市场中的双寡头垄断企业。另假设出口国企业和进口国企业都有不变的单位边际成本，分别为 C_f 和 C_d 。另外，假设它们在进口国的销售量分别为 Q_f 和 Q_d 。同时假设在进口国市场上的反需求函数为：$p = a - b(Q_f + Q_d)$ 。这种简化有利于分析问题。那么：

两个企业的利润函数分别为：

$$\pi_f(Q_f, Q_d) = Q_f[a - b(Q_f + Q_d)] - C_f Q_f \tag{3-1}$$

$$\pi_d(Q_f, Q_d) = Q_d[a - b(Q_f - Q_d)] - C_d Q_d \tag{3-2}$$

由于国内外企业在进口国市场上的销售量同时进行决策，所以可以同时对 (3-1) 和 (3-2) 两式求导，并令 $\frac{\partial \pi_f}{\partial Q_f} = \frac{\partial \pi_d}{\partial Q_d} = 0$。

这样，可得国内外企业的反应函数为：

$$a - bQ_{\mathrm{d}} - 2bQ_{\mathrm{f}} - C_{\mathrm{f}} = 0 \tag{3-3}$$

$$a - 2bQ_{\mathrm{d}} - bQ_{\mathrm{f}} - C_{\mathrm{d}} = 0 \tag{3-4}$$

由上述(3-3)及(3-4)两个方程式联立，可以得到完全信息静态下无反倾销税的 Cournot-Nash 均衡解：

$$Q_{1\mathrm{f}}^{\mathrm{cn}} = (a + C_{\mathrm{d}} - 2C_{\mathrm{f}})/(3b)；Q_{1\mathrm{d}}^{\mathrm{cn}} = (a + C_{\mathrm{f}} - 2C_{\mathrm{d}})/(3b) \tag{3-5}$$

把式(3-5)代入(3-1)和(3-2)两式，可得到完全信息静态博弈无反倾销情况下的 Cournot-Nash 均衡利润解：

$$\pi_{1\mathrm{f}}^{\mathrm{cn}} = (a + C_{\mathrm{d}} - 2C_{\mathrm{f}})^2/(9b)；\pi_{1\mathrm{d}}^{\mathrm{cn}} = (a + C_{\mathrm{f}} - 2C_{\mathrm{d}})^2/(9b) \tag{3-6}$$

由于消费者剩余为图 3.1 所示的三角形 $\triangle STP_{\mathrm{e}}$ 的面积：

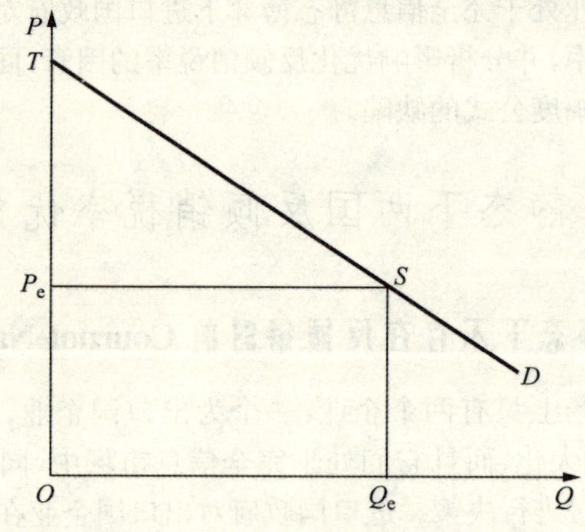

图 3.1 消费者剩余

式中 P_{e} 和 Q_{e} 分别为进口国市场均衡的价格及销售量。

因此，此时的消费者剩余为：

$$\int_0^{Q_{1\mathrm{d}}^{\mathrm{cn}}+Q_{1\mathrm{f}}^{\mathrm{cn}}} [p - (a - bQ_{1\mathrm{d}}^{\mathrm{cn}} - bQ_{1\mathrm{f}}^{\mathrm{cn}})]\mathrm{d}Q$$

$$= \int_0^{Q_{1\mathrm{d}}^{\mathrm{cn}}+Q_{1\mathrm{f}}^{\mathrm{cn}}} b[(Q_{1\mathrm{d}}^{\mathrm{cn}} + Q_{1\mathrm{f}}^{\mathrm{cn}}) - Q]\mathrm{d}Q$$

$$= \frac{b(Q_{1\mathrm{d}}^{\mathrm{cn}} + Q_{1\mathrm{f}}^{\mathrm{cn}})^2}{2} \tag{3-7}$$

由于国内社会福利的总和为消费者剩余及进口国企业的利润之和，所以可得国内社会福利总和(令其为 ω_1^{cn})为

$$\begin{aligned}\omega_1^{cn} &= \frac{1}{2}b(Q_{1f}^{cn}+Q_{1d}^{cn})^2+\pi_{1d}^{cn}\\ &= \frac{1}{2}(2a-C_f-C_d)^2/(9b)+(a+C_f-2C_d)^2/(9b)\\ &= (C_f-C_d)^2/(6b)+(a-C_d)^2/(3b)\end{aligned}\tag{3-8}$$

结论：在完全信息静态博弈的情况下，进口国企业及政府对出口国企业不实行反倾销调查及征收反倾销税，那么：

(1) 当进口国企业的单位边际成本固定时，出口国企业的边际成本越低，出口国企业在进口国市场上的销售量就越大，其获得的利润就越大，而进口国企业正好相反。在这种情况下，出口国企业易遭受进口国企业申请的反倾销调查。

(2) 当出口国企业的单位边际成本固定时，进口国企业的边际成本越低，出口国企业在进口国市场上的销售量就越小，其获得的利润就越小，而进口国企业正好相反。在这种情况下，出口国企业不容易遭受进口国企业申请的反倾销调查。

(3) 当出口国企业生产产品的单位边际成本大于进口国企业生产产品的单位边际成本时，即进口国企业比出[illegible]社会福利总和随着出口国企业生产产品的单位边际成本的增[illegible]出口国企业生产产品的单位边际成本越大，进口国政府就越[illegible]收反倾销税；当出口国企业生产产品的单位边际成本小于进[illegible]单位边际成本时，即出口国企业比进口国企业有效时，国内社[illegible]国企业生产产品的单位边际成本的减少而减少。可见单位[illegible]企业易受到反倾销调查。

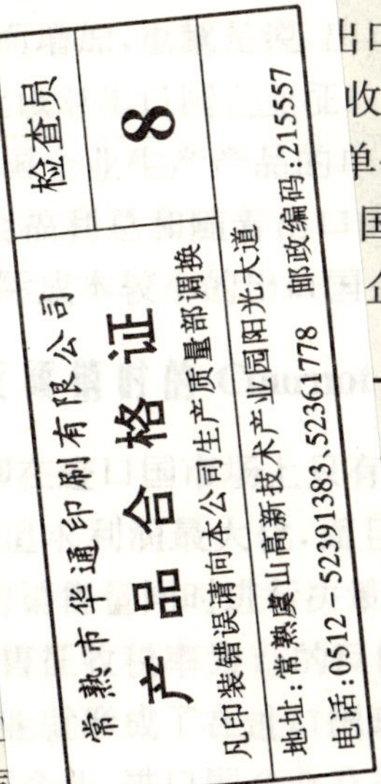

3.1.2 完全信息静态下存在[illegible]-Nash 均衡

假设条件与上节的基本相同，[illegible]两个企业，一个为出口国企业，另一个为进口国企业，它们都[illegible]且它们处于完全信息市场中，同时两个企业在进口国市场上的[illegible]。但是，进口国政府对出口国企业在进口国市场上的产品销[illegible]倾销税（假设关税为零，不妨碍问题的分析）。这样，这两个企[illegible]府监督下的完全信息双寡头垄断企业。于是，就成了出口国[illegible]口国政府在完全信息下的三方静态博弈。另假设出口国企[illegible]有不变的单位边际成本，分别为 C_f 和 C_d；另外，假设它们在进口国市场上的产品销售量分别为 Q_f 和 Q_d。同时假设在进口国市场上的反需求函数为：$p=a-b(Q_f+Q_d)$。那么，此时两个企业的利润函数分别为：

$$\pi_f(Q_f,Q_d,t_d)=Q_f[a-b(Q_f+Q_d)]-t_dQ_f-C_fQ_f\tag{3-9}$$

$$\pi_d(Q_f, Q_d, t_d) = Q_d[a - b(Q_f + Q_d)] - C_d Q_d \tag{3-10}$$

由于国内外企业在进口国市场上的产品销售量同时进行决策，所以可以同时令 $\frac{\partial \pi_f}{\partial Q_f} = \frac{\partial \pi_d}{\partial Q_d} = 0$。

于是，可得国内外企业的反应函数为：

$$a - bQ_d - 2bQ_f - t_d - C_f = 0 \tag{3-11}$$

$$a - 2bQ_d - bQ_f - C_d = 0 \tag{3-12}$$

由(3-11)及(3-12)两方程式，可以得到完全信息静态博弈实行反倾销情况下的 Cournot-Nash 均衡销量解：

$$Q_{2f}^{cn} = (a + C_d - 2C_f - 2t_d)/(3b) \tag{3-13}$$

$$Q_{2d}^{cn} = (a + C_f - 2C_d + t_d)/(3b) \tag{3-14}$$

把(3-13)和(3-14)两式代入(3-9)和(3-10)两式，可得到完全信息静态博弈实行反倾销情况下的 Cournot-Nash 均衡利润解：

$$\pi_{2f}^{cn} = (a + C_d - 2C_f - 2t_d)^2/(9b) \tag{3-15}$$

$$\pi_{2d}^{cn} = (a + C_f - 2C_d + t_d)^2/(9b) \tag{3-16}$$

由于此时的消费者剩余为：

$$\begin{aligned} & \int_0^{Q_{2d}^{cn}+Q_{2f}^{cn}} [p - (a - bQ_{2d}^{cn} - bQ_{2f}^{cn})]\mathrm{d}Q \\ &= \int_0^{Q_{2d}^{cn}+Q_{2f}^{cn}} b[(Q_{2d}^{cn} + Q_{2f}^{cn}) - Q]\mathrm{d}Q \\ &= \frac{b(Q_{2d}^{cn} + Q_{2f}^{cn})^2}{2} \end{aligned} \tag{3-17}$$

又由于此时的国内社会福利的总和为消费者剩余、进口国企业的利润及反倾销税收入之和，故此时的国内社会福利的总和

$$\begin{aligned} \omega_2^{cn} &= b(Q_{2f}^{cn} + Q_{2d}^{cn})^2/2 + \pi_{2d}^{cn} + t_d Q_f \\ &= (2a - C_f - C_d - t_d)^2/(18b) + (a + C_f - 2C_d + t_d)^2/(9b) + \\ &\quad t_d(a + C_d - 2C_f - 2t_d)/(3b) \\ &= (C_f - C_d)^2/(6b) + (a - C_d)^2/(3b) + t_d(a - C_f)/(3b) - t_d^2/(2b) \\ &= \omega_1^{cn} + t_d(a - C_f)/(3b) - t_d^2/(2b) \end{aligned} \tag{3-18}$$

式中，ω_1^{cn} 是指在完全信息无反倾销税的 Cournot-Nash 均衡时的国内社会福

利总和。

由上式可知,当 $t_d = (a - C_f)/3$ 时,ω_2^{cn} 达到最大化。

结论:在完全信息的静态博弈的情况下,面对出口国企业和进口国企业在进口国市场的竞争,进口国政府应该采取以下反倾销措施:

(1) 当 $t_d = (a - C_f)/3$ 时,ω_2^{cn} 达到最大化,所以,当出口国企业的单位边际成本较小的时候,即出口国企业的效率比较高的时候,进口国政府应采取征收较高的反倾销税的措施;反之亦然。

(2) 当 $t_d \neq (a - C_f)/3$ 时,进口国政府应该调整反倾销税率,使之 $t_d = (a - C_f)/3$,从而使国内社会福利达到最大。

(3) 当 $a \leqslant C_f$(一般来说,这种情况很少见)时,进口国政府不应该出口国企业征收反倾销税,因为此时征收反倾销税,会使国内社会福利小于不征收反倾销税时的国内社会福利。

(4) 由于 $Q_{2f}^{cn} < Q_{1f}^{cn}$ 及 $Q_{2d}^{cn} > Q_{1d}^{cn}$ 恒成立,所以进口国政府实行的反倾销政策会使出口国企业在进口国市场上的销售量减少,而进口国企业在进口国市场上的销售量增加。

(5) 由于 $\pi_{2f}^{cn} < \pi_{1f}^{cn}$ 及 $\pi_{2d}^{cn} > \pi_{1d}^{cn}$ 恒成立,所以进口国政府实行的反倾销政策会使出口国企业在进口国市场上所获得的利润减少,而进口国企业在进口国市场上所获得的利润增加。

3.1.3 完全信息静态下反倾销税率优化模型

假设在进口国市场上只有两个企业,一个为出口国企业,另一个为进口国企业,它们都追求利润最大化,而且它们处于完全信息市场中,且同时决策。这样,这两个企业就形成了在完全信息市场中的双寡头垄断企业。另假设出口国企业和进口国企业有不变的单位边际成本,分别为 C_f 和 C_d 。另外,它们在进口国的销售量分别为 Q_f 和 Q_d 。同时假设在进口国市场上的反需求函数为:$p = a - b(Q_f + Q_d)$。进口国政府对出口国企业在进口国市场上销售的产品征收税率为 t_d 的反倾销税(假设关税为零,不妨碍问题的分析),以追求国内社会总福利最大化。于是,这两个企业就形成了在进口国政府监督下的完全信息双寡头垄断企业,即进口国政府、进口国企业和出口国企业三方之间的博弈。即假设条件与上述基本相同,那么:

由上节可知,在完全信息静态博弈下的国内社会福利的总和为:

$$
\begin{aligned}
\omega_2^{cn} &= b(Q_{2f}^{cn} + Q_{2d}^{cn})^2/2 + \pi_{2d}^{cn} + t_d Q_f \\
&= (C_f - C_d)^2/(6b) + (a - C_d)^2/(3b) + t_d(a - C_f)/(3b) - t_d^2/(2b) \\
&= \omega_1^{cn} + t_d(a - C_f)/(3b) - t_d^2/(2b)
\end{aligned}
$$

令 $\dfrac{\partial \omega_2^{\mathrm{cn}}}{\partial t_{\mathrm{d}}}=0$，可得：

$$t_{\mathrm{d}}=\frac{a-C_{\mathrm{f}}}{3} \tag{3-19}$$

根据数理统计中的最小二乘法原理，可以得出式中的 a、b 估计值 $\hat{a}$、$\hat{b}$ 为：

$$\begin{cases}\hat{b}=\dfrac{S_{\mathrm{QP}}}{S_{\mathrm{QQ}}}\\[2ex] \hat{a}=\dfrac{1}{n}\displaystyle\sum_{i=1}^{n}P_i+\Big(\dfrac{1}{n}\sum_{i=1}^{n}Q_i\Big)\hat{b}\end{cases}$$

所以，可得反倾销税率的优化模型为：

$$\begin{aligned}t_{\mathrm{d}}&=\frac{1}{3n}\sum_{i=1}^{n}P_i+\Big(\frac{1}{3n}\sum_{i=1}^{n}Q_i\Big)\hat{b}-\frac{C_{\mathrm{f}}}{3}\\&=\frac{1}{3n}\sum_{i=1}^{n}P_i+\Big(\frac{1}{3n}\sum_{i=1}^{n}Q_i\Big)\frac{S_{\mathrm{QP}}}{S_{\mathrm{QQ}}}-\frac{C_{\mathrm{f}}}{3}\end{aligned} \tag{3-20}$$

式中的 $\begin{cases}S_{\mathrm{QP}}=\displaystyle\sum_{i=1}^{n}(Q_{\mathrm{f}i}+Q_{\mathrm{d}i})^2-\frac{1}{n}\Big[\sum_{i=1}^{n}(Q_{\mathrm{f}i}+Q_{\mathrm{d}i})\Big]^2\\[2ex] S_{\mathrm{QQ}}=\displaystyle\sum_{i=1}^{n}P_i{}^2-\frac{1}{n}\Big(\sum_{i=1}^{n}P_i\Big)^2\end{cases}$

即当反倾销税率 t_{d} 达到上述值时，国内社会福利总和达到最大化，而式(3-19)就是确定反倾销税率的优化模型。

3.1.4 完全信息博弈下影响反倾销税率的因素分析

按照现行倾销幅度的计算公式，反倾销税率主要取决于出口产品的正常价值和出口价格。但是，在国内外企业追求利润最大化、国家追求社会福利最大化的前提下，由上述推导的反倾销税率的优化模型可知，反倾销税率的计算受进口国消费者的需求弹性(即上述公式中的 b)、出口国企业的单位边际成本、出口国企业在进口国市场上的销售量占进口国总需求的比例、出口国企业在进口国市场上出口产品的销售价格影响，而并不像倾销幅度的计算公式所反映的影响因素那么简单。下面具体地探析各个因素对反倾销税率的影响。

1) 出口国企业的单位边际成本对反倾销税率的影响

按照现行倾销幅度的计算公式，反倾销税率的大小与出口国企业的单位边际成本无关，但是，根据上述推导的反倾销税率的优化模型可以知道，优化的反倾销税率的确定与对进口国市场进行销售的出口国企业生产产品的单位边际成本有关。

根据上述推导的反倾销税率的优化模型，可知：优化的反倾销税率是出口国企业出口到进口国市场上的产品的单位边际成本的减函数，即随着出口国企业生产产品的单位边际成本的增加而减少。所以，当出口国企业生产产品的单位边际成本越高，也就是出口国企业的竞争能力越弱，征收所适用的反倾销税率越低；反之，出口国企业生产产品的单位边际成本越低，也就是出口国企业的竞争力越强，征收所适用的反倾销税率越高。

2）进口国消费者的需求弹性对反倾销税率的影响

由上节分析可知，在完全信息静态博弈、国内外企业追求利润最大化、国家追求社会福利最大化的前提下，反倾销税率的计算公式为：

$$t_{\mathrm{d}}=\frac{a-C_{\mathrm{f}}}{3}=\frac{p+b(Q_{\mathrm{f}}+Q_{\mathrm{d}})-C_{\mathrm{f}}}{3}$$

由于进口国市场上消费者的需求弹性

$$\varepsilon=\frac{\Delta Q}{\Delta p}\cdot\frac{p}{Q}=\frac{p}{bQ}\text{，即 }b=\frac{p}{\varepsilon Q}$$

于是，上述的反倾销税率的优化模型变为：

$$t_{\mathrm{d}}=\frac{\left(1+\dfrac{1}{\varepsilon}\right)p-C_{\mathrm{f}}}{3} \tag{3-21}$$

由此可知，最优化的反倾销税率是进口国市场上消费者的需求弹性的减函数，即随着消费者的需求弹性的增加而减少，所以，当出口国企业对进口国市场的倾销幅度等条件基本相同的情况下，如果进口国消费者对倾销产品的需求弹性很小，那么进口国政府就应对该进口产品征收较高的反倾销税率；反之，如果进口国消费者对倾销产品的需求弹性很大，那么进口国政府就应对该进口产品征收较低的反倾销税率甚至不征收反倾销税率。见图 3.2。

假设有两个市场，第一个市场上消费者的需求函数为 D_1，第二个市场上消费者的需求函数为 D_2，且在两个市场上供给函数是一样的，都为 S。在均衡点 E 上，由于消费者的需求函数为 D_1 的切线 T_1 的斜率大于消费者的需求函数为 D_2 切线 T_2 的斜率，那么对于第一个市场的进口产品征收所适用的反倾销税率应该大于对于第二个市场的进口产品征收所适用的反倾销税率。

3）正常价值和出口价格对反倾销税率的影响

按照我国现行倾销幅度的计算公式，反倾销税率主要取决于出口产品的正常

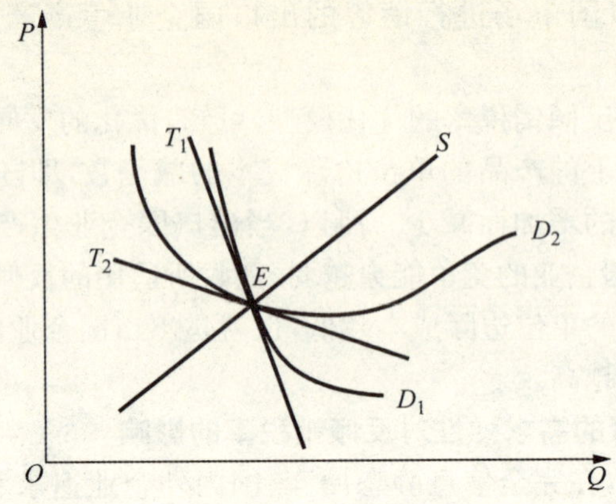

图 3.2 需求弹性对反倾销税率的影响

价值和出口价格。

但是,依照上述推导的反倾销税率函数的优化模型,优化的反倾销税率与出口产品在国外市场上的正常价值无关。这与出口国企业遭受进口国政府反倾销时,一般都改变出口价格而不改变正常价值的实际情况一致。这一点已经得到国外专家和学者的经验统计数据的证实①。

反倾销税率函数的优化模型虽然与出口产品的正常价值无关,但是与出口产品的出口价格有关。

4) 外国产品销量的比例对反倾销税率的影响

根据上述推导的反倾销税率的优化模型,可以知道优化的反倾销税率的确定除了受出口价格、消费者的需求弹性及出口国企业生产产品的单位边际成本影响外,还要受国内外企业在进口国市场上所销售产品的份额的影响。

由上述公式(3-19)及(3-21)可知,国内外企业在进口国市场上所销售产品的份额比例的大小及变化直接影响反需求函数的斜率即消费者的需求弹性,当需求弹性达到足够大时,出口国企业所占份额的变化对反倾销税率大小的影响较小;反之亦然。

3.1.5 完全信息静态下反倾销税率优化模型扩展

假设在某进口国市场上有三个企业,一个为出口国企业,另两个为进口国企业,它们都追求利润最大化,而且它们处于完全信息市场中,同时它们三者在进口

① 参见:Bruce A. and Jee-Hyeong Park (2001)"Dynamic Pricing in the Presence of Anti-dumping Policy" p. 6-7

国市场上的销售量同时进行决策。进口国政府对出口国企业在进口国市场上的产品销售都征收税率为 t_d 的反倾销税(假设关税为零,不妨碍问题的分析)。这样,这两个企业就形成了在进口国政府监督下的完全信息三寡头垄断企业。另假设出口国企业和两个进口国企业都有不变的单位边际成本,分别为 C_f 、C_{d1} 和 C_{d2} ,另外,假设它们在进口国市场上的销售量分别为 Q_f、Q_{d1} 和 Q_{d2}。同时假设在进口国市场上的反需求函数为：$p = a - bQ$,式中 $Q = Q_f + Q_{d1} + Q_{d2}$ 。这种简化有利于分析问题。那么,三个企业的利润函数分别为：

$$\pi_f = Q_f[a - b(Q_f + Q_{d1} + Q_{d2})] - t_d Q_f - C_f Q_f \tag{3-22}$$

$$\pi_{d1} = Q_{d1}[a - b(Q_f + Q_{d1} + Q_{d2})] - C_{d1} Q_{d1} \tag{3-23}$$

$$\pi_{d2} = Q_{d2}[a - b(Q_f + Q_{d1} + Q_{d2})] - C_{d2} Q_{d2} \tag{3-24}$$

由于国内外企业在进口国市场上的产品销售量同时进行决策,所以可以同时令 $\dfrac{\partial \pi_f}{\partial Q_f} = \dfrac{\partial \pi_{d1}}{\partial Q_{d1}} = \dfrac{\partial \pi_{d2}}{\partial Q_{d2}} = 0$ 。

于是,可得国内外企业的反应函数为：

$$a - bQ_{d1} - bQ_{d2} - 2bQ_f - t_d - C_f = 0 \tag{3-25}$$

$$a - 2bQ_{d1} - bQ_{d2} - bQ_f - C_{d1} = 0 \tag{3-26}$$

$$a - bQ_{d1} - 2bQ_{d2} - bQ_f - C_{d2} = 0 \tag{3-27}$$

由式(3-25)、(3-26)及(3-27),可以得到完全信息静态博弈实行反倾销情况下的 Cournot-Nash 均衡销量解：

$$Q_f = \frac{a + C_{d1} + C_{d2} - 3C_f - 3t_d}{4b} \tag{3-28}$$

$$Q_{d1} = \frac{a - 3C_{d1} + C_{d2} + C_f + t_d}{4b} \tag{3-29}$$

$$Q_{d2} = \frac{a + C_{d1} - 3C_{d2} + C_f + t_d}{4b} \tag{3-30}$$

由式(3-28)、(3-29)和(3-30)可得国内市场上总销售量

$$Q = \frac{3a - C_{d1} - C_{d2} - C_f - t_d}{4b} \tag{3-31}$$

把式(3-31)代入反需求函数,可得均衡市场价格

$$P=\frac{a+C_{d1}+C_{d2}+C_f+t_d}{4} \tag{3-32}$$

把销售量和价格代入利润函数，可得均衡利润

$$\pi_{d1}=\frac{(a-3C_{d1}+C_{d2}+C_f+t_d)^2}{16b} \tag{3-33}$$

$$\pi_{d2}=\frac{(a+C_{d1}-3C_{d2}+C_f+t_d)^2}{16b} \tag{3-34}$$

$$\pi_f=\frac{(a+C_{d1}+C_{d2}-3C_f-3t_d)^2}{16b} \tag{3-35}$$

由于此时的消费者剩余

$$CS=\int_0^Q[p-(a-bQ_{d1}-bQ_{d2}-bQ_f)]\mathrm{d}Q=bQ^2=\frac{b}{2}(Q_{d1}+Q_{d2}+Q_f)^2 \tag{3-36}$$

又由于此时的国内社会福利的总和为消费者剩余、进口国企业的利润及反倾销税收入之和，故此时的国内社会福利的总和

$$\begin{aligned}\omega&=b(Q_{d1}+Q_{d2}+Q_f)^2/2+\pi_{d1}+\pi_{d2}+t_dQ_f\\&=\frac{1}{32b}(3a-C_{d1}-C_{d2}-C_f-t_d)^2+\frac{(a-3C_{d1}+C_{d2}+C_f+t_d)^2}{16b}+\\&\quad\frac{(a+C_{d1}-3C_{d2}+C_f+t_d)^2}{16b}+t_d\cdot\frac{a+C_{d1}+C_{d2}-3C_f-3t_d}{4b}\end{aligned} \tag{3-37}$$

对式(3-37)，求 ω 关于 t_d 的一阶导数，并令 $\frac{\partial\omega}{\partial t_d}=0$，可得：

$$t_d=\frac{13a+C_{d1}+C_{d2}-13C_f}{39} \tag{3-38}$$

3.2 完全信息静态下两国相似产品反倾销税率优化模型

3.2.1 模型假设

假设在国内市场上有两家企业，一家为国外企业(foreign firm)，用下标 f 表示，另一家为国内企业(domestic firm)，用下标 d 表示，两个企业在国内市场上的销售量分别为 Q_f 和 Q_d。它们生产的产品间不具有完全的替代性，即可以假设反

需求函数具有以下形式：

$$P_d = a - b(Q_d + \theta Q_f) \tag{3-39}$$

$$P_f = a - b(Q_f + \theta Q_d) \tag{3-40}$$

其中，$0 \leqslant \theta \leqslant 1$，表示两种商品的相似程度，$\theta = 1$ 表示两种商品具有完全的替代性。

它们具有不变单位边际生产成本分别为 c_f 和 c_d。而且假定它们处于完全信息市场中，同时决定在国内市场上的销售量，即实行利润最大化下的古诺竞争。国内政府对国外企业在国内的销售征收税率为 t_d（不妨假设关税税率为零）的反倾销税以追求国内社会福利最大化。这样，这两个企业就形成了在国内市场上的完全信息双寡头垄断竞争。用 π_f 和 π_d 分别表示国外企业和国内企业在国内市场上获得的利润，并用 CS 表示国内市场上消费者剩余。

3.2.2 相似产品反倾销税率优化模型

本节使用两阶段非合作博弈框架：在博弈的第一阶段，国内政府对国外企业在国内市场上销售的产品征收反倾销税率税率大小为 t_d 的反倾销税；在博弈的第二阶段，国内外企业同时确定自己在国内市场上的销售量。这样，就可以运用博弈论中的逆向归纳法来求解该两阶段博弈的均衡。

1）第二阶段国内市场上的均衡

首先，在博弈的第二阶段上，国内外企业根据国内政府确定的反倾销税率 t_d 最大化自己的利润。

国内外企业的利润函数分别为：

$$\pi_d = [a - b(Q_d + \theta Q_f)]Q_d - c_d Q_d \tag{3-41}$$

$$\pi_f = [a - b(Q_f + \theta Q_d)]Q_f - c_f Q_f - t_d Q_f \tag{3-42}$$

由国内外企业利润函数的一阶导数可得它们的反应函数分别为：

$$\frac{\partial \pi_d}{\partial Q_d} = a - 2bQ_d - b\theta Q_f - c_d = 0 \tag{3-43}$$

$$\frac{\partial \pi_f}{\partial Q_f} = a - 2bQ_f - b\theta Q_d - c_f - t_d = 0 \tag{3-44}$$

由式(3-43)和式(3-44)可得国内市场上国内外企业的均衡销售量分别为：

$$Q_d = \frac{(2-\theta)a - 2c_d + \theta(c_f + t_d)}{b(4-\theta^2)} \tag{3-45}$$

$$Q_f = \frac{(2-\theta)a + \theta c_d - 2(c_f + t_d)}{b(4-\theta^2)} \tag{3-46}$$

分别把式(3-45)和(3-46)代入式(3-41)和(3-42),可得国内外企业的均衡利润为:

$$\pi_d = \frac{[(2-\theta)a - 2c_d + \theta(c_f + t_d)]^2}{b(4-\theta^2)^2} \tag{3-47}$$

$$\pi_f = \frac{[(2-\theta)a + \theta c_d - 2(c_f + t_d)]^2}{b(4-\theta^2)^2} \tag{3-48}$$

2) 第一阶段国内政府反倾销税率的确定

在博弈的第一阶段上,国内政府在第二阶段均衡的基础上确定反倾销税率 t_d 使国内社会福利总和达到最大。

国内社会福利总和是由国内企业所获得的利润、国内消费者剩余与国内政府所征收的反倾销税三部分组成,即:

$$w = CS + \pi_d + Q_f t_d \tag{3-49}$$

式中,国内消费者剩余由以下公式给出:

$$CS = \frac{b}{2}(Q_d^2 + Q_f^2) + b\theta Q_d Q_f \tag{3-50}$$

把式(3-45)、(3-46)、(3-47)、(3-50)代入(3-49),并令 $\frac{\partial w}{\partial t_d} = 0$,可得:

$$t_d = \frac{(4-\theta^2)a + \theta^2(1-\theta)c_d - (4+2\theta-3\theta^2)c_f}{12+2\theta-5\theta^2} \tag{3-51}$$

即,面对国外企业对国内市场产品出口,国内政府对该进口产品征收所适用的反倾销税率为上述公式所表示的函数值时,国内社会福利的总和达到最大值。

3.2.3 影响优化反倾销税率的因素分析

按照现行倾销幅度的计算公式,反倾销税率主要取决于出口产品的正常价值和出口价格。但是,在国内外企业追求利润最大化、国家追求社会福利最大化的前提下,由上述的反倾销税率的优化模型可知,优化的反倾销税率的计算还要受以下因素的影响。

1) 国内市场容量大小对反倾销税率的影响

由上述优化反倾销税率计算公式此可知,优化的反倾销税率是国内市场上消费容量大小增函数,即式(3-51)中字母 a 的大小,随着国内市场上消费容量的增加而增加，所以，当国外企业对国内市场的倾销幅度等条件基本相同的情况下，如果国内消费市场容量较大，那么国内政府就应对该进口产品征收较高的反倾销税率；反之，如果国内消费市场容量较小，那么国内政府就应对该进口产品征收较低的反倾销税率甚至不征收反倾销税率。

2）国内消费者的需求弹性对反倾销税率的影响

由上述优化反倾销税率计算公式此可知，当国内市场上的销售量相同时，国内市场上消费者的需求弹性越小，a 的值越大，反之亦然。所以，优化的反倾销税率是国内市场上消费者的需求弹性的减函数，即随着消费者的需求弹性的增加而减少。当国外企业对国内市场的倾销幅度等条件基本相同的情况下，如果国内消费者对倾销产品的需求弹性很小，那么国内政府就应对该进口产品征收较高的反倾销税率；反之，如果国内消费者对倾销产品的需求弹性很大，那么国内政府就应对该进口产品征收较低的反倾销税率，甚至不征收反倾销税率。

3）国外企业的单位边际成本对反倾销税率的影响

按照现行倾销幅度的计算公式，反倾销税率的大小与国外企业的单位边际成本无关，但是，根据上述推导的反倾销税率的优化模型，可以知道优化的反倾销税率的确定与对国内市场进行销售的国外企业生产产品的单位边际成本有关。

优化的反倾销税率是国外企业出口到国内市场上的产品的单位边际成本的减函数，即随着国外企业生产产品的单位边际成本的增加而减少。所以，当国外企业生产产品的单位边际成本越高，也就是国外企业的竞争力越弱，应征收的反倾销税率越低；反之，国外企业生产产品的单位边际成本越低，也就是国外企业的竞争力越强，应征收的反倾销税率越高。

4）国内企业的单位边际成本对反倾销税率的影响

按照现行倾销幅度的计算公式，反倾销税率的大小与国内企业的单位边际成本无关，但是，根据上述推导的反倾销税率的优化模型，可以知道优化的反倾销税率的确定与在国内市场上进行销售的国内企业生产产品的单位边际成本（即竞争能力强弱）有关。

最优化的反倾销税率是国内企业在国内市场上销售的产品的单位边际成本的增函数，即随着国内企业生产产品的单位边际成本的增加而增加，正好与国外企业生产的产品的单位边际成本对反倾销税率的影响相反，只是影响程度不同而已。即随着国内企业生产产品的单位边际成本的增加而增加。所以，当国内企业生产产品的单位边际成本越高，也就是国内企业的竞争力越弱，应征收的反倾销税率越高；反之，国内企业生产产品的单位边际成本越低，也就是国内企业的竞争力越强，应征收的反倾销税率越低。

3.2.4 基本结论及政策含义

通过上述对现行倾销幅度计算存在的缺陷分析、反倾销税的经济效应、优化反倾销税率模型的建立及对影响反倾销税率的因素的讨论，可以得出结论和给出有关建议：

(1) 在国内市场上国内企业的销售量是反倾销税率的增函数，国外企业的销售量是反倾销税率的减函数，并且国内市场上总销售量是反倾销税率的减函数。

(2) 在国内市场上国内企业所获得的利润是反倾销税率的增函数，随着国内政府所运用的反倾销税率的增大而增加；相反，国外企业所获得的利润是反倾销税率的减函数，随着国内政府所运用的反倾销税率的增大而减少。

(3) 在国内市场上国内消费者剩余是反倾销税率的减函数，随着国内政府所运用的反倾销税率的增大而减少。可见，国内政府所施行的反倾销政策会损害国内消费者的社会福利。

(4) 反倾销税率的确定与在国外市场上产品销售的价格无关，与在国内市场上销售的产品价格有关。也就是，在有的情况下，即使出口价格大于正常价值即不存在倾销幅度，也应征收反倾销税；而在有的情况下，即使正常价值大于出口价格即存在倾销幅度，也不应征收反倾销税。反倾销税率的确定应根据国内产业所遭受的损害程度(不一定是倾销行为所造成)的范围内来确定。

(5) 对于国内政府来说，当国外企业对国内市场的倾销幅度相同的情况下，如果国外企业在国内市场上销售产品的单位边际成本越低，即竞争力越强时，则应征收较高的反倾销税率，反之亦然；对于出口企业来说，当我国企业出口的产品的单位边际成本较小时，即竞争力较强时，应适当提高产品的出口价格，以免遭受国外的反倾销调查，反之亦然。

(6) 国内企业的单位边际成本对反倾销税率的影响分析与国外企业的相反。对于国内政府来说，当国外企业对国内市场的倾销幅度相同的情况下，如果国内企业在国内市场上销售产品的单位边际成本越高，即竞争力越弱时，则应征收较高的反倾销税率，反之亦然。

(7) 对于国内政府来说，反倾销税率的确定除了考虑上述因素以外，还要考虑商品的相似程度，因为其不同程度地影响上述每个因素，从而影响反倾销税率的大小。

3.3 完全信息静态下两国多企业反倾销税率优化模型

近年来，欧美等国的对华反倾销案件不断增加，并且在这些案件中，欧美等国广泛采用了“一国一税”政策，这种政策并无任何国际法依据，且对中国出口造成的损害不亚于“替代国方法”，因此，研究“一国一税”政策是十分有必要的。

但以往大多数学者对于欧美等国在对华反倾销案件中适用的政策法规上，研究、论述较多的是其采用的“替代国方法”，而对于“一国一税”政策的研究往往较少。舒东(2004)对欧美等国“一国一税”政策的概念、法律基础和合法性问题进行了系统的研究论述，并在此基础上提出中国现作为 WTO 成员，从根本上解决此问题的具体思路——在 WTO 的框架内，以 WTO《反倾销协议》为共同遵循的国际法，以 WTO 争端解决机构为争端裁判机制来认定“一国一税”政策违反国际反倾销法，进而裁决欧美在合理期限内废除该政策。然而，上述研究没有通过建立经济模型分析“一国一税”政策。

3.3.1 两种反倾销税税率的确定模型

1）模型构建

假设我国有两家企业向某国出口商品，分别为甲企业和乙企业。由于甲企业、乙企业和该国国内企业(后简称国内企业)都追求利润最大化，而且是在了解市场信息的情况下同时进行决策。这样，在这个国家的市场上，这三个企业就形成了在完全信息静态博弈中的三寡头垄断竞争。假设该国国内企业有不变的单位边际成本 C_d，销售量为 Q_d，利润为 π_d。甲企业和乙企业也有不变的单位边际成本，分别为 C_1 和 C_2，他们在该国市场上的销售量为 Q_1 和 Q_2，在该国市场上获得的利润为 π_1 和 π_2。同时，假设该国国内的反需求函数为：$P=a-bQ$，该产品在该国市场上的总销售量为 $Q=Q_d+Q_1+Q_2$。此外，由于存在倾销，该国政府就要分别向甲企业和乙企业征收反倾销税。假设当政府执行“一国一税”的反倾销政策时，适用单一反倾销税率为 t；而当进口国政府对甲企业和乙企业在进口国市场上销售的产品分别给予不同税率时，适用的反倾销税率分别为 t_1 和 t_2。这样，利用完全信息静态博弈下的逆向归纳法，可以确定社会福利最大化条件下的两种反倾销税税率。

2）“一国一税”时的反倾销税率模型

国内企业确定自己产量 Q_d 以追求利润最大化，即

$$\mathrm{Max} PQ_d - C_dQ_d \tag{3-52}$$

由于甲企业和乙企业会被该国政府征收单一的反倾销税 t，因此，它们的利润最大化问题可表示为：

$$\mathrm{Max} PQ_1 - C_1Q_1 - tQ_1 \tag{3-53}$$

$$\mathrm{Max} PQ_2 - C_2Q_2 - tQ_2 \tag{3-54}$$

根据利润最大化条件,可得国内外三个企业的反应函数

$$Q_d = \frac{a - b(Q_1 + Q_2) - C_d}{2b} \tag{3-55}$$

$$Q_1 = \frac{a - b(Q_d + Q_2) - C_1 - t}{2b} \tag{3-56}$$

$$Q_2 = \frac{a - b(Q_d + Q_1) - C_2 - t}{2b} \tag{3-57}$$

由(3-55)、(3-56)和(3-57)三式,可得完全信息静态博弈下的三个企业的均衡销售量及国内市场上的总销售量分别为:

$$Q_d^{\cdot} = \frac{a + (C_1 + C_2 + 2t) - 3C_d}{4b} \tag{3-58}$$

$$Q_1^{\cdot} = \frac{a + (C_1 + C_2 + 2t) + C_d - 4(C_1 + t)}{4b} \tag{3-59}$$

$$Q_2^{\cdot} = \frac{a + (C_1 + C_2 + 2t) + C_d - 4(C_2 + t)}{4b} \tag{3-60}$$

$$Q^{\cdot} = \frac{3a - (C_1 + C_2 + 2t) - C_d}{4b} \tag{3-61}$$

把式(3-61)代入该国国内的反需求函数 $P = a - bQ$,可得该国国内市场上的均衡价格为:

$$P^{\cdot} = \frac{a + (C_1 + C_2 + 2t) + C_d}{4b} \tag{3-62}$$

把式(3-58)至(3-62)分别代入三个企业的利润函数,分别可得完全信息静态博弈下的三个企业获得的利润:

$$\pi_d = \frac{[a + (C_1 + C_2 + 2t) - 3C_d]^2}{16b} \tag{3-63}$$

$$\pi_1 = \frac{[a + (C_1 + C_2 + 2t) + C_d - 4(C_1 + t)]^2}{16b} \tag{3-64}$$

$$\pi_2 = \frac{[a + (C_1 + C_2 + 2t) + C_d - 4(C_2 + t)]^2}{16b} \tag{3-65}$$

与通常的讨论类似,用社会福利函数 ω 衡量国内社会的总体福利,并将其定义为消费者剩余、国内企业利润和反倾销税收入之和,即

$$\omega = CS + \pi_d + (Q_1 + Q_2) \cdot t \tag{3-66}$$

式中 CS 表示消费者剩余，有：

$$CS = \int_0^{Q^*} (P - P_e) dQ = \frac{1}{2} b Q^{*2} \tag{3-67}$$

由式(3-66)，求国内社会的总体福利对反倾销税率的一阶导数 $\frac{\partial \omega}{\partial t}$，并令其为零，可得：

$$t = \frac{3a - (C_1 + C_2 + C_d)}{10} \tag{3-68}$$

此时，国内社会的总体福利 ω 达到最大，即政府征收适用的单一反倾销税率为式(3-68)所表示的数值时，国内社会福利达到最大。

3) "分别税率"时的反倾销税率模型

这种模型中，国内企业的利润最大化问题依然表示为：

$$\text{Max} PQ_d - C_d Q_d \tag{3-69}$$

而由于甲企业和乙企业销售的产品被政府征收了不同的反倾销税 t_1 和 t_2，因此，它们的利润最大化问题就变成了：

$$\text{Max} PQ_1 - C_1 Q_1 - t_1 Q_1 \tag{3-70}$$

$$\text{Max} PQ_2 - C_2 Q_2 - t_2 Q_2 \tag{3-71}$$

根据利润最大化条件，可得到三个企业的反应函数：

$$Q_d = \frac{a - b(Q_1 + Q_2) - C_d}{2b} \tag{3-72}$$

$$Q_1 = \frac{a - b(Q_d + Q_2) - C_1 - t_1}{2b} \tag{3-73}$$

$$Q_2 = \frac{a - b(Q_d + Q_1) - C_2 - t_2}{2b} \tag{3-74}$$

由(3-72)、(3-73)和(3-74)三式，可得完全信息静态博弈下的三个企业的均衡销售量及国内市场上的总销售量分别为：

$$Q_d^* = \frac{a + (C_1 + C_2 + t_1 + t_2) - 3C_d}{4b} \tag{3-75}$$

$$Q_1^* = \frac{a + (C_1 + C_2 + t_1 + t_2) + C_d - 4(C_1 + t_1)}{4b} \tag{3-76}$$

$$Q_2^{\cdot} = \frac{a + (C_1 + C_2 + t_1 + t_2) + C_d - 4(C_2 + t_2)}{4b} \tag{3-77}$$

$$Q^{\cdot} = \frac{3a - (C_1 + C_2 + t_1 + t_2) - C_d}{4b} \tag{3-78}$$

把式(3-78)代入该国国内的反需求函数 $P = a - bQ$，可得该国国内市场上的均衡价格为：

$$P^{\cdot} = \frac{a + (C_1 + C_2 + t_1 + t_2) + C_d}{4b} \tag{3-79}$$

把式(3-75)至(3-79)，分别代入三个企业的利润函数，分别可得完全信息静态博弈下的三个企业获得的利润：

$$\pi_d = \frac{[a + (C_1 + C_2 + t_1 + t_2) - 3C_d]^2}{16b} \tag{3-80}$$

$$\pi_1 = \frac{[a + (C_1 + C_2 + t_1 + t_2) + C_d - 4(C_1 + t_1)]^2}{16b} \tag{3-81}$$

$$\pi_2 = \frac{[a + (C_1 + C_2 + t_1 + t_2) + C_d - 4(C_2 + t_2)]^2}{16b} \tag{3-82}$$

那么，“分别税率”下的国内社会福利总和 ω 就表示为：

$$\omega = CS + \pi_d + Q_1 \cdot t_1 + Q_2 \cdot t_2 \tag{3-83}$$

同理，令 $\frac{\partial \omega}{\partial t_1} = 0$，可得：

$$t_1 = \frac{3a - 9C_1 + 7C_2 - C_d + 11t_2}{21} \tag{3-84}$$

又，令 $\frac{\partial \omega}{\partial t_2} = 0$，可得：

$$t_2 = \frac{3a - 9C_2 + 7C_1 - C_d + 11t_1}{21} \tag{3-85}$$

由式(3-84)和(3-85)联立，可得：

$$\begin{cases} t_1 = \dfrac{6a - 7C_1 + 3C_2 - 2C_d}{20} \\ t_2 = \dfrac{6a - 7C_2 + 3C_1 - 2C_d}{20} \end{cases} \tag{3-86}$$

当对国外企业分别适用上述反倾销税率时 ω 达到最大，即国内社会福利达到最大。

3.3.2　模型结果分析

由式(3-86)可得：$t_1 - t_2 = \dfrac{C_2 - C_1}{2}$，那么若 $C_1 < C_2$，则 $t_1 > t_2$，同理若 $C_1 > C_2$，则 $t_1 < t_2$，即出口企业的边际成本越小，竞争力就越强，在“分别税率”时被征收的反倾销税就可能越高。

又由式(3-68)和(3-86)可得：$t_1 - t = \dfrac{C_2 - C_1}{4}$，那么只要 $C_1 \neq C_2$，则 $t_1 \neq t$，且 $C_1 < C_2$，则 $t_1 > t$；但在实际情况下，美国和欧盟等国对我国某一产品实行“一国一税”的反倾销政策时，为了保护本国企业、打击我国企业，往往只针对部分出口竞争力较强的企业进行反倾销调查，这样，如果出口竞争力较差的企业没有及时应诉，则有可能被视为竞争力较强的企业征收单一的反倾销税。若假设甲企业代表部分竞争力较强的出口企业，即 C_1 较小，乙企业代表部分竞争力较弱的出口企业，即 C_2 较大，那么，政府制定的单一反倾销税就很有可能是 t_1，加之，美国和欧盟等国对我国反倾销时，实行的是另外一种歧视性政策“替代国方法”，往往会使反倾销税进一步提高。

对于出口企业，根据式(3-64)和(3-81)可知，若 $t > \dfrac{3t_1 - t_2}{2}$，那么甲企业的利润将减少，即甲企业难逃利润受损的命运；同理，$t > \dfrac{3t_2 - t_1}{2}$，乙企业的利润必将减少。这就说明征收单一的反倾销税时，所有的出口企业都会遭到打击。对于国内企业，根据式(3-64)和(3-81)易知国内企业的利润会增加。而对于国内社会福利及消费者剩余，则此时的国内社会福利必然无法达到最大，同时由 $CS = \int_0^{Q^*} (P - P_e)\mathrm{d}Q = \dfrac{1}{2}bQ^{*2}$，易知消费者剩余必然减少。简言之，在“一国一税”的反倾销政策下，政府征收较高的单一的反倾销税，除了使国内企业的利润增加外，出口企业的利益以及本国社会福利和消费者剩余都将遭到损害。

如果国内政府执行“一国一税”时，为了保证社会福利最大化，将反倾销税定为 t。由式(3-86)可得：$t_1 + t_2 = \dfrac{3a - (C_1 + C_2 + C_d)}{5}$，即 $2t = t_1 + t_2$，此时由式(3-63)和(3-80)，不难看出国内企业的利润相同。但对于竞争力较强的甲企业，由于 $t_1 > t$，且 $t_1 > t_2$，可以计算发现其“一国一税”时的利润要高于“分别税率”时的利润；同理，对于竞争力较弱的乙企业，在单一的反倾销税率下，其“一国一税”时的利润要低于"分别税率"时的利润。可以知道,反倾销政策的目的是为了防止本国该产业遭到损害,而往往成本较低、竞争力较强的出口企业最容易实施倾销,并且由其倾销带来的损害威胁或实际损害最大。这样不难看出,在执行"一国一税"时,为了社会福利最大化的单一反倾销税率,虽然保证了社会福利最大,并且不会影响国内企业的利润,但会削弱对产生损害威胁或实际损害较大的企业的防范功能,不能很好的起到保护相关产业的作用。

综上所述,在"一国一税"政策下,单一反倾销税虽然能起到打击外国企业,有利于本国企业的效果,但是本国的社会福利将遭受损失;而若单一反倾销税定为 t,则本国的社会福利虽然可以达到最大化,但反倾销的作用将大打折扣。也就是说"一国一税"并不是一个"双赢"的政策,特别是对于我国的出口企业,其本质就是一个彻头彻尾的歧视性政策。

3.3.3 结论和建议

从分析可知,由于在"一国一税"政策下,对外国企业征收较高的单一反倾销税,可以为国内企业带来好处。因此,欧美等西方国家的政府为了获得某些行业协会和相关企业的支持,在制定和执行政策时,利用"一国一税"办法给国内企业带来较高的利润,讨好这些利益集团,以达到其政治上的目的。特别是对我国的某些生产成本较低、比较优势明显、在国际市场比较有竞争力的产业,欧美等国经常采取一些以贸易保护为目的的反倾销措施。例如,近年来,欧盟和美国对我国的纺织品、彩电等出口产品进行反倾销措施,其中一个重要原因就是迫于国内相关行业协会和劳工组织的压力。又如,每逢美国总统与国会的选举,一些政客就会代表某些利益集团在对华贸易问题上做文章,以换取资金和选票。但通过上述的经济分析可知,这些政策损害的不止是我国企业的利益,还有这些国家国内的社会福利,特别是广大消费者的利益,因此,对我国某些产业采取的"一国一税"反倾销政策,不只是一种歧视性政策,同时也是一种损人不利己的政策。

针对这种歧视性政策,我国政府要有所作为。由于"一国一税"政策损害了我国根据《反倾销协议》所应获得的权利——即任何企业只要积极应诉,都应无条件地获得分别税率。我国可逐一向欧美等国提出磋商请求,要求其彻底废除"一国一税"政策。如磋商不能达成一致,现作为 WTO 成员,我国可以申请 WTO 争端解决机构进行裁决。同时,我国政府应与欧美等国的相关企业和组织进行广泛而深入的接触,做好这些国家政策制定和执行部门的游说工作,通过达成一些对双方都有利的协议,以消除他们对我国的歧视性看法。此外,有关企业也要积极应诉,利用 WTO 和欧美等国的相关规定,为自身争取合法权益,并且通过成立相关的行业协会增强整个行业的应诉能力,协助政府做好相关的应对工作。

3.4 完全信息静态下多国反倾销税率优化模型

3.4.1 基本模型

n 个国外企业,1 个国内企业,第 i 个国外企业在国内市场的销售量为 Q_i,且都有不变的单位边际生产成本 c_i;国内企业在自己的国内市场上的销售量为 Q_d,且其有不变的单位边际生产成本 c_d;那么国内的总销售量为 $Q=\sum_{j=1}^{n}Q_j+Q_d$ 。国内消费者的反需求函数为 $p=a-bQ$ 。在国内市场上实行古诺竞争。

第 i 个国外企业和国内企业的利润函数分别为:

$$\pi_i=\left[a-b\left(\sum_{j=1}^{n}Q_j+Q_d\right)\right]\cdot Q_i-c_i\cdot Q_i \tag{3-87}$$

$$\pi_d=\left[a-b\left(\sum_{j=1}^{n}Q_j+Q_d\right)\right]\cdot Q_d-c_d\cdot Q_d \tag{3-88}$$

第 i 个国外企业和国内企业的反应函数分别为:

$$a-b\left(\sum_{j=1}^{n}Q_j+Q_d\right)-bQ_i-c_i=0 \tag{3-89}$$

$$a-b\left(\sum_{j=1}^{n}Q_j+Q_d\right)-bQ_d-c_d=0 \tag{3-90}$$

由 n 个国外企业和国内企业的反应函数可得国内市场的总销售量为:

$$Q=\sum_{j=1}^{n}Q_j+Q_d=\frac{(n+1)a-\sum_{j=1}^{n}c_j-c_d}{(n+2)b} \tag{3-91}$$

第 i 个国外企业和国内企业在国内市场上的销售量分别为:

$$Q_i=\frac{a+\sum_{j=1}^{n}c_j+c_d-(n+2)c_i}{(n+2)b} \tag{3-92}$$

$$Q_d=\frac{a+\sum_{j=1}^{n}c_j-(n+1)c_d}{(n+2)b} \tag{3-93}$$

第 i 个国外企业和国内企业在国内市场上获得的利润为：

$$\pi_i=\frac{\left[a+\sum_{j=1}^{n}c_j+c_{\mathrm{d}}-(n+2)c_i\right]^2}{(n+2)^2b} \tag{3-94}$$

$$\pi_{\mathrm{d}}=\frac{\left[a+\sum_{j=1}^{n}c_j-(n+1)c_{\mathrm{d}}\right]^2}{(n+2)^2b} \tag{3-95}$$

3.4.2 模型的扩展

n 个国外企业，1 个国内企业，第 i 个国外企业在国内市场的销售量为 Q_i，且都有不变的单位边际生产成本 c_i；国内企业在自己的国内市场上的销售量为 Q_{d}，且其有不变的单位边际生产成本 c_{d}；那么国内的总销售量为 $Q=\sum_{j=1}^{n}Q_j+Q_{\mathrm{d}}$；国内政府对第 i 个国外企业征收从量税率为 t_i 的反倾销税（不妨假设关税为零）。国内消费者的反需求函数为 $p=a-bQ$ 。在国内市场上实行古诺竞争。

第 i 个国外企业和国内企业的利润函数分别为：

$$\pi_i=\left[a-b\left(\sum_{j=1}^{n}Q_j+Q_{\mathrm{d}}\right)\right]\cdot Q_i-c_i\cdot Q_i-t_i\cdot Q_i \tag{3-96}$$

$$\pi_{\mathrm{d}}=\left[a-b\left(\sum_{j=1}^{n}Q_j+Q_{\mathrm{d}}\right)\right]\cdot Q_{\mathrm{d}}-c_{\mathrm{d}}\cdot Q_{\mathrm{d}} \tag{3-97}$$

第 i 个国外企业和国内企业的反应函数分别为：

$$a-b\left(\sum_{j=1}^{n}Q_j+Q_{\mathrm{d}}\right)-bQ_i-c_i-t_i=0 \tag{3-98}$$

$$a-b\left(\sum_{j=1}^{n}Q_j+Q_{\mathrm{d}}\right)-bQ_{\mathrm{d}}-c_{\mathrm{d}}=0 \tag{3-99}$$

由 n 个国外企业和国内企业的反应函数可得国内市场的总销售量

$$Q=\sum_{j=1}^{n}Q_j+Q_{\mathrm{d}}=\frac{(n+1)a-\sum_{j=1}^{n}(c_j+t_j)-c_{\mathrm{d}}}{(n+2)b} \tag{3-100}$$

第 i 个国外企业和国内企业在国内市场上的销售量分别为：

$$Q_i=\frac{a+\sum_{j=1}^{n}(c_j+t_j)+c_{\mathrm{d}}-(n+2)(c_i+t_i)}{(n+2)b} \tag{3-101}$$

$$Q_{\mathrm{d}}=\frac{a+\sum_{j=1}^{n}(c_j+t_j)-(n+1)c_{\mathrm{d}}}{(n+2)b} \tag{3-102}$$

第 i 个国外企业和国内企业在国内市场上获得的利润

$$\pi_i=\frac{\left[a+\sum_{j=1}^{n}(c_j+t_j)+c_{\mathrm{d}}-(n+2)(c_i+t_i)\right]^2}{(n+2)^2 b} \tag{3-103}$$

$$\pi_{\mathrm{d}}=\frac{\left[a+\sum_{j=1}^{n}(c_j+t_i)-(n+1)c_{\mathrm{d}}\right]^2}{(n+2)^2 b} \tag{3-104}$$

国内市场上的消费者剩余

$$\begin{aligned} CS&=\int_0^Q p(Q)\mathrm{d}Q-p\cdot Q=\frac{1}{2}b\Big(\sum_{j=1}^{n}Q_j+Q_{\mathrm{d}}\Big)^2\\ &=\frac{\left[(n+1)a-\sum_{j=1}^{n}(c_j+t_j)-c_{\mathrm{d}}\right]^2}{2(n+2)^2 b}\end{aligned} \tag{3-105}$$

国内社会福利总和

$$\omega=CS+\pi_{\mathrm{d}}+\sum_{i=1}^{n}t_i\cdot Q_i \tag{3-106}$$

把式(3-101)、(3-104)和(3-105)代入式(3-106)，可得：

$$\begin{aligned}\omega=&\frac{\left[(n+1)a-\sum_{j=1}^{n}(c_j+t_j)-c_{\mathrm{d}}\right]^2}{2(n+2)^2 b}+\frac{\left[a+\sum_{j=1}^{n}(c_j+t_i)-(n+1)c_{\mathrm{d}}\right]^2}{(n+2)^2 b}+\\ &\sum_{i=1}^{n}\left[t_i\cdot\frac{a+\sum_{j=1}^{n}(c_j+t_j)+c_{\mathrm{d}}-(n+2)(c_i+t_i)}{(n+2)b}\right]\end{aligned} \tag{3-107}$$

由 $\frac{\partial\omega}{\partial t_i}=0$，可得：

$$t_i=\frac{3(n+2)^2 a-(n-1)(n+2)^2 c_{\mathrm{d}}+(n^4+7n^3+10n^2+4n+32)\sum_{\substack{j=1\\ j\neq i}}^{n}c_j}{(n+2)^2(n^3+3n^2+n+4)}-c_i \tag{3-108}$$

3.4.3 影响优化反倾销税率的因素分析

按照现行倾销幅度的计算公式，反倾销税率主要取决于出口产品的正常价值和出口价格。但是，在国内外企业追求利润最大化、国家追求社会福利最大化的前提下，由上述的反倾销税率的优化模型可知，优化的反倾销税率的计算受以下因素的影响。

1) 国内市场容量大小对反倾销税率的影响

参见 3.1.4。

2) 国内消费者的需求弹性对反倾销税率的影响

参见 3.1.4。

3) 国外企业的单位边际成本对反倾销税率的影响

参见 3.1.4。

4) 国内企业的单位边际成本对反倾销税率的影响

参见 3.2.3。

5) 国外企业销售量占国内总需求的比例对反倾销税率的影响

参见 3.1.4。

6) 正常价值和出口价格对反倾销税率的影响

参见 3.1.4。

7) 市场竞争程度对反倾销税率的影响

按照现行倾销幅度的计算公式，反倾销税率的大小与市场竞争程度无关，但是，根据上述推导的反倾销税率的优化模型，可以知道优化的反倾销税率的确定与对国内市场进行销售的国外企业数量有关。

由式(3-108)可知，当 n 越大，即国外企业的数量越多时，国内政府应该对国外企业的进口商品所适用的反倾销税率就应该越小。可见，当国内市场上的竞争程度越高，所适用的反倾销税率就应该越小；反之亦然。

3.5 反倾销税对现行出口退税策略的影响

自从加入 WTO 以来，中国遭遇外国反倾销惩罚的案件数量越来越多，而且涉及的产品范围也不断扩大，参与的国家地区也不断增加。关于外国对华反倾销案件日益增多的原因分析，现有文献已经作了大量分析。总结起来主要有两点，一是国内企业自身的原因，出口产品市场集中度过高，而且在国外进行反倾销起诉时并不积极应诉，结果造成国外企业很容易就能起诉成功；二是国外许多国家对中国采取的歧视性的反倾销政策，以前只是美国、欧盟等发达国家和地区，现在包括印度、巴西、墨西哥等发展中国家也对中国挥起反倾销大棒，中国企业正面临着越来越严峻的贸易条件。而与之相对应的是出口退税率在 2006 年 9 月和 2007 年 7 月进行了大规模的下调，这更加使得我国以出口为导向的企业雪上加霜，在中国企业想方设法减小成本保证出口来维持生存时，国外的反倾销步伐并没有停止，而是变本加厉地在国际市场上围剿中国企业。可以说，反倾销纠纷的背后实际上是各国政府之间的博弈，在当前的形势下，对华反倾销已经成了其他国家最大限度地为本国谋求利益的工具。关于这点 Leonard K. Cheng，Larry D. Qiu，Kit Pong Wong (2001)已经分析过：在了解了国外出口企业的成本后，如果在政府的决策函数中，国内企业利益占的权重相对较小，那么就没必要征收反倾销税，如果占的比重比较大，就得考虑征收一个合理的反倾销税。而现在反倾销已经变成了各国推行贸易保护主义的合法外衣，Aryashree Debapriya 和 Tapan Kumar Panda (2006)着重分析了经常采取反倾销的 20 个国家或地区，认为其中很多是报复性的措施，这样会损坏自由贸易带来的好处，并建议政府在决定采取反倾销前要慎重，因为从长期来看反倾销收入平均值为零。而我国之所以遭遇国外的反倾销越来越多，国内的出口退税政策可以说起了关键作用，关于出口退税政策的弊端，顾海兵、张越(2008)认为这已经导致出口企业创新动力不足，企业创汇而不创利，创汇不创新。由此带来的中国外汇储备过多，增加了管理风险，也造成人民币的预期升值压力。与其说这是企业不思进取的结果，不如说是企业在这样的政策下的理性选择。而我国在短期内还不能取消出口退税，因此在国外不断使用反倾销工具的情况下，如何制定我国的出口退税策略就成了当务之急。本节就是在这样的国内国际形势下，通过建立模型进行推理，然后进行实证分析，研究最优的退税率策略，并提出相应的建议。

3.5.1　模型推导及分析

为了对实际决策提供理论支持，需要用一个模型来模拟决策过程。在这个模型中，仅仅考虑市场供给者和政府的决策，而把消费者的决策、市场容量、倾销幅度的计算标准等作为外生变量来看待。政府、企业都是理性人。并且模型推导得出的结论是用来解释达到均衡时的策略选择。

1) 基本模型假设

假设在国外市场上各有一个国内、国外垄断厂商，他们面临的市场需求函数是 $P = a - bQ$，国外政府对国内企业征收反倾销税，国内政府对国内企业给予退税补贴，假定政府在制定税率的时候考虑的是整个社会的福利水平，并且国内和国外双方信息是对称的，政府间和企业间的博弈为多次循环博弈，分析最终达到均衡时双方的税率策略。

国内和国外厂商的利润函数分别为：

$$\pi_d = PQ_d - C_dQ_d + t_1Q_d - t_2Q_d = [a - b(Q_d + Q_f)]Q_d - C_dQ_d + t_1Q_d - t_2Q_d \tag{3-109}$$

$$\pi_f = PQ_f - C_fQ_f = [a - b(Q_d + Q_f)]Q_f - C_fQ_f \tag{3-110}$$

式中，π_d 为国内厂商利润，π_f 为国外厂商利润，Q_d 、Q_f 分别为国内和国外厂商产量，C_d 、C_f 为国内和国外厂商不变单位边际成本，t_1 为出口退税率，t_2 为反倾销税率。

2）模型建立与分析

因为两个厂商之间博弈是同时追求利润最大化，根据厂商利润最大化条件，由式(3-109)，求 π_d 对 Q_d 的一阶导数，并令其为零，可得

$$\frac{\partial \pi_d}{\partial Q_d} = a - 2bQ_d - bQ_f - C_d + t_1 - t_2 = 0 \tag{3-111}$$

由式(3-111)，可得国内厂商的反应函数：

$$Q_d = \frac{a - bQ_f - C_d + t_1 - t_2}{2b} \tag{3-112}$$

由式(3-110)，求 π_f 对 Q_f 的一阶导数，并令其为零，可得：

$$\frac{\partial \pi_f}{\partial Q_f} = a - bQ_d - 2bQ_f - C_f = 0 \tag{3-113}$$

由式(3-113)，可得国外厂商的反应函数：

$$Q_f = \frac{a - bQ_d - C_f}{2b} \tag{3-114}$$

(3-112)和(3-114)两式联立求解，可得国内厂商和国外厂商在达到古诺均衡时的产量 Q_d^* 、Q_f^*

$$Q_d^* = \frac{a + C_f - 2C_d + 2t_1 - 2t_2}{3b} \tag{3-115}$$

$$Q_f^* = \frac{a - 2C_f + C_d - t_1 + t_2}{3b} \tag{3-116}$$

把(3-115)和(3-116)两式代入市场反需求函数，可得市场均衡价格为

$$P^* = a - b(Q_d^* + Q_f^*) = \frac{a + C_f + C_d - t_1 + t_2}{3} \tag{3-117}$$

由于两个厂商各自在均衡产量水平上，均获得最大利润，把(3-115)、(3-116)和(3-117)三式代入(3-109)和(3-110)两式，可求得国内和国外厂商各自的最大利润 π_d^* 和 π_f^* ，即

$$\begin{aligned}\pi_d^* &= P^* Q_d^* - C_d Q_d^* + t_1 Q_d^* - t_2 Q_d^* \\ &= \frac{(a + C_f - 2C_d + 2t_1 - 2t_2)^2}{9b}\end{aligned} \tag{3-118}$$

$$\begin{aligned}\pi_f^* &= P^* Q_f^* - C_f Q_f^* \\ &= \frac{(a - 2C_f + C_d - t_1 + t_2)^2}{9b}\end{aligned} \tag{3-119}$$

这个模型要解决的是政府如何制定最优税率，所以对于国内政府来说，应该是如何制定出口退税率使得国内社会福利最大化，对于国外政府来说是如何制定反倾销税率使得国外社会福利最大化，且两者是在信息都充分完全的情况下作出最有利于自己国家福利水平的决策，每一方都会根据对方的税率选择做出自己理性的选择，双方经过多次博弈能达到一个纳什均衡，即对于国内政府选择了最优退税率的同时，国外政府也选择了最优反倾销税率，反之亦然。

对于国内政府来说，社会福利水平

$$\begin{aligned}\omega_1 &= \pi_d^* - t_1 Q_d^* \\ &= \frac{(a + C_f - 2C_d + 2t_1 - 2t_2)^2}{9b} - \frac{t_1(a + C_f - 2C_d + 2t_1 - 2t_2)}{3b}\end{aligned} \tag{3-120}$$

对于国外政府来说，社会福利水平由厂商利润、国外消费者剩余和反倾销税收入构成。

$$\omega_2 = \pi_f + CS + t_2 Q_d^* \tag{3-121}$$

式中 CS 代表消费者剩余，为

$$CS = \frac{1}{2}(a - P^*)(Q_d^* + Q_f^*) = \frac{(2a - C_f - C_d + t_1 - t_2)^2}{18b} \tag{3-122}$$

ω_1 和 ω_2 代表国内和国外社会福利。

所以，国外社会福利水平

$$\begin{aligned}\omega_2 = &\frac{(a - 2C_f + C_d - t_1 + t_2)^2}{9b} + \frac{(2a - C_f - C_d + t_1 - t_2)^2}{18b} + \\ &\frac{t_2(a + C_f - 2C_d + 2t_1 - 2t_2)}{3b}\end{aligned} \tag{3-123}$$

在达到纳什均衡时，国内社会福利和国外社会福利均达到最大，ω_1 对 t_1 、ω_2 对 t_2 的一阶导数为 0。

$$\frac{\partial\omega_1}{\partial t_1}=\frac{4(a+C_f-2C_d+2t_1-2t_2)}{9b}-\frac{a+C_f-2C_d+4t_1-2t_2}{3b}=\frac{a+C_f-2C_d-4t_1-2t_2}{9b}=0 \tag{3-124}$$

由式(3-124)，得到国内政府税率选择的反应函数：

$$t_1=\frac{a+C_f-2C_d-2t_2}{4} \tag{3-125}$$

$$\frac{\partial\omega_2}{\partial t_2}=\frac{2(a-2C_f+C_d-t_1+t_2)}{9b}-\frac{2a-C_f-C_d+t_1-t_2}{9b}+\frac{a+C_f-2C_d+2t_1-4t_2}{3b}=\frac{a-C_d+t_1-3t_2}{3b}=0 \tag{3-126}$$

由式(3-126)，得到国外政府税率选择的反应函数：

$$t_2=\frac{a-C_d+t_1}{3} \tag{3-127}$$

由(3-125)和(3-127)两式联立可得出最优退税率和最优反倾销税率：

$$t_1^*=\frac{a-4C_d+3C_f}{14} \tag{3-128}$$

$$t_2^*=\frac{5a-6C_d+C_f}{14} \tag{3-129}$$

由(3-128)和(3-129)两式，有下面的关系式：

$$t_2^*-5t_1^*=\frac{5a-6C_d+C_f}{14}-\frac{5a-20C_d+15C_f}{14}=\frac{14C_d-14C_f}{14}=C_d-C_f \tag{3-130}$$

3）模型的经济学分析

由以上模型推导出来的最优退税率及最优反倾销税率可以得出以下结论：

(1) 国内厂商成本降低，或者国外厂商成本提高，都相对提高了国内厂商的竞争力。会使国内政府提高退税率，国外政府提高反倾销税率。但两者之间的差距也随之增大。

(2) 出口退税率和反倾销税率是两个互相此消彼长的变量。国外征收所适用的反倾销税率低时,国内退税率就高,而国内提高退税率,又会刺激国外提高反倾销税率,结果造成国内降低出口退税率。

(3) 对于我国出口产品中,大部分产品为中低端产品,附加值低,而劳动成本较低,因而国内厂商成本小于国外成本,所以国外政府理性的反倾销税率都会低于出口退税率的 5 倍。在这里将理性赋予一种涵义:政府决定的反倾销税率着眼于整个社会福利水平的提高,而不仅仅是政府或者企业。

很明显,国外和国内政府博弈的过程应当是国外政府最大程度提高反倾销税率,国内政府紧随着不断降低出口退税率,最后达到一个均衡状态,此时国内厂商不会因为国外征收反倾销税而退出市场,而国外政府不会因为国内政府退税而提高反倾销税率。至于这个均衡状态如何,则取决于国内和国外厂商的成本大小。

3.5.2　实证分析

以聚酯短纤行业为例,2007 年 4 月 11 日,美商务部公布对华聚酯短纤反倾销调查终裁结果,裁定强制应诉企业和分别税率企业反倾销税为 3.47%～4.86%。其他应诉企业税率为 4.44%,强制应诉企业中慈溪江南获得 19 家应诉企业中为唯一的零税率,其他涉案企业的全国统一税率维持初裁的 44.3%①。而同时期我国对聚酯短纤的出口退税率为 13%②。而在最开始由美国三家企业申请的反倾销税率高达 101.25%,如果不考虑在这个案件中强制应诉企业和分别税率企业(因为这涉及美政府征收反倾销税率时,所依据的倾销幅度是否合理,不在此模型解决范围之内),那么可以看出美国政府征收的反倾销税率没有达到 65%,也就是国内出口退税率的 5 倍。

为了验证这个结论,选取聚酯化纤行业的代表企业——江南高纤公司和美国公司 Wellman. INC。之所以选择这两个企业,是因为两者都是专门生产聚酯化纤,公司的主营业务成本是由生产聚酯纤维产生的,其次两家企业都代表了各自国内的行业标准水平。

由于美国企业针对的是 2005 年中国企业存在倾销行为,所以以两家公司 2005 年时产品成本为基准。在这里假设企业的主营业务成本完全是由生产聚酯化纤产生的,经过查询江南高纤的 2005 年财务报表和公司产能,公司每年生产聚酯短纤

---

① 浙江日报:中美聚酯短纤反倾销案落定,2007 年 04 月 16 日。

② 中国网:部分纺织品服装出口退税率由 11%提高到 13%,2008 年 07 月 31 日。

产品 52 000 吨[①],再结合其每季度的主营业务成本[②],可以计算出每单位产品的成本(元/吨):

$$C_d = 452\,196\,230 \div 52\,000 = 8\,696.1\ (\text{元/吨})$$

结合 Wellman. INC 公司 2005 年度报表可知其主营业务成本为 12.591 亿美元,其当年产量 23 亿磅,按当时人民币对美元平均汇率是 8.1917,根据 1 磅 = 0.4536千克,计算国外公司的单位产品成本:

$$C_f = 12.591 \times 10^7 \times 8.1917 \div (23 \times 10^7 \times 0.4536 \times 10^{-3}) = 9\,886.3\ (\text{元/吨})$$

可以看出,国内厂商比国外厂商单位边际成本小,而且国外征收的反倾销税率小于国内出口退税率的 5 倍,从而验证了模型具有一定的可信度。

3.5.3 结论

在我国制定出口退税率的政策时,不仅要考虑到国内和国外企业的成本差异,更要考虑到国外政府已经针对我国的退税政策制定了反倾销策略。虽然反倾销税率是按照倾销幅度来计算的,但是倾销幅度的计算标准目前对我国企业是不利的,因此必须考虑国外的反倾销策略。

经过模型推导和实证分析可发现,只要国内企业的单位产品成本小于国外企业的单位产品成本,国外政府最终征收的反倾销税率都会比国内的退税率的 5 倍小,可以从国外政府的反应函数上看出,只有我国的退税率取消(暂不考虑对出口企业征收惩罚税的情况),国外的反倾销税率才会降低到最低。所以今后逐步取消退税率是趋势。但是这势必使我国企业在国外市场上的竞争力减弱,若要解决这个困境,最根本的是要缩小国内退税率的 5 倍和国外反倾销税率之间的差,因此必须缩小国内外厂商之间的成本之差,而不是扩大这种成本差距。所以国内企业想方设法单方向降低成本是不够的,因为现在国内厂商降低成本的途径非常单一,没有从根本上解决成本问题。

因此,国内企业必须提高自主创新能力,让产品成本相对提高,也就是增加产品的附加值,但成本比国外相同产品还是低,政府的取消退税政策能够逐步实现。

在逐步取消退税过程中,也有可能再次提高退税率。例如近期受美国金融危机的影响,在国外的整体商品需求下降的情况下,我国提高部分产品的退税率,主要是因为这些企业不仅牵涉到行业发展,而且对我国就业的影响比较大。降低退税率虽然从长期来看是有利的,但在短期来看却很难付诸实践。因为短期利益和

---

① 九鼎德盛:朱慧玲,江南高纤:涤纶毛条龙头,震荡走高,2008 年 06 月 25 日。

② 江南高纤(600527)2005 年利润表。

长期利益只能找到两者之间的平衡点，而不是去选择取舍。所以对于企业来说不应当对退税形成一种心理依赖，应以此为契机，提高产品的技术含量，完善企业供应链管理，获得成本优势，加强企业内部管理，减少流转环节，降低管理成本，不断开发新产品、提高出口产品附加值，真正提高自身核心竞争力。

3.6 征收反倾销税与实施政府补贴的国内社会总福利比较

自从中国 2001 年加入 WTO 以来，中国对外贸易就开始了迅猛的发展，印着 made in China 的产品远销世界各地。同时，大量的外国产品也涌入中国大地，它们强大的竞争力对中国国内一些产业的发展带来了极大的威胁，为了对国内相关产业进行保护，我国自然有必要采取适当措施。通常，国际上通用的措施有对进口产品征收反倾销税，而在我国反倾销税也经常得到运用。另一种比较常用的方法是政府对国内企业实施政府补贴，以帮助国内企业应对国外竞争。

倾销一般是指一国将商品以低于正常价值的价格将产品出售给另一个国家的行为，与之相对应，反倾销税就是对倾销的商品征收出口价格与正常价值之差额的附加税，以保护国内相应行业，促进公平竞争。

政府补贴是指政府对企业进行一定的补贴，以达到提高企业竞争力等目的。政府补贴具体是指政府对受到进口产品威胁的行业、企业进行补贴，以提高其与进口产品竞争的能力，进而达到反倾销的目的。

对国外企业征收反倾销税和对国内企业实施政府补贴都能够在一定程度上帮助国内企业，抵御倾销行为。对这两种政策下的国内社会总福利进行比较研究，会对政府制定反倾销政策提供重大的指导意义。通过构建模型，比较达到古诺均衡时，征收反倾销税与进行政府补贴两种情况下国内总福利以及国内企业利润、国内消费者剩余，对这两种政策的优劣进行初步的探讨。

3.6.1 模型建立

首先，假设一个国内企业和一个国外企业，它们生产的全部产品都在国内市场上出售。假设两家企业都具有相同的不变的单位边际生产成本，用 C 来表示；两个企业面临的反需求函数为 $p = a - bQ$ 。国内企业与国外企业的产量分别用 Q_d 和 Q_f 表示。两家企业信息完全，互相了解对方的信息，且同时决策，即完全信息静态博弈。

下面分析征收反倾销税和实施政府补贴两种情况下国内的社会总福利。

1) 征收反倾销税

假设对国外企业产品征收税率为 t 的反倾销税。

此时,国内企业的利润函数

$$\pi_d = PQ_d - CQ_d = [a - b(Q_d + Q_f)]Q_d - cQ_d \tag{3-131}$$

国外企业的利润函数

$$\pi_f = P \cdot Q_f - C \cdot Q_f - t \cdot Q_f = [a - b(Q_d + Q_f)]Q_f - c \cdot Q_f - t \cdot Q_f \tag{3-132}$$

国内企业和国外企业同时博弈,因此,它们达到古诺均衡时,应该同时满足:

$$\frac{\partial \pi_d}{\partial Q_d} = a - 2b \cdot Q_d - b \cdot Q_f - c = 0 \tag{3-133}$$

$$\frac{\partial \pi_f}{\partial Q_f} = a - 2b \cdot Q_f - b \cdot Q_d - c - t = 0 \tag{3-134}$$

由(3-133)和(3-134)两个方程可以解出均衡时两家企业的产量为:

$$Q_d = \frac{a - c + t}{3b}, Q_f = \frac{a - c - 2t}{3b} \tag{3-135}$$

由式(3-135)可知均衡总产量 Q 与均衡价格 P 分别为:

$$Q = \frac{2a - 2c - t}{3b}, \ P = \frac{a + 2c + t}{3} \tag{3-136}$$

在这些条件都已经得出的情况下,就可以计算国内的社会总福利 ω。它包括国内消费者总剩余 CS,国内企业的利润 π_d 以及政府的税收收入 T。其具体结果如下:

$$\omega = CS + \pi_d + T \tag{3-137}$$

$$\begin{aligned} CS &= \frac{1}{2}(a - P)Q = \frac{1}{2}bQ^2 \\ &= \frac{(2a - 2c - t)^2}{18b} \end{aligned} \tag{3-138}$$

$$\pi_d = \frac{(a - c + t)^2}{9b} \tag{3-139}$$

$$T = t \cdot Q_f = \frac{t(a - c - 2t)}{3b} \tag{3-140}$$

为了获得最大的国内社会总福利，政府必须选择合适的反倾销税率 t 值，使得 $\frac{\partial \omega}{\partial t}=0$ 。经计算，此时反倾销税 $t=\frac{a-c}{3}$ 。

将计算出来的反倾销税结果代入上面的式子，可以表示出均衡时的国内社会总福利、国内消费者剩余、国内企业利润以及政府税收收入，它们分别为：

$$\omega=\frac{7(a-c)^2}{18b},\ CS=\frac{25(a-c)^2}{162b},\ \pi_d=\frac{16(a-c)^2}{81b},\ T=\frac{(a-c)^2}{27b} \tag{3-141}$$

2）实施政府补贴

假设政府对国内企业实施政府补贴 s 。同样，可以得出国内企业与国外企业分别的利润函数：

$$\pi_d=P\cdot Q_d-C\cdot Q_d+s\cdot Q_d=[a-b(Q_d+Q_f)]Q_d-c\cdot Q_d+s\cdot Q_d \tag{3-142}$$

$$\pi_f=P\cdot Q_f-C\cdot Q_f=[a-b(Q_d+Q_f)]Q_f-c\cdot Q_f \tag{3-143}$$

根据同时产量决策的设定，达到古诺均衡时应满足：

$$\frac{\partial \pi_d}{\partial Q_d}=a-2b\cdot Q_d-b\cdot Q_f-c+s=0 \tag{3-144}$$

$$\frac{\partial \pi_f}{\partial Q_f}=a-2b\cdot Q_f-b\cdot Q_d-c=0 \tag{3-145}$$

由(3-144)和(3-145)两个方程，可以得出两家企业的均衡产量：

$$Q_d=\frac{a-c+2s}{3b},\ Q_f=\frac{a-c-s}{3b} \tag{3-146}$$

由式(3-146)可得总产量与均衡价格分别为

$$Q=\frac{2a-2c+s}{3b},\ P=\frac{a+2c-s}{3} \tag{3-147}$$

同样计算国内的社会总福利 ω ，国内消费者总剩余 CS ，国内企业利润 π_d 以及政府的税收收入 S 。其具体结果如下：

$$\omega=CS+\pi_d+S \tag{3-148}$$

$$CS=\frac{1}{2}(a-P)Q=\frac{1}{2}bQ^2=\frac{(2a-2c+s)^2}{18b} \tag{3-149}$$

$$\pi_{\mathrm{d}}=\frac{(a-c+2s)(a-c+2s)}{9b} \tag{3-150}$$

在这个条件下，政府可以控制的变量是政府补贴 s，因此，要想使国内社会总福利最大化，必须满足 $\frac{\partial \omega}{\partial s}=0$。经过计算可得此时政府补贴 $s=a-c$。将结果带入上述四个方程中，可以得出：

$$\omega=\frac{(a-c)^2}{2b}, CS=\frac{(a-c)^2}{2b}, \pi_{\mathrm{d}}=\frac{(a-c)^2}{b}, S=-\frac{(a-c)^2}{b} \tag{3-151}$$

3.6.2 结果讨论与政策指导

根据上面模型的计算结果，在其他条件一致的情况下，分别征收反倾销税与实施政府补贴，在达到古诺均衡时，最大化的国内社会福利分别为(分别用下标 t 和 s 表示两者)：

$$\omega_{\mathrm{t}}=\frac{7(a-c)^2}{18b}, \omega_{\mathrm{s}}=\frac{(a-c)^2}{2b}$$

可以看出，在实施政府补贴时，国内最大化的社会福利比征收反倾销税时增加了 28.57%，显示出了很大的优势。同时可以比较两种情况下，企业、消费者、政府的具体福利。

$$CS_{\mathrm{t}}=\frac{25(a-c)^2}{162b}, \pi_{\mathrm{dt}}=\frac{16(a-c)^2}{81b}, T_{\mathrm{t}}=\frac{(a-c)^2}{27b}$$

$$CS_{\mathrm{s}}=\frac{(a-c)^2}{2b}, \pi_{\mathrm{ds}}=\frac{(a-c)^2}{b}, S_{\mathrm{s}}=-\frac{(a-c)^2}{b}$$

实施政府补贴情况下，消费者剩余和国内企业的利润都比征收反倾销税情况下有所增加，增加的百分比分别为 224%和 406.25%，即在实施政府补贴的情况下，消费者和生产厂商得到了数倍于征收反倾销税时的福利。当然，实施政府补贴时，政府的收入会大大减少，因为两种情况下，政府分别实现财政支出和财政收入。

这个结论对政府应对国外产品进口提供了相应的政策支持。由于对国内企业实施政府补贴时会获得更高的社会总福利，因此，在政府财政允许的情况下，这显然是政府应该采用的首选措施。当然，如果政府财政不能支撑，传统的对国外企业征收反倾销税的政策依然可以使用。

当前世界经济陷入危机，我国为了促进经济增长，采取了一系列的措施来刺激内需。2008 年 11 月 9 日，国务院刚刚出台了扩大内需，促进经济增长的 10 项措施，国家预计投入金额为 4 万亿元。在这种经济环境下，采用对国内企业实施政府补贴的政策，取代目前被广为采用的对国外产品征收反倾销税的方法，不仅促进了国内的社会总福利，而且更能够实现政府让利于消费者、让利于企业的目的。消费者剩余提高了，企业利润增加了，自然能够增加消费，促进国内需求，从而有利于我国的经济的长远发展。

第4章 完全信息动态下反倾销税率优化定价模型

本章主要讨论在国内外企业以利润最大化、政府以社会福利最大化为目标的假设前提下，以经济学、博弈论等有关原理来确定在国内外企业处于完全信息动态博弈下，进口国政府对出口国企业征收所适用的优化反倾销税率，并分析影响优化反倾销税率的因素，同时分析证实现行计算反倾销税率的倾销幅度公式的缺陷。

4.1 完全信息动态博弈下两国反倾销税率优化模型

4.1.1 完全信息动态博弈下无反倾销的 Stackelberg-Nash 均衡

假设在进口国市场上只有两个厂商，一个是进口国企业，另一个是出口国企业，都追求利润最大化。但是，他们的决策行为不是同时进行，而是由出口国企业根据进口国企业所确定的产量来确定自己的产量，即进口国企业为产量领导者，而出口国企业为产量追随者。同时，进口国企业也知道出口国企业在进口国企业选择既定的产量下追求利润最大化。这样，这两个企业就形成了在完全信息动态博弈中的双寡头垄断竞争。另假设出口国企业和进口国企业有不变的单位边际成本，分别为 C_f 和 C_d 。他们在进口国市场上的销售量分别为 Q_f 和 Q_d 。同时假设在进口国市场上的反需求函数为：$p = a - b(Q_f + Q_d)$ ，作为行业产量为 $Q = Q_f + Q_d$ 时的进口国市场上均衡价格。假设进口国政府对出口国企业在进口国市场上销售的产品不征收反倾销税(假设关税为零，不妨碍对问题的分析)。这样，这两个企业就形成了完全信息动态博弈，即进口国企业和出口国企业两方之间的动态博弈。下面分析国内外企业双方博弈：

出口国企业利润函数

$$\pi_f(Q_f, Q_d) = pQ_f - C_f Q_f \tag{4-1}$$

由于出口国企业是根据进口国企业的销售量来确定自己的销售量，所以，Q_f 是 Q_d 的隐函数，因此，出口国企业的反应函数为：

$$Q_f = \frac{a - bQ_d - C_f}{2b} \tag{4-2}$$

另，进口国企业的利润函数

$$\pi_{\mathrm{d}}(Q_{\mathrm{f}},Q_{\mathrm{d}})=pQ_{\mathrm{d}}-C_{\mathrm{d}}Q_{\mathrm{d}}=\left[a-b\left(Q_{\mathrm{d}}+\frac{a-bQ_{\mathrm{d}}-C_{\mathrm{f}}}{2b}\right)\right]Q_{\mathrm{d}}-C_{\mathrm{d}}Q_{\mathrm{d}} \tag{4-3}$$

由式(4-3)，求 $\pi_{\mathrm{d}}(Q_{\mathrm{f}},Q_{\mathrm{d}})$ 对 Q_{d} 的一阶导数，并令 $\frac{\partial \pi_{\mathrm{d}}}{\partial Q_{\mathrm{d}}}=0$，可得进口国企业的销售量

$$Q_{\mathrm{d}}=\frac{a+C_{\mathrm{f}}-2C_{\mathrm{d}}}{2b} \tag{4-4}$$

因此，由式(4-1)、(4-2)、(4-3)及(4-4)，可得在完全信息动态下不存在反倾销的 Stackelberg-Nash 均衡解为：

$$Q_{1\mathrm{f}}^{\mathrm{sn}}=\frac{a-3C_{\mathrm{f}}+2C_{\mathrm{d}}}{4b} \tag{4-5}$$

$$Q_{1\mathrm{d}}^{\mathrm{sn}}=\frac{a+C_{\mathrm{f}}-2C_{\mathrm{d}}}{2b} \tag{4-6}$$

$$\pi_{1\mathrm{f}}^{\mathrm{sn}}=\frac{(a-3C_{\mathrm{f}}+2C_{\mathrm{d}})^2}{16b} \tag{4-7}$$

$$\pi_{1\mathrm{d}}^{\mathrm{sn}}=\frac{(a+C_{\mathrm{f}}-2C_{\mathrm{d}})^2}{8b} \tag{4-8}$$

此时，国内社会福利总和(令其为 ω_1^{sn})为进口国消费者剩余与进口国企业利润之总和，所以：

$$\begin{aligned}\omega_1^{\mathrm{sn}}&=\frac{b(Q_{\mathrm{f}}+Q_{\mathrm{d}})^2}{2}+\pi_{1\mathrm{d}}^{\mathrm{sn}}\\&=\frac{(3a-C_{\mathrm{f}}-2C_{\mathrm{d}})^2}{32b}+\frac{(a+C_{\mathrm{f}}-2C_{\mathrm{d}})^2}{8b}\end{aligned} \tag{4-9}$$

由式(4-9)对 C_{f} 求导，可得

$$\frac{\partial \omega_1^{\mathrm{sn}}}{\partial C_{\mathrm{f}}}=\frac{a+5C_{\mathrm{f}}-6C_{\mathrm{d}}}{16b}$$

结论：在完全信息动态博弈的情况下，进口国政府对出口国企业在进口国市场上的产品销售不征收反倾销税，那么：

(1) 当进口国企业的单位边际成本固定时，出口国企业的边际成本越低，出口国企业在进口国市场上的销售量就越大，其获得的利润就越大，而进口国企业正好相反。在这种情况下，出口国企业易遭受进口国企业申请的反倾销调查。

(2) 当出口国企业的单位边际成本固定时，进口国企业的边际成本越低，出口国企业在进口国市场上的销售量就越小，其获得的利润就越小，而进口国企业正好相反。在这种情况下，出口国企业不容易遭受进口国企业申请的反倾销调查。

(3) 当出口国企业的单位边际成本固定时，进口国企业的单位边际成本越小，即进口国企业越有效率的时候，国内社会福利的总和越大；反之亦然。

(4) 当 $5C_f > 6C_d$ 时，国内社会福利总和随着出口国企业生产产品的单位边际成本的增加而增加；反之，当 $5C_f < 6C_d$ 时，国内社会福利总和随着出口国企业生产产品的单位边际成本的减少而减少。所以，单位边际成本较低的出口国企业容易遭受进口国政府的反倾销。

4.1.2 完全信息动态博弈下存在反倾销的 Stackelberg-Nash 均衡

假设在进口国市场上只有两个厂商，一个是进口国企业，另一个是出口国企业，都追求利润最大化。但是，他们的决策行为不是同时进行，而是由出口国企业根据进口国企业所确定的产量来确定自己的产量，即进口国企业为产量领导者，而出口国企业为产量追随者。同时，进口国企业也知道出口国企业在进口国企业选择既定的产量下追求利润最大化。这样，这两个企业就形成了在完全信息市场动态博弈中的双寡头垄断企业。另假设出口国企业和进口国企业有不变的单位边际成本，分别为 C_f 和 C_d 。他们在进口国的销售量分别为 Q_f 和 Q_d 。同时假设在进口国市场上的反需求函数为：$p = a - b(Q_f + Q_d)$，作为行业产量为 $Q = Q_f + Q_d$ 时的进口国市场上均衡价格。进口国政府对出口国企业在进口国市场上销售的产品征收税率为 t_d 的反倾销税(假设关税为零，不妨碍对问题的分析)，以追求国内社会总福利最大化。这样，这两个企业就形成了在进口国政府监督下的完全信息动态博弈，即进口国政府、进口国企业和出口国企业三方之间的动态博弈。

出口国企业在进口国企业既定的产量 Q_d 下追求利润最大化，即

$$\max_{Q_f} pQ_f - C_f Q_f - t_d Q_f$$

为了使上式最大化，出口国企业必须选择一个产量，使得其边际收益等于边际成本，即

$$MR = MC$$

于是，出口国企业的反应函数

$$Q_f = \frac{a - bQ_d - C_f - t_d}{2b} \tag{4-10}$$

由于进口国企业也完全知道自己的产量会影响出口国企业的产量选择，因此，

在进行决策时，应考虑进口国企业的产量对出口国企业选择产量的影响。

进口国企业的利润最大化问题因此成为

$$\max_{Q_d} \pi_d = pQ_d - C_d Q_d = \left[a - b\left(Q_d + \frac{a - bQ_d - C_f - t_d}{2b}\right)\right]Q_d - C_d Q_d$$

由边际收益等于边际成本的利润最大化原理，由上式可得进口国企业的均衡销售量为：

$$Q_d = \frac{a + C_f - 2C_d + t_d}{2b} \tag{4-11}$$

于是，由式(4-10)、(4-11)及利润函数，可得完全信息动态博弈下的 Stackelberg-Nash 产量及利润均衡解为：

$$Q_{2d}^{sn} = \frac{a + C_f - 2C_d + t_d}{2b} \tag{4-12}$$

$$Q_{2f}^{sn} = \frac{a - 3C_f + 2C_d - 3t_d}{4b} \tag{4-13}$$

$$\pi_{2d}^{sn} = \frac{(a + C_f - 2C_d + t_d)^2}{8b} \tag{4-14}$$

$$\pi_{2f}^{sn} = \frac{(a - 3C_f + 2C_d - 3t_d)^2}{16b} \tag{4-15}$$

由于此时国内社会福利总和(令其为 ω_2^{sn})为消费者剩余、进口国企业的利润及反倾销税收入之总和，于是可得：

$$\begin{aligned}
\omega_2^{sn} &= \frac{b(Q_f + Q_d)^2}{2} + \pi_d + t_d Q_f \\
&= \frac{(3a - C_f - 2C_d - t_d)^2}{32b} + \frac{(a + C_f - 2C_d + t_d)^2}{8b} + \\
&\quad \frac{t_d(a - 3C_f + 2C_d - 3t_d)}{4b} \\
&= \frac{(3a - C_f - 2C_d)^2}{32b} + \frac{(a + C_f - 2C_d)^2}{8b} + \\
&\quad \frac{t_d(5a - 7C_f + 2C_d)}{16b} - \frac{19t_d^2}{32b} \\
&= \omega_1^{sn} + \frac{t_d(5a - 7C_f + 2C_d)}{16b} - \frac{19t_d^2}{32b}
\end{aligned} \tag{4-16}$$

式中，ω_1^{sn} 为不存在反倾销情况下的国内社会福利总和，ω_2^{sn} 为存在反倾销情况下的国内社会福利总和。

结论：在完全信息的动态博弈的情况下，面对出口国企业和进口国企业在进口国市场的竞争，进口国政府应该采取以下反倾销措施：

(1) 当 $t_d = \dfrac{5a - 7C_f + 2C_d}{19}$ 时，ω_2^{sn} 达到最大化，所以，当出口国企业的单位边际成本较小的时候，即出口国企业的效率比较高的时候，进口国政府应采取征收较高的反倾销税的措施；反之亦然。

(2) 当 $t_d \neq \dfrac{5a - 7C_f + 2C_d}{19}$ 时，进口国政府应该调整反倾销税率，使之 $t_d = \dfrac{5a - 7C_f + 2C_d}{19}$，从而使国内社会福利达到最大。

(3) 由于 $Q_{2f}^{sn} < Q_{1f}^{sn}$ 及 $Q_{2d}^{sn} > Q_{1d}^{sn}$ 恒成立，所以进口国政府实行的反倾销会使出口国企业在进口国市场上的销售量减少，而进口国企业在进口国市场上的销售量增加。

(4) 由于 $\pi_{2f}^{sn} < \pi_{1f}^{sn}$ 及 $\pi_{2d}^{sn} > \pi_{1d}^{sn}$ 恒成立，所以进口国政府实行的反倾销会使出口国企业在进口国市场上所获得的利润减少，而进口国企业在进口国市场上所获得的利润增加。

4.1.3 完全信息动态下反倾销税率优化模型

假设在进口国市场上只有两个厂商，一个是进口国企业，另一个是出口国企业，都追求利润最大化。但是，他们的决策行为不是同时进行，而是由出口国企业根据进口国企业所确定的产量来确定自己的销售量，即进口国企业为销售量领导者，而出口国企业为销售量追随者。同时，进口国企业也知道出口国企业在进口国企业选择既定的销售量下追求利润最大化。另假设出口国企业和进口国企业有不变的单位边际成本，分别为 C_f 和 C_d 。他们在进口国的销售量分别为 Q_f 和 Q_d 。同时假设在进口国市场上的反需求函数为：$p = a - b(Q_f + Q_d)$，作为行业产量为 $Q = Q_f + Q_d$ 时的进口国市场上均衡价格。进口国政府对出口国企业在进口国市场上销售的产品征收税率为 t_d 的反倾销税（假设关税为零，不妨碍对问题的分析），以追求国内社会总福利最大化。

在上述的假设条件下，根据上节的推导，国内社会福利的总和为：

$$\omega_2^{sn} = \frac{(3a - C_f - 2C_d)^2}{32b} + \frac{(a + C_f - 2C_d)^2}{8b} + \frac{t_d(5a - 7C_f + 2C_d)}{16b} - \frac{19t_d^2}{32b}$$

$$=\omega_1^{sn}+\frac{t_d(5a-7C_f+2C_d)}{16b}-\frac{19t_d^2}{32b}$$

由 $\frac{\partial\omega_2^{sn}}{\partial t_d}=0$，可得：

$$t_d=\frac{5a-7C_f+2C_d}{19} \tag{4-17}$$

又由于 $a=p+bQ=\left(1+\frac{1}{\varepsilon}\right)p$

因此，可以得到完全信息动态下的优化反倾销税率函数

$$t_d=\frac{5\left(1+\frac{1}{\varepsilon}\right)p-7C_f+2C_d}{19} \tag{4-18}$$

4.1.4　完全信息动态博弈下影响优化反倾销税率的因素分析

按照现行倾销幅度的计算公式，反倾销税率主要取决于出口产品的正常价值和出口价格。但是，在国内外企业追求利润最大化、国家追求社会福利最大化的前提下，由上述的反倾销税率的优化模型可知，反倾销税率的计算受进口国消费者的需求弹性（即上述公式中的 ε）、出口国企业的单位边际成本、进口国企业的单位边际成本、出口国企业在进口国市场上的销售量占进口国总需求的比例以及出口国企业在进口国市场上出口产品的销售价格的影响，而并不像倾销幅度的计算公式所反应的影响因素那么简单。下面具体地探析各个因素对反倾销税率的影响。

1）进口国消费者的需求弹性对反倾销税率的影响

由上节分析可知，在完全信息动态博弈、国内外企业追求利润最大化、国家追求社会福利最大化的前提下，反倾销税率的计算公式为：

$$t_d=\frac{5\left(1+\frac{1}{\varepsilon}\right)p-7C_f+2C_d}{19}$$

由此可知，当进口国市场上的销售价格不变的情况下，最优化的反倾销税率是进口国市场上消费者的需求弹性的减函数，即随着消费者的需求弹性的增加而减少，所以，当出口国企业对进口国市场的倾销幅度等条件基本相同的情况下，如果进口国消费者对倾销产品的需求弹性很小，那么政府就应对该进口产品征收较高的反倾销税率；反之，如果进口国消费者对倾销产品的需求弹性很大，那么政府就应对该进口产品征收较低的反倾销税率甚至不征收反倾销税率，见图 4.1。由于在 Q_1 处 a_1 直线的需求弹性小，所以，进口国政府应对出口国企业征收较高的反倾

销税率；反之，由于在 Q_2 处 a_2 直线的需求弹性大，所以，进口国政府应对出口国企业征收较低的反倾销税率。

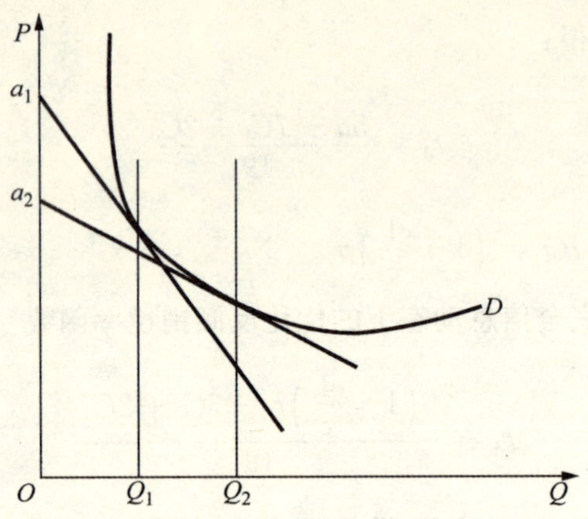

图 4.1 需求弹性对反倾销税率的影响

2）出口国企业的单位边际成本对反倾销税率的影响

按照现行倾销幅度的计算公式，反倾销税率的大小与出口国企业的单位边际成本无关，但是，根据上述推导的反倾销税率的优化模型，可以知道优化的反倾销税率的确定与对进口国市场进行销售的出口国企业生产产品的单位边际成本有关。

最优化的反倾销税率是出口国企业出口到进口国市场上的产品的单位边际成本的减函数，即随着出口国企业生产产品的单位边际成本的增加而减少。所以，当出口国企业生产产品的单位边际成本越高，也就是出口国企业的竞争力越弱，应征收的反倾销税率越低；反之，出口国企业生产产品的单位边际成本越低，也就是出口国企业的竞争力越强，应征收的反倾销税率越高。

3）进口国企业的单位边际成本对反倾销税率的影响

按照现行倾销幅度的计算公式，反倾销税率的大小与进口国企业的单位边际成本无关，但是，根据上述推导的反倾销税率的优化模型，可以知道优化的反倾销税率的确定与在进口国市场上进行销售的进口国企业生产产品的单位边际成本有关。

最优化的反倾销税率是进口国企业在进口国市场上销售的产品的单位边际成本的增函数，即随着进口国企业生产产品的单位边际成本的增加而增加，正好与出口国企业生产的产品的单位边际成本对反倾销税率的影响相反，只是影响程度不同而已。即随着进口国企业生产产品的单位边际成本的增加而增加。所以，当进口国企业生产产品的单位边际成本越高,也就是进口国企业的竞争力越弱,应征收的反倾销税率越高;反之,进口国企业生产产品的单位边际成本越低,也就是进口国企业的竞争力越强,应征收的反倾销税率越低。

4) 出口国企业销售量占进口国总需求的比例对反倾销税率的影响

由上述推导的优化模型,好像看不出反倾销税率与出口国企业在进口国市场上的销售量占进口国总需求的比例有关。其实,该比例对反倾销税率的影响是通过消费者对该进口产品的需求弹性及价格的大小表现出来。

5) 正常价值和出口价格对反倾销税率的影响

按照我国现行倾销幅度的计算公式,反倾销税率主要取决于出口产品的正常价值和出口价格。

但是,依照上述推导的系列反倾销税率函数的优化模型,优化的反倾销税率与出口产品在国外市场上的正常价值无关。这与出口国企业遭受进口国政府反倾销时,一般都改变出口价格而不改变正常价值的实际情况一致。这一点已经得到国外专家和学者的经验统计数据的证实。

4.2　完全信息动态下两国相似产品反倾销税率优化模型

4.2.1　基本模型假设

假设在国内市场上只有两家企业,国内企业 d 和国外企业 f,在完全信息动态的市场中相互竞争,达到 Stackelberg 均衡状态。国内企业为产量领导者,国外企业为产量追随者,并根据国内企业所确定的产量来确定自己的产量。两者都追求利润最大化。尽管从表面上看是两家垄断企业在进行博弈,但是这两家企业好比国内、国外垄断行业的市场竞争,因此具有现实意义,设计是合理的。假设两家企业生产的产品是相似的,产品之间具有一定的可替代性,替代系数为 $\theta(0\leqslant\theta\leqslant 1)$。国内政府对国外企业在国内市场上销售的产品征收税率为 t_d 的反倾销税。便于问题的讨论,对于国外企业的运输成本、关税和企业所得税等费用不作考虑。

进一步假定国内市场的需求是线性的,对两种商品的反需求函数分别为

$$P_d = a - b(Q_d + \theta \cdot Q_f) \tag{4-19}$$

$$P_f = a - b(Q_f + \theta \cdot Q_d) \tag{4-20}$$

式中:P_d 为国内企业商品的价格,P_f 为国外企业商品的价格,Q_d 为国内企业

商品的生产量，Q_f 为国外企业商品的生产量，且 $a>0,b>0$ 。

商品的定价必须满足边际成本等于边际收益，使企业利润最大化。为简单起见，假设国内外每个企业的单位边际成本不变，且令国内企业的不变单位边际成本为 C_d ，国外企业的不变单位边际成本为 C_f 。于是国内企业的利润函数为 $\pi_d = P_dQ_d - C_dQ_d$ ，国外企业的利润函数 $\pi_f = P_fQ_f - C_fQ_f - t_dQ_f$ 。

国内社会福利是消费者剩余、国内企业利润和国家税收收入的总和。于是有国内社会福利总和

$$\omega = CS(\text{Comsumer Surplus}) + \pi_d + t_dQ_f \tag{4-21}$$

式中，消费者剩余

$$CS = \frac{b}{2}(Q_d^2 + Q_f^2) + b\theta \cdot Q_d \cdot Q_f \tag{4-22}$$

4.2.2 优化反倾销税率模型分析

在现实中，先是政府确定反倾销税率 t_d ，国外企业根据国内企业所确定的产量，为追求利润最大化而确定自己的产量，然后是国内企业在已知国外企业产量的基础上，确定自己的商品产量，以达到 Stackelberg 均衡下的利润最大化。在这里，采用逆向归纳法，先得到商品产量，再求出优化反倾销税率。

国外企业的利润函数：

$$\begin{aligned}\pi_f &= P_fQ_f - C_fQ_f - t_dQ_f = [a - b(\theta \cdot Q_d + Q_f)]Q_f - C_fQ_f - t_dQ_f \\ &= (a - b\theta \cdot Q_d - C_f - t_d)Q_f - bQ_f^2\end{aligned} \tag{4-23}$$

当企业利润最大化(边际成本等于边际收益)时，利润关于产量 Q_f 的一阶导数为零，由此可得国外企业的反应函数：

$$Q_f = \frac{1}{2b}(a - \theta \cdot bQ_d - C_f - t_d) \tag{4-24}$$

国内企业的商品价格：

$$P_d = a - b(Q_d + \theta \cdot Q_f) = a - bQ_d - \frac{1}{2}a\theta + \frac{1}{2}b\theta^2 Q_d + \frac{1}{2}C_f\theta + \frac{1}{2}t_d\theta \tag{4-25}$$

国内企业的利润函数：

$$\pi_d = P_dQ_d - C_dQ_d = \frac{1}{2}Q_d(2a - 2bQ_d - a\theta + b\theta^2 Q_d + C_f\theta + t_d\theta - 2C_d)$$

$$\frac{\partial \pi_d}{\partial Q_d} = -b(1 - \frac{1}{2}\theta^2)Q_d + a - b[Q_d + \frac{1}{2b}\theta(a - b\theta \cdot Q_d - C_f - t_d)] - C_d$$

当 $\dfrac{\partial \pi_d}{\partial Q_d}=0$ 时，可得：

$$Q_d=\frac{1}{2b(2-\theta^2)}(-2C_d+2a-a\theta+C_f\theta+t_d\theta) \tag{4-26}$$

于是得到国外企业的商品产量：

$$Q_f=\frac{1}{4b(2-\theta^2)}(4a-a\theta^2+2C_d\theta-2a\theta+C_f\theta^2+t_d\theta^2-4C_f-4t_d) \tag{4-27}$$

于是国内外企业的利润分别为：

$$\pi_d=\frac{1}{8b(2-\theta^2)}(2a-2C_d-a\theta+C_f\theta+t_d\theta)^2 \tag{4-28}$$

$$\pi_f=\frac{1}{16b(2-\theta^2)^2}(4a-a\theta^2+2C_d\theta-2a\theta+C_f\theta^2+t_d\theta^2-4C_f-4t_d)^2 \tag{4-29}$$

国内消费者获得的消费者剩余

$$\begin{aligned}CS&=\frac{b}{2}(Q_d^2+Q_f^2)+b\theta\cdot Q_d\cdot Q_f\\&=\frac{1}{32b(\theta^2-2)^2}(40\theta^2aC_f+40\theta^2at_d-40\theta^2C_ft_d-4a\theta^3C_d-10a\theta^4C_f-\\&\quad 10a\theta^4t_d+24\theta^2aC_d+4\theta^3C_dC_f+4\theta^3C_dt_d-4\theta^3aC_f-4\theta^3a\cdot t_d+\\&\quad 10\theta^4C_ft_d+16C_d^2-32aC_d+32a^2-32\theta^2a^2-20\theta^2C_f^2-20\theta^2t_d^2-32aC_f-\\&\quad 32a\cdot t_d+5a^2\theta^4+4a^2\theta^3-12\theta^2C_d^2+5\theta^4C_f^2+5\theta^4t_d^2+16C_f^2+32C_ft_d+16t_d^2)\end{aligned} \tag{4-30}$$

国内企业的利润：

$$\pi_d=\frac{1}{8b(2-\theta^2)}(2a-2C_d-a\theta+C_f\theta+t_d\theta)^2 \tag{4-31}$$

国内政府获得的反倾销税收入：

$$t_dQ_f=\frac{t_d}{4b(2-\theta^2)}(4a-a\theta^2+2C_d\theta-2a\theta+C_f\theta^2+t_d\theta^2-4C_f-4t_d) \tag{4-32}$$

把(4-30)、(4-31)、(4-32)三式代入国内社会福利总和公式(4-21)：

$$\begin{aligned}\omega&=CS+\pi_d+t_dQ_f\\&=\frac{1}{32b(2-\theta^2)^2}(32a_d\theta+32aC_f\theta+\end{aligned}$$

$$24aC_f\theta^2 - 24a\cdot t_d\theta^2 + 24t_dC_f\theta^2 - 32C_dC_f\theta - 20a\theta^3C_d - 2a\theta^4C_f +$$
$$6a\theta^4t_d + 48C_d^2 - 96C_da + 64a^2 - 32a^2\theta - 40\theta^2a^2 - 12\theta^2C_f^2 +$$
$$36\theta^2t_d^2 - 32aC_f + 32a\cdot t_d + a^2\theta^4 + 20a^2\theta^3 - 28\theta^2C_d^2 + \theta^4C_f^2 - 7\theta^4t_d^2 +$$
$$16C_f^2 - 32C_ft_d - 48t_d^2 + 56\theta^2C_da + 20\theta^3C_dC_f +$$
$$4\theta^3C_dt_d - 20\theta^3aC_f - 4\theta^3a\cdot t_d - 6\theta^4C_ft_d) \tag{4-33}$$

由式(4-33),求 ω 关于 t_d 的一阶导数,并令其为零,得到最优反倾销税率:

$$t_d = \frac{-16C_f + 16a - 12a\theta^2 + 12\theta^2C_f - 2a\theta^3 + 3a\theta^4 + 2\theta^3C_d - 3\theta^4C_f}{7\theta^4 - 36\theta^2 + 48} \tag{4-34}$$

当替代系数 $\theta = 1$(同质产品)时,由式(4-34),可以得到

$$t_d = \frac{1}{19}(5a + 2C_d - 7C_f)$$

4.2.3 优化反倾销税率影响因素分析

1) 影响反倾销税率的因素综合分析

在国内外企业追求利润最大化、政府追求社会福利最大化的前提下,有上述优化模型可知,最优反倾销税率的计算受以下因素的影响:

国外企业的不变边际成本对反倾销税率的影响反倾销税率。

设 $a = 15, C_d = 10, \theta = 0.8$,$t_d$ 的表达式简化为关于 C_f 的一阶导数,为 $t_d = 4.96 - 0.34C_f$。可见,随着国外产品的单位边际成本的增加,国外企业的竞争力降低,优化的反倾销税率减少。

国内企业的不变边际成本对反倾销税率的影响。

设 $a = 15, C_f = 10, \theta = 0.8$,$t_d$ 的表达式简化为关于 C_d 的一阶导数,为 $t_d = 1.164 + 0.037C_d$。可见,随着国内产品的单位边际成本的增加,国内企业的竞争力降低,为保护国内企业,优化的反倾销税增加。

相似商品的替代系数和反需求函数中的常数 a 对反倾销税率也产生影响,而价格弹性系数 b 却没有了。这是由反需求函数的线性特征所决定的。

2) 相似商品替代系数对社会福利的影响程度

根据“赫克歇尔-俄林-萨缪尔森(H-O-S)定理”,如果各国都以自己的要素禀赋比率和要素价格比率的差距为基础来进行商品的生产和贸易,其结果将会使贸易前相对充裕的要素价格上升,使贸易前相对稀缺的要素价格下跌,从而逐渐达到要素价格的国际均等化。

由此定理,不妨假设国内外企业的不变单位成本相等,即 $C_d = C_f = C$,对社会福利各项表达式进行简化;并且设 $a = 15, b = 5, C = 10, t_d = 0.8$,得到:

$$CS=\frac{1}{(2-\theta^2)^2}(4.264-4.08\theta^2+0.525\theta^3+0.551125\theta^4)$$

$$\pi_d=\frac{1}{40(2-\theta^2)}(-10+4.2\theta)^2$$

$$t_dQ_f=-\frac{1}{25(2-\theta^2)}(-16.8+10\theta+4.2\theta^2)$$

通过数学软件 Maple 画图，可以分别得到消费者剩余，国内企业利润，国家税收收入这三者以替代系数为自变量的函数图形（见图 4.2）。

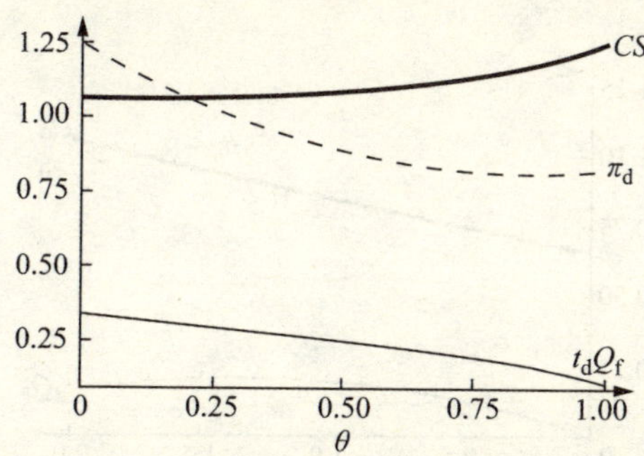

图 4.2　消费者剩余、企业利润和税收收入与商品相似程度关系

通过分析该简化模型发现，当国内外企业的商品成本相等（或非常接近）且替代系数逐渐增加并接近于1时，有如下趋势：

(1) 消费者剩余渐增，这说明国外产品的进入，丰富了国内市场，使得消费者有了更多的选择，这使得市场价格降低，消费者获利。

(2) 国内企业利润递减，说明随着国外产品对国内产品的替代效应增加，国内企业的销售受到冲击，销售数量减少，企业利润下降。

(3) 政府税收随着替代系数递减，说明当国外产品和国内产品差异很大时，竞争不太体现，国外企业的产品销量不错，于是在税率一定的情况下，政府税收收入相对较高；当两种产品差距减小时，国外产品在成本上不占优势，激烈的竞争使得销量减少，于是政府税收收入减少。此外，与前两者相比，国家税收因替代系数变化而对社会总福利产生的影响较小。

可见，消费者利益和国内企业利益是冲突的，构成此消彼长的关系。

3) 反倾销税率对社会福利的影响程度

以上分析了反倾销税率不变时，社会总福利中各项与替代系数的关系。现假设替代系数不变，观察反倾销税率的增减对社会总福利的影响。考虑到各项对社会总福利的贡献大小不同，仍然分别求得关于反倾销税率的函数，并通过 Maple 画出图形。

假设国内外企业的不变单位成本相等，即 $C_d = C_f = C$，并且设 $a = 15, b = 5, C = 10, \theta = 0.8$，得到：

$$CS = 1.3192 - 0.2119t_d + 0.0177t_d^2$$
$$\pi_d = 0.0184(6.0 + 0.8t_d)^2$$
$$t_dQ_f = -t_d(-0.3235 + 0.1235t_d)$$

通过数学软件 Maple 画图，可以分别得到消费者剩余，国内企业利润，国家税收收入这三者以 t_d 为自变量的函数图形(见图 4.3)。

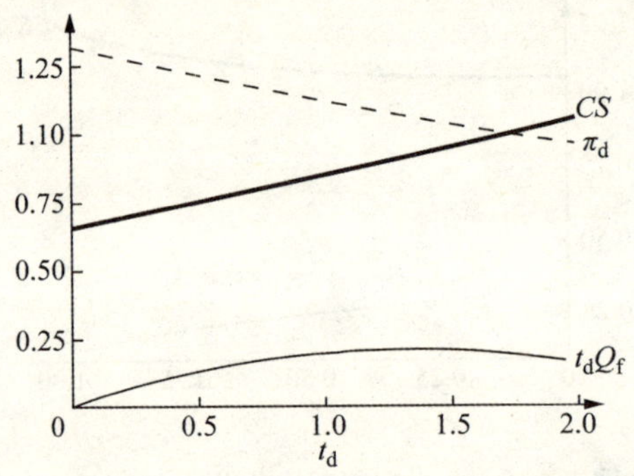

图 4.3　消费者剩余、企业利润和税收收入与反倾销税率关系

当国内外企业的商品成本相等(或非常接近)且反倾销税率从 0 渐增到 200% 时，有如下趋势：

(1) 消费者剩余随着税率的增加而减少，这是因为税率的增加提高了国外产品的成本，消费者为购买同样数量产品的支出增加了。

(2) 国内企业的利润随着税率增加，因为国外产品成本的提高，使得国内产品的价格竞争优势增大，企业销售量增加，利润提高。

(3) 政府税收随税率的增加，出现了一个最优税率，税收变化呈现出先增后减的特点。这是因为税率相对低时，国外产品的成本虽然逐渐增加了，但是竞争优势仍然存在，上缴的税收随着税率的增加而增加；当税率超过某个值时，国外产品的销售滑坡，使得税率的增加不足以将政府税收保持在某一水平，税收下降。

可见，消费者利益和国内企业利益总是冲突的。如何权衡两者利益是政府决策的关键。如果以消费者利益最大化为目标，那么政府应该鼓励国外同质或质量差异较小的商品的进口，并且尽可能地降低反倾销税率。如果以国内企业利润最大化为目标，即采取保护国内行业的政策，那么政府应该在质量差异越是小的国外商品上征收越是高的关税。

可见，对于国内政府来说，如果国外企业在国内市场销售产品的单位不变边际成本越低，即竞争力越强，则应征收较高的反倾销税率；反之亦然。国内企业的单位不变边际成本对反倾销税率的影响分析与国外企业相反。

在社会福利的三个组成成分中，消费者利益和国内企业利益总是冲突的。如果税率确定，随着国外产品对国内产品的替代效应的增加，消费者剩余增加，国内企业利润减少，政府税收减少；如果替代系数确定，随着税率的增加，消费者剩余减少，国内企业利润增加，政府税收先增后减，存在一个最优税率。

无论政府部门的政策制定是以消费者利益为先，还是以国内企业利益为先，国内企业都必须提高利用和占领国内市场的能力，增强抵御市场风险的能力。不能再像前些年那样动辄寻求保护，而是应该逐渐正视竞争，通过加快技术创新、提高产品质量、开拓市场空间等，进一步固本强身，走向成熟的市场经济。

4.3 完全信息动态博弈下三国反倾销税率优化模型

加入世界贸易组织（WTO）以来，我国政府做出极大的努力来履行成员国的义务，对国外企业征收的关税大幅度下降，同时我国政府还消除了很多非关税壁垒。在履行义务的同时我国也应合理地使用世贸组织所赋予的权力。近年来，反倾销案件愈演愈烈，我国出口产品屡遭世界上其他国家和地区发起的反倾销调查，很多产品的出口受到严重阻碍，同时，我国许多产业和产品饱受外国产品的倾销，使我国很多幼稚产业受到外国产品的实质损害或实质损害威胁。本节以产品生命周期理论为基础，研究三个国家的企业与政府之间的倾销、反倾销及反倾销税率确定的四方动态博弈进行分析研究。

4.3.1 反倾销税最优模型建立

假设 A 国首先以销售量 Q_d 在国内市场上销售产品，利润为 π_d。随后 B 国企业掌握了这项生产技术，开始生产此产品并准备打入 A 国市场，它根据 A 国企业的销售量 Q_d 以及利润最大化原则来确定自己的最优销售量 Q_{f1}，A 国政府对其征收税率为 t_{d1} 的反倾销税，使得 B 国企业利润为 π_{f1}。接着 C 国企业也学会这项技术并准备打入 A 国市场，它参照 A 国和 B 国企业的销售量来确定自己的最优销售量 Q_{f2}，被 A 国政府征收税率为 t_{d2} 的反倾销税，其在 A 国市场上获得的利润为 π_{f2}。A、B、C 三国企业具有不变的单位边际成本分别为 C_d、C_{f1}、C_{f2}。根据产品生命周期理论，不妨假设 B 国的成本低于 A 国，C 国的成本低于 B 国。A 国市场上该商品的市场价格为 p。为了研究方便，假定 A 国市场的反需求函数为

$$P = a - bQ \tag{4-35}$$

式中，$Q=Q_d+Q_{f1}+Q_{f2}$

下面采用逆向归纳法进行分析：

1) A 国市场上的均衡

C 国看到 A、B 两国企业的销售量后再作决策，因此 Q_d 、Q_{f1} 可视为已知量。C 国企业的利润函数为：

$$\pi_{f2}=Q_{f2}[a-b(Q_d+Q_{f1}+Q_{f2})]-C_{f2}Q_{f2}-t_{d2}Q_{f2} \tag{4-36}$$

对式(4-36)，求 π_{f2} 关于 Q_{f2} 的一阶导数，并令其为零，即 $\frac{\partial \pi_{f2}}{\partial Q_{f2}}=0$，可得：

$$a-bQ_d-bQ_{f1}-2bQ_{f2}-C_{f2}-t_{d2}=0$$

于是，可得 C 国企业的反应函数为：

$$Q_{f2}=\frac{a-b(Q_d+Q_{f1})-C_{f2}-t_{d2}}{2b} \tag{4-37}$$

B 国企业知道 A 国销售量，且也了解 C 国企业的决策策略，因此可将 Q_d 视为已知量。

B 国企业利润函数为：

$$\pi_{f1}=Q_{f1}[a-b(Q_d+Q_{f1}+Q_{f2})]-C_{f1}Q_{f1}-t_{d1}Q_{f1} \tag{4-38}$$

在完全信息情况下，B 企业也知道 C 企业会参照自己的销售量来确定其销售量，所以应将式(4-37)代入式(4-38)，可得 B 国企业利润函数

$$\pi_{f1}=\frac{Q_{f1}}{2}(a-bQ_d-bQ_{f1}+C_{f2}-2C_{f1}-2t_{d1}+t_{d2}) \tag{4-39}$$

对式(4-39)，求 π_{f1} 关于 Q_{f1} 的一阶导数，并令其为零，即 $\frac{\partial \pi_{f1}}{\partial Q_{f1}}=0$，可得：

$$a-bQ_d-2bQ_{f1}+C_{f2}-2C_{f1}-2t_{d1}+t_{d2}=0$$

于是可得 B 国企业的反应函数为：

$$Q_{f1}=\frac{a-bQ_d+C_{f2}-C_{f1}-2t_{d1}+t_{d2}}{2b} \tag{4-40}$$

A 国企业利润函数为：

$$\pi_d=Q_d[a-b(Q_d+Q_{f1}+Q_{f2})]-C_dQ_d \tag{4-41}$$

A 国企业同样知道 B、C 两国的企业会参照自己的销售量，因此应将式(4-37)、

(4-40)代入式(4-41),可得 A 国企业利润函数

$$\pi_{d}=\frac{Q_{d}}{4}(a-bQ_{d}+C_{f2}+2C_{f1}-4C_{d}+t_{d2}+t_{d1}) \tag{4-42}$$

对式(4-42),求 π_d 关于 Q_d 的一阶导数,并令其为零,即 $\frac{\partial \pi_{d}}{\partial Q_{d}}=0$,可得:

$$a-2bQ_{d}+C_{f2}+2C_{f1}-4C_{d}+t_{d2}+2t_{d1}=0$$

于是,可求得 A 国企业在 A 国市场上的销售量

$$Q_{d}=\frac{a+2C_{f1}+C_{f2}-4C_{d}+2t_{d1}+t_{d2}}{2b} \tag{4-43}$$

把式(4-43)代入式(4-40),可得:

$$Q_{f1}=\frac{a-6C_{f1}+C_{f2}+4C_{d}-6t_{d1}+t_{d2}}{4b} \tag{4-44}$$

把式(4-43)、(4-44)代入式(4-37),可得:

$$Q_{f2}=\frac{a+2C_{f1}-7C_{f2}+4C_{d}+2t_{d1}-7t_{d2}}{8b} \tag{4-45}$$

把(4-43)、(4-44)及(4-45)三式代入式(4-35),可得国内市场上的均衡价格为:

$$P=\frac{a+2C_{f1}+C_{f2}+4C_{d}+2t_{d1}+t_{d2}}{8} \tag{4-46}$$

把(4-43)、(4-44)、(4-45)及(4-46)四式代入式(4-41)、(4-37)及(4-36),可以分别得出 A、B、C 三国企业的利润为:

$$\pi_{d}=\frac{(a+2C_{f1}+C_{f2}-4C_{d}+2t_{d1}+t_{d2})^{2}}{16b} \tag{4-47}$$

$$\pi_{f1}=\frac{(a-6C_{f1}+C_{f2}+4C_{d}-6t_{d1}+t_{d2})^{2}}{32b} \tag{4-48}$$

$$\pi_{f2}=\frac{(a+2C_{f1}-7C_{f2}+4C_{d}+2t_{d1}-7t_{d2})^{2}}{64b} \tag{4-49}$$

2）政府根据国内福利最大化原则确定最优反倾销税率

由于 A 国国内消费者剩余

$$CS=\int_{0}^{Q^{*}}(P-P_{e})\mathrm{d}Q=\frac{1}{2}bQ^{*2}=\frac{1}{2}b(Q_{d}+Q_{f1}+Q_{f2})^{2}$$

$$= \frac{(7a - C_{f1} - 2C_{f2} - 4C_d - t_{d1} - t_{d2})^2}{128b} \quad (4\text{-}50)$$

又由于A国国内社会福利总和为国内消费者剩余、国内企业利润与反倾销税收之加总，即：

$$\omega = CS + \pi_d + t_{d1}Q_{f1} + t_{d2}Q_{f2} \quad (4\text{-}51)$$

把(4-44)、(4-45)、(4-47)及(4-50)四式代入式(4-51)，可得：

$$\omega = \frac{(7a - C_{f1} - 2C_{f2} - 4C_d - t_{d1} - t_{d2})^2}{128b} + \frac{(a + 2C_{f1} + C_{f2} - 4C_d + 2t_{d1} + t_{d2})^2}{16b} + t_{d1} \cdot \frac{a - 6C_{f1} + C_{f2} + 4C_d - 6t_{d1} + t_{d2}}{4b} + t_{d2} \cdot \frac{a + 2C_{f1} - 7C_{f2} + 4C_d + 2t_{d1} - 7t_{d2}}{8b} \quad (4\text{-}52)$$

对式(4-52)，分别求 ω 关于 t_{d1} 和 t_{d2} 的一阶导数，并令其为零，可得：

$$25a - 63C_{f1} + 34C_{f2} + 4C_d - 159t_{d1} + 49t_{d2} = 0 \quad (4\text{-}53)$$

$$9a + 33C_{f1} - 46C_{f2} + 4C_d + 49t_{d1} - 103t_{d2} = 0 \quad (4\text{-}54)$$

由式(4-53)和(4-54)，可得A国在国内福利最大化的原则下制定分别适合B国企业和A国企业的优化反倾销税率公式为：

$$t_{d1} = \frac{377a - 609C_{f1} + 156C_{f2} + 76C_d}{1747} \quad (4\text{-}55)$$

$$t_{d2} = \frac{332a + 270C_{f1} - 706C_{f2} + 104C_d}{1747} \quad (4\text{-}56)$$

4.3.2 优化反倾销税率结论分析

根据以上推导出的结果，从反倾销税率、消费者剩余和国内企业利润几方面展开讨论：

1) 反倾销税率(t_{d1}, t_{d2})

(1) 国内消费者的需求弹性对反倾销税率的影响。

在相同的均衡销量和均衡价格的情况下，A国市场上消费者的需求弹性越小时，a 值越大。由式(4-55)、(4-56)可知，均衡解 t_{d1}、t_{d2} 与 a 正相关。所以，优化的反倾销税率是国内市场上消费者的需求弹性的减函数，即随着消费者的需求弹性的增加而减少。

(2) 企业单位边际成本对反倾销税率的影响。

反倾销税率与A、B、C三国企业的单位边际成本均有关。对B国企业征收的反倾销税是 B 国企业单位边际成本的减函数，是 A、C 两国企业单位边际成本的增函数。对 C 国企业征收的反倾销税是 C 国企业单位边际成本的减函数，是 A、B 两国企业单位边际成本的增函数。比较最优的 t_{d1} 和 t_{d2} 可以看出，对于后进入国内市场的企业，即 C 国企业，随着其单位边际成本的降低，反倾销税的增长率明显高于先进入国内市场的企业。

2）消费者剩余（*CS*）

消费者剩余与 A、B、C 三国企业的单位边际成本以及 A 国对外征收的反倾销税率有关。三国企业的单位边际成本越低，反倾销税率越低，则 A 国消费者剩余越大。反之，若 A 国政府提高了反倾销税则相应损害了国内消费者利益。

3）企业利润（π_d）

A 国企业利润与 A、B、C 三国的单位边际成本以及对外征收的反倾销税有关。与本国企业单位边际成本成反方向变动，与 B、C 两国企业单位边际成本以及对外征收的反倾销税成同方向变动。这说明反倾销税对于本国企业来说是一种保护，增强了企业相对于国外企业的竞争力。

4.3.3　应用实例

1）实例一：三氯甲烷

我国甲烷氯化物产业起步于 20 世纪 50 年代，当时在四川进行以甲烷直接氯化法为主的中试和工业规模试验。1979 年 10 月在四川自贡鸿鹤镇化工厂建成 1 000吨/年的生产装置，并投入生产。改革开外后，我国开始从美国、欧盟等国进口三氯甲烷，并引进其技术扩大生产。90 年代末，印度也开始向我国销售三氯甲烷。在 90 年代末至本世纪初的几年中，国外主要甲烷氯化物生产企业采取了倾销等不公平贸易手段，挤压国内正在发展的甲烷氯化物产业，以达到继续占领我国市场的目标。国内产业因国外进口产品的倾销而遭受了损害，使得生产企业经营困难，亏损增加，开工率下降，市场份额减少。在本实例中，我国就处于模型中 A 国的位置，首先在国内生产销售三氯甲烷，美国、欧盟等国和地区处于 B 国位置，首先打入我国市场，印度处于 C 国位置。我国政府对其倾销行为应采取措施，征收反倾销税以保护我国甲烷氯化物产业不受侵害。经过周密的反倾销调查，商务部决定，自 2004 年 11 月 30 日起，对原产于欧盟、美国以及印度的进口三氯甲烷征收税率为 32%～96%反倾销税，期限为 5 年。

2）实例二：电视机

电视机行业，美国 20 世纪二三十年代已开始生产，拥有着世界一流的技术与设备。七八十年代日本电视机大量出口，成功打入美国市场。中国电视机行业 70 年代末艰难启动，80 年代不断进行参观学习并扩大生产，90 年代中期，我国生产的电视机进入美国市场，并且出口连年大幅度增长。根据美国商务部统计，2001 年，中国向美国出口 21 英寸以上彩电只有 5.6 万台，2002 年猛增至 130 万台，2003 年进一步增加到 176 万台，是 2001 年的 31 倍。2004 年价值超过 2.76 亿美元的中国企业生产的彩电被美国商务部征收反倾销税，其中，长虹、TCL 等应诉的中国彩电厂家被加征税率为 20%～25% 的反倾销税，而没有应诉的企业税率则高达 78.45%。在本实例中，美国处于模型中 A 国的位置，日本处于 B 国的位置，而我国则处于 C 国的位置，并被征收了相当数额的反倾销税。

4.3.4 政策建议

根据对模型结论的分析并结合相应实例，分别对我国政府和我国出口企业提出以下几点建议。

对于我国政府来说，若我国成为其他国家企业的倾销对象（如实例一中的情况），那么：

(1) 当国外企业对我国市场的倾销幅度等条件基本相同的情况下，如果国内消费者对倾销产品的需求弹性很小，那么政府就应以较高的税率对该进口产品征收反倾销税；反之，政府则应以较低的税率对该进口产品征收反倾销税甚至不征收反倾销税。

(2) 政府对成本低的国外企业应征收较高的反倾销税，并且应密切关注后进入国内市场的企业，一旦其成本降低，应立即征收较高的反倾销税。国内企业单位边际成本越高，说明其竞争力越弱，越需要保护。因此，政府应对外国企业征收较高的反倾销税来保护本国企业，使得国内企业利润增加。

(3) 政府征收反倾销税虽然有利于国内企业，但要付出一定的代价，即减少了本国消费者剩余。因此，政府在确定反倾销税时应充分衡量利弊，看是否应该牺牲消费者或下游产业的利益来保护国内企业，并应跟踪调查保护的效果，以决定反倾销税的征收年限。

(4) 国内企业的最优策略是对国外企业提出反倾销调查，申请政府征收反倾销税。因此，企业应积极建立行业协会，以保护企业不受倾销损害。

对于我国符合模型假设的出口企业来说（如实例二中的情况），那么：

若其进口国消费者对其产品的价格弹性很小，或其他厂商的生产成本较高，则应适当提高价格以免遭外国政府的反倾销调查。这也在一定程度上说明了我国出口企业屡屡遭受反倾销调查的原因。

第 5 章　不完全信息静态反倾销税率优化定价模型

本章主要讨论在国内外企业以利润最大化、政府以社会福利最大化为目标的假设前提下，以经济学、博弈论等有关原理来确定，在国内外企业处于不完全信息静态博弈下，进口国政府对出口国企业征收所适用的优化反倾销税率，并分析影响优化反倾销税率的因素，同时分析证实现行计算反倾销税率的倾销幅度公式的缺陷。

5.1　不完全信息静态两国反倾销税率优化定价模型

5.1.1　不完全信息静态无反倾销时的 Cournot-Bayes 均衡

假设在进口国市场上只有两个企业，一个为出口国企业，另一个为进口国企业，它们都追求利润最大化，进口国政府对出口国企业在进口国的销售不征收反倾销税。但是出口国企业和进口国企业对双方信息的了解具有不完全对称性。假定进口国企业具有不变的单位边际成本为 C_d，是共同知识；而出口国企业具有两种可能的不变单位边际成本，分别为 C_f^l 及 C_f^h，且 $C_f^l < C_f^h$；出口国企业知道自己的成本是 C_f^l 还是 C_f^h，但是，进口国企业只知道出口国企业的不变单位边际成本为 C_f^l 的概率为 μ，为 C_f^h 的概率是 $(1-\mu)$；其中 μ 为共同知识。即，假定进口国企业是单类型的，出口国企业是双类型的；而且国内外企业之间的经济行为同时进行。这样就成了无进口国政府监督的国内外企业不完全信息静态双方博弈。同时，为了研究方便，假定进口国市场的反需求函数为：$p = a - b(Q_f + Q_d)$。下面进行具体分析。

因为出口国企业知道进口国企业的边际成本，所以，出口国企业选择在进口国市场的销售量 Q_f，最大化其利润函数

$$\pi_f(Q_f, Q_d) = Q_f[a - b(Q_f + Q_d)] - C_f Q_f \tag{5-1}$$

由式(5-1)，可得出口国企业的反应函数

$$Q_f = \frac{a - bQ_d - C_f}{2b} \tag{5-2}$$

出口国企业在进口国市场上的最优销售量不仅依赖于进口国企业在市场上的销售量，而且还依赖于自己的成本类型。那么，分别对应于低成本和高成本的反应函数为：

$$Q_f^l = \frac{a - bQ_d - C_f^l}{2b} \tag{5-3}$$

$$Q_f^h = \frac{a - bQ_d - C_f^h}{2b} \tag{5-4}$$

式中，Q_f^l 和 Q_f^h 分别是对应于低成本和高成本时出口国企业在进口国市场上的销售量。

而进口国企业因为不知道出口国企业的实际成本，从而不知道出口国企业在进口国市场的最优实际销售量是 Q_f^l 还是 Q_f^h，因此，进口国企业选择 Q_d 从而最大化其期望利润函数

$$E\pi_d(Q_f, Q_d) = \mu Q_d(a - bQ_d - bQ_f^l) + (1-\mu)Q_d(a - bQ_d - bQ_f^h) - C_d Q_d \tag{5-5}$$

由式(5-5)，可得进口国企业的反应函数

$$Q_d = \frac{a - C_d - bEQ_f}{2b} \tag{5-6}$$

式中 $EQ_f = \mu Q_f^l + (1-\mu)Q_f^h$ 为出口国企业在进口国市场上的产品销售量的期望值。

由上述(5-3)、(5-4)和(5-6)三个反应函数可得在国内市场上的 Cournot-Bayes 均衡销量解：

$$Q_{1d}^{cb} = \frac{a - 2C_d}{3b} + \frac{\mu C_f^l + (1-\mu)C_f^h}{3b} \tag{5-7}$$

$$Q_{1f}^{lcb} = \frac{a + C_d}{3b} - \frac{(3+\mu)C_f^l + (1-\mu)C_f^h}{6b} \tag{5-8}$$

$$Q_{1f}^{hcb} = \frac{a + C_d}{3b} - \frac{\mu C_f^l + (4-\mu)C_f^h}{6b} \tag{5-9}$$

把上述(5-7)、(5-8)和(5-9)三式的均衡销量解代入利润函数式(5-1)、(5-5)，可得 Cournot-Bayes 均衡利润解：

$$\pi_{1f}^{lcb} = \frac{\{2(a + C_d) - [(3+\mu)C_f^l + (1-\mu)C_f^h]\}^2}{36b} \tag{5-10}$$

$$\pi_{1f}^{hcb} = \frac{\{2(a+C_d)-[\mu C_f^l+(4-\mu)C_f^h]\}^2}{36b} \tag{5-11}$$

$$E\pi_{1d}^{cb} = \frac{\{(a-2C_d)+[\mu C_f^l+(1-\mu)C_f^h]\}^2}{9b} \tag{5-12}$$

由于此时的消费者剩余

$$\begin{aligned}&\int_0^{Q_{1d}^{cb}+EQ_{1f}^{cb}}[p-(a-bQ_{1d}^{cb}-bEQ_{1f}^{cb})]\mathrm{d}Q\\&=\int_0^{Q_{1d}^{cb}+EQ_{1f}^{cb}}b[(Q_{1d}^{cb}+EQ_{1f}^{cb})-Q]\mathrm{d}Q\\&=b\frac{(Q_{1d}^{cb}+EQ_{1f}^{cb})^2}{2}\end{aligned} \tag{5-13}$$

国内社会福利的总和为消费者剩余及进口国企业的利润之和，即

$$\begin{aligned}E\omega_1^{cb}&=\frac{b(Q_{1d}^{cb}+EQ_{1f}^{cb})^2}{2}+E\pi_{1d}^{cb}\\&=\frac{\frac{1}{2}\{(2a-C_d)-[\mu C_f^l+(1-\mu)C_f^h]\}^2}{9b}+\\&\quad\frac{\{(a-2C_d)+[\mu C_f^l+(1-\mu)C_f^h]\}^2}{9b}\\&=\frac{\{[\mu C_f^l+(1-\mu)C_f^h]-C_d\}^2}{6b}+\frac{(a-C_d)^2}{3b}\end{aligned} \tag{5-14}$$

结论：在不完全信息静态博弈的情况下，进口国政府对出口国企业在进口国市场上的销售不实行反倾销，那么：

(1) 由于 $Q_{1f}^{lcb}-Q_{1f}^{hcb}=\frac{(C_f^h-C_f^l)}{2b}>0$ 恒成立，所以，当出口国企业是低成本类型的企业时，其在进口国市场上销售量会增加；反之，其在进口国市场上销售量会减少。

(2) 因为 $\pi_{1f}^{lcb}>\pi_{1f}^{hcb}$ 恒成立，所以，当出口国企业是低成本类型的企业时，其在进口国市场上所获得的利润会增加。反之，其在进口国市场上获得的利润会减少。

(3) 由上述两条可知，当出口国企业是低成本类型的企业时，其在进口国市场上所获得的利润和市场份额较大，所以这种企业易遭受进口国企业申请的反倾销调查。

5.1.2　不完全信息静态博弈存在反倾销时的 Cournot-Bayes 均衡

假设在进口国市场上只有两个企业，一个为出口国企业，另一个为进口国企

业，它们都追求利润最大化，进口国政府对出口国企业在进口国的销售征收反倾销税，以追求国内社会福利最大化。同时，假设出口国企业和进口国企业对双方信息的了解具有不完全对称性；而且它们之间的博弈是静态的，即它们对在进口国市场上的销售量所作的决策是同时进行的。假定进口国企业具有不变的单位边际成本为 C_d，是共同知识；而出口国企业具有两种可能的不变单位边际成本，分别为 C_f^l 及 C_f^h，且 $C_f^l < C_f^h$，相应的销售量分别为 Q_f^l 和 Q_f^h；出口国企业知道自己的成本是 C_f^l 还是 C_f^h，但是，进口国企业只知道出口国企业的不变单位边际成本为 C_f^l 的概率为 μ，为 C_f^h 的概率是 $(1-\mu)$；其中 μ 为共同知识。假定进口国政府对出口国企业征收的对应于 C_f^l 及 C_f^h 的反倾销税分别为 t_d^l 和 t_d^h（为了研究方便，假定无关税）。同时，为了研究方便，假定进口国市场的反需求函数为：$p = a - b(Q_f + Q_d)$。这样就形成了在进口国政府参与下的国内外企业之间的不完全信息静态的三方博弈，于是有下面的分析：

出口国企业和进口国企业的最大化的利润函数分别为：

$$\pi_f(Q_f, Q_d, t_d) = Q_f[a - b(Q_f + Q_d)] - t_d Q_f - C_f Q_f \tag{5-15}$$

$$E\pi_d(Q_f, Q_d, t_d) = \mu Q_d[a - b(Q_d + Q_f^l)] + (1-\mu)Q_d[a - b(Q_d + Q_f^h)] - C_d Q_d \tag{5-16}$$

由(5-15)和(5-16)两式，可得出口国企业和进口国企业的反应函数分别是：

$$Q_f^l = \frac{a - bQ_d - C_f^l - t_d^l}{2b} \tag{5-17}$$

$$Q_f^h = \frac{a - bQ_d - C_f^h - t_d^h}{2b} \tag{5-18}$$

$$Q_d = \frac{a - C_d - bEQ_f}{2b} \tag{5-19}$$

式中 $EQ_f = \mu Q_f^l + (1-\mu)Q_f^h$，为出口国企业在进口国市场上销售量的期望值。

由上述(5-17)、(5-18)和(5-19)三个反应函数可得存在反倾销情况下的 Cournot-Bayes 均衡销量解：

$$Q_{2d}^{cb} = \frac{a - 2C_d}{3b} + \frac{\mu C_f^l + (1-\mu)C_f^h}{3b} + \frac{\mu t_d^l + (1-\mu)t_d^h}{3b} \tag{5-20}$$

$$Q_{2f}^{lcb} = \frac{a + C_d}{3b} - \frac{(3+\mu)C_f^l + (1-\mu)C_f^h}{6b} - \frac{(3+\mu)t_d^l + (1-\mu)t_d^h}{6b} \tag{5-21}$$

$$Q_{2f}^{hcb} = \frac{a + C_d}{3b} - \frac{\mu C_f^l + (4-\mu) C_f^h}{6b} - \frac{\mu t_d^l + (4-\mu) t_d^h}{6b} \tag{5-22}$$

把上述(5-20)、(5-21)和(5-22)三式均衡销量解代入(5-15)和(5-16)两式的利润函数，可得均衡利润为：

$$\pi_{2f}^{lcb} = \frac{\{2(a + C_d) - [(3+\mu) C_f^l + (1-\mu) C_f^h] - [(3+\mu) t_d^l + (1-\mu) t_d^h]\}^2}{36b} \tag{5-23}$$

$$\pi_{2f}^{hcb} = \frac{\{2(a + C_d) - [\mu C_f^l + (4-\mu) C_f^h] - [\mu t_d^l + (4-\mu) t_d^h]\}^2}{36b} \tag{5-24}$$

$$E\pi_{2d}^{cb} = \frac{\{(a - 2C_d) + [\mu C_f^l + (1-\mu) C_f^h] + [\mu t_d^l + (1-\mu)] t_d^h\}^2}{9b} \tag{5-25}$$

此时，国内社会福利的总和为消费者剩余、进口国企业的利润及反倾销税收入之和，即

$$\begin{aligned} E\omega_2^{cb} &= b(Q_{2d}^{cb} + EQ_{2f}^{cb})^2/2 + E\pi_{2d}^{cb} + E(t_d Q_{2f}^{cb}) \\ &= \frac{\frac{1}{2}\{(2a - C_d) - [\mu C_f^l + (1-\mu) C_f^h] - [\mu t_d^l + (1-\mu) t_d^h]\}^2}{(9b)} + \\ &\quad \frac{\{(a - 2C_d) + [\mu C_f^l + (1-\mu) C_f^h] + [\mu t_d^l + (1-\mu) t_d^h]\}^2}{(9b)} + \\ &\quad \mu t_d^l Q_{2f}^{lb} + (1-\mu) t_d^h Q_{2f}^{hb} \\ &= \frac{\{[\mu C_f^l + (1-\mu) C_f^h] - C_d\}^2}{6b} + \frac{(a - C_d)^2}{3b} + \\ &\quad \frac{[\mu t_d^l + (1-\mu) t_d^h] \cdot \{a - [\mu C_f^l + (1-\mu) C_f^h]\}}{(3b)} - \\ &\quad \frac{[\mu t_d^l + (1-\mu) t_d^h]^2}{(2b)} \\ &= \frac{E\omega_1^{cb} + Et_d \cdot (a - EC_f)}{3b} - \frac{(Et_d)^2}{2b} \end{aligned} \tag{5-26}$$

式中 $E\omega_1^{cb}$ 为无反倾销时的国内社会福利总和；$Et_d = \mu t_d^l + (1-\mu) t_d^h$ 为期望反倾销税率；$EC_f = \mu C_f^l + (1-\mu) C_f^h$ 为出口国企业单位边际成本的期望值。

令 $\frac{\partial (E\omega_2^{cb})}{\partial (Et_d)} = 0$，得：$Et_d = \frac{a - EC_f}{3}$。此时，$E\omega_2^{cb}$ 达到最大，即，当 $Et_d = \frac{a - EC_f}{3}$ 时，国内的社会福利的期望值达到最大化。

结论:在不完全信息静态博弈的情况下,进口国政府对出口国企业在进口国市场上的销售实行反倾销,那么:

(1) 由于 $Q_{2f}^{lcb} < Q_{1f}^{lcb}$, $Q_{2f}^{hcb} < Q_{1f}^{hcb}$ 及 $Q_{2d}^{cb} > Q_{1d}^{cb}$ 恒成立,所以进口国政府实行的反倾销会使出口国企业在进口国市场上的销售量减少,而进口国企业在进口国市场上的销售量增加。

(2) 由于 $\pi_{2f}^{lcb} < \pi_{1f}^{lcb}$, $\pi_{2f}^{hcb} < \pi_{1f}^{hcb}$ 及 $\pi_{2d}^{cb} > \pi_{1d}^{cb}$ 恒成立,所以进口国政府实行的反倾销会使出口国企业在进口国市场上所获得的利润减少,而进口国企业在进口国市场上所获得的利润增加。

(3) 由公式 $Et_d = \dfrac{a - EC_f}{3}$ 可知,当进口国企业或进口国政府预期出口国企业的边际成本越低,出口国企业受到的反倾销税越高。当进口国企业或进口国政府预期出口国企业的边际成本高到一定程度时,即 $a \geqslant EC_f$ 时,进口国政府不应该对出口国企业在进口国的销售征收反倾销税,因为此时征收反倾销税会减少国内社会福利的总和。

(4) 由于 $\pi_{2f}^{lcb} > \pi_{2f}^{hcb}$, $Q_{2f}^{lcb} > Q_{2f}^{hcb}$ 恒成立,所以低成本的出口国企业容易遭受进口国政府的反倾销。

5.1.3 不完全信息静态反倾销税率优化模型

假设在进口国市场上只有两个企业,一个为出口国企业,另一个为进口国企业,它们都追求利润最大化,进口国政府对出口国企业在进口国的销售征收反倾销税,以追求国内社会福利最大化。但是出口国企业和进口国企业对双方信息的了解具有不完全对称性且同时决策。假定进口国企业具有不变的单位边际成本,为 C_d,是共同知识;而出口国企业具有两种可能的不变单位边际成本,分别为 C_f^l 及 C_f^h,且 $C_f^l < C_f^h$,相应的销售量分别为 Q_f^l 和 Q_f^h;出口国企业知道自己的成本是 C_f^l 还是 C_f^h,但是,进口国企业只知道出口国企业的不变单位边际成本为 C_f^l 的概率为 μ,为 C_f^h 的概率是 $(1-\mu)$;其中 μ 为共同知识。假定进口国政府对出口国企业征收的对应于 C_f^l 及 C_f^h 的反倾销税分别为 t_d^l 和 t_d^h(为了研究方便,假定无关税)。同时,为了研究方便,假定进口国市场的反需求函数为: $p = a - b(Q_f + Q_d)$ 。

国内社会福利的总和为消费者剩余、进口国企业的利润及反倾销税收入之和,即

$$E\omega_2^{cb} = \frac{b(Q_{2d}^{cb} + EQ_{2f}^{cb})^2}{2} + E\pi_{2d}^{cb} + E(t_d Q_{2f}^{cb})$$

$$= E\omega_1^{cb} + Et_d \cdot \frac{(a - EC_f)}{3b} - \frac{(Et_d)^2}{2b}$$

式中 $E\omega_1^{cb}$ 为无反倾销时的国内社会福利总和；$Et_d = \mu t_d^l + (1-\mu)t_d^h$ 为期望反倾销税率；$EC_f = \mu C_f^l + (1-\mu)C_f^h$ 为出口国企业单位边际成本的期望值。

令 $\dfrac{\partial(E\omega_2^{cb})}{\partial(Et_d)} = 0$，得：$Et_d = \dfrac{a - EC_f}{3}$。此时，$E\omega_2^{cb}$ 达到最大，即，当 $Et_d = \dfrac{a - EC_f}{3}$ 时，国内的社会福利的期望值达到最大化。

由于进口国市场上消费者的需求弹性为：

$$\varepsilon = \frac{\Delta Q}{\Delta p} \cdot \frac{p}{Q} = \frac{p}{bQ}\text{，即 } b = \frac{p}{\varepsilon Q}$$

于是，

$$a = p + bQ = \left(1 + \frac{1}{\varepsilon}\right)p$$

所以，进口国政府应征收的优化反倾销税率的期望值为：

$$Et_d = \frac{\left(1 + \frac{1}{\varepsilon}\right)p - \mu C_f^l - (1-\mu)C_f^h}{3} \tag{5-27}$$

5.1.4　不完全信息静态下影响反倾销税率的因素分析

按照现行倾销幅度的计算公式，反倾销税率主要取决于出口产品的正常价值和出口价格。但是，在国内外企业追求利润最大化、国家追求社会福利最大化的前提下，由上述的反倾销税率的优化模型可知，反倾销税率的计算受进口国消费者的需求弹性、出口国企业的单位边际成本、出口国企业在进口国市场上的销售量占进口国总需求的比例、出口国企业在进口国市场上出口产品的销售价格以及时间变量，而并不像倾销幅度的计算公式所反应的影响因素那么简单。下面具体地探析各个因素对反倾销税率的影响。

1) 出口国企业的单位边际成本对反倾销税率的影响

按照现行倾销幅度的计算公式，反倾销税率的大小与出口国企业的单位边际成本无关，但是，根据上述推导的反倾销税率的优化模型，可以知道优化的反倾销税率的确定与对进口国市场进行销售的出口国企业生产产品的单位边际成本有关。

根据上述推导的反倾销税率的优化模型，可知，当出口国企业生产的产品为低成本的概率越高，也就是说，出口国企业竞争力越强的可能性越大，进口国政府应该征收的反倾销税率就越高；反之，当出口国企业生产的产品为高成本的概率越高，也就是说，出口国企业竞争力越弱的可能性越大，进口国政府应该征收的反倾销税率就越低。

2) 进口国消费者的需求弹性对反倾销税率的影响

由上节分析可知，在完全信息静态博弈、国内外企业追求利润最大化、国家追求社会福利最大化的前提下，反倾销税率的计算公式为：

$$Et_{\mathrm{d}}=\frac{\left(1+\dfrac{1}{\varepsilon}\right)p-\mu C_{\mathrm{f}}^{\mathrm{l}}-(1-\mu)C_{\mathrm{f}}^{\mathrm{h}}}{3}$$

由此可知，最优化的反倾销税率是进口国市场上消费者的需求弹性的减函数，即随着消费者的需求弹性的增加而减少，所以，当出口国企业对进口国市场的倾销幅度等条件基本相同的情况下，如果进口国消费者对倾销产品的需求弹性很小，那么政府就应对该进口产品征收较高的反倾销税率；反之，如果进口国消费者对倾销产品的需求弹性很大，那么政府就应对该进口产品征收较低的反倾销税率甚至不征收反倾销税率。具体分析见第3章。

3)正常价值和出口价格对反倾销税率的影响

按照我国现行倾销幅度的计算公式，反倾销税率主要取决于出口产品的正常价值和出口价格。

但是，依照上述推导的系列反倾销税率函数的优化模型，优化的反倾销税率与出口产品在国外市场上的正常价值无关。这与出口国企业遭受进口国政府反倾销时，一般都改变出口价格而不改变正常价值的实际情况一致。这一点已经得到国外专家和学者的经验统计数据的证实。

反倾销税率函数的优化模型虽然与出口产品的正常价值无关，但是与出口产品的出口价格有关。具体分析见第3章。

4) 外国产品销量的比例对反倾销税率的影响

根据上述推导的反倾销税率的优化模型，可以知道优化的反倾销税率的确定除了受出口价格、消费者的需求弹性及出口国企业生产产品的单位边际成本影响外，还要受国内外企业在进口国市场上所销售产品的份额的影响。具体分析见第3章。

5.2 不完全信息静态两国三企业反倾销税率模型

5.2.1 模型假设

假设在进口国市场上有三个企业，一个为出口国企业，另两个为进口国企业，它们都追求利润最大化，而且它们处于不完全信息市场中，同时它们三者在进口国市场上的销售量同时进行决策。出口国企业具有两种可能的不变单位边际成本，分别为 C_f^l 及 C_f^h，且 $C_f^l < C_f^h$，相应的销售量分别为 Q_f^l 和 Q_f^h；出口国企业知道自己的成本是 C_f^l 还是 C_f^h，但是，进口国两企业只知道出口国企业的不变单位边际成本为 C_f^l 的概率为 μ，为 C_f^h 的概率是 $(1-\mu)$；其中 μ 为共同知识。假定进口国政府对出口国企业征收的对应于 C_f^l 及 C_f^h 的反倾销税分别为 t_d^l 和 t_d^h（为了研究方便，假定无关税）。另假设两个进口国企业都有不变的单位边际成本，分别为 C_{d1} 和 C_{d2}，另外，假设它们在进口国市场上的销售量分别为 Q_{d1} 和 Q_{d2}。这样，这三个企业就形成了在进口国政府监督下的不完全信息三寡头垄断企业。

同时假设在进口国市场上的消费者对该商品的反需求函数为：$p = a - bQ$，式中 $Q = Q_f + Q_{d1} + Q_{d2}$ 。

5.2.2　反倾销税率模型建立

由上述假设条件，可知三个企业的利润函数分别为：

$$\pi_f = Q_f[a - b(Q_f + Q_{d1} + Q_{d2})] - t_d Q_f - C_f Q_f \tag{5-28}$$

$$E\pi_{d1} = \mu Q_{d1}[a - b(Q_f^l + Q_{d1} + Q_{d2})] + (1-\mu)Q_{d1}[a - b(Q_f^h + Q_{d1} + Q_{d2})] - C_{d1}Q_{d1} \tag{5-29}$$

$$E\pi_{d2} = \mu Q_{d2}[a - b(Q_f^l + Q_{d1} + Q_{d2})] + (1-\mu)Q_{d2}[a - b(Q_f^h + Q_{d1} + Q_{d2})] - C_{d2}Q_{d2} \tag{5-30}$$

由于国内外企业在进口国市场上的产品销售量同时进行决策，所以可以同时令 $\dfrac{\partial \pi_f}{\partial Q_f} = \dfrac{\partial E\pi_{d1}}{\partial Q_{d1}} = \dfrac{\partial E\pi_{d2}}{\partial Q_{d2}} = 0$，于是可得，国内外企业的反应函数为：

$$a - bQ_{d1} - bQ_{d2} - 2bQ_f^l - t_d^l - C_f^l = 0 \tag{5-31}$$

$$a - bQ_{d1} - bQ_{d2} - 2bQ_f^h - t_d^h - C_f^h = 0 \tag{5-32}$$

$$a - 2bQ_{d1} - bQ_{d2} - bEQ_f - C_{d1} = 0 \tag{5-33}$$

$$a - bQ_{d1} - 2bQ_{d2} - bEQ_f - C_{d2} = 0 \tag{5-34}$$

式中 $EQ_f = \mu Q_f^l + (1-\mu)Q_f^h$ 。

由(5-31)、(5-32)、(5-33)及(5-34)四式，可以得到完全信息静态博弈实行反倾销情况下的均衡销量解：

$$Q_f^l = \frac{a + C_{d1} + C_{d2} - 3C_f^l - 3t_d^l}{4b} \tag{5-35}$$

$$Q_{\mathrm{f}}^{\mathrm{h}}=\frac{a+C_{\mathrm{d1}}+C_{\mathrm{d2}}-3C_{\mathrm{f}}^{\mathrm{h}}-3t_{\mathrm{d}}^{\mathrm{h}}}{4b} \tag{5-36}$$

$$Q_{\mathrm{d1}}=\frac{a-3C_{\mathrm{d1}}+C_{\mathrm{d2}}+EC_{\mathrm{f}}+Et_{\mathrm{d}}}{4b} \tag{5-37}$$

$$Q_{\mathrm{d2}}=\frac{a+C_{\mathrm{d1}}-3C_{\mathrm{d2}}+EC_{\mathrm{f}}+Et_{\mathrm{d}}}{4b} \tag{5-38}$$

式中，$EC_{\mathrm{f}}=\mu C_{\mathrm{f}}^{\mathrm{l}}+(1-\mu)C_{\mathrm{f}}^{\mathrm{h}}, Et_{\mathrm{d}}=\mu t_{\mathrm{d}}^{\mathrm{l}}+(1-\mu)t_{\mathrm{d}}^{\mathrm{h}}$。

由式(5-35)、(5-36)、(5-37)和(5-38)，可得国内市场上总销售量为：

$$Q=\frac{3a-C_{\mathrm{d1}}-C_{\mathrm{d2}}-EC_{\mathrm{f}}-Et_{\mathrm{d}}}{4b} \tag{5-39}$$

把式(5-39)代入反需求函数，可得均衡市场价格为：

$$P=\frac{a+C_{\mathrm{d1}}+C_{\mathrm{d2}}+EC_{\mathrm{f}}+Et_{\mathrm{d}}}{4} \tag{5-40}$$

均衡利润为：

$$E\pi_{\mathrm{d1}}=\frac{(a-3C_{\mathrm{d1}}+C_{\mathrm{d2}}+EC_{\mathrm{f}}+Et_{\mathrm{d}})^2}{16b} \tag{5-41}$$

$$E\pi_{\mathrm{d2}}=\frac{(a+C_{\mathrm{d1}}-3C_{\mathrm{d2}}+EC_{\mathrm{f}}+Et_{\mathrm{d}})^2}{16b} \tag{5-42}$$

$$\pi_{\mathrm{f}}^{\mathrm{l}}=\frac{(a+C_{\mathrm{d1}}+C_{\mathrm{d2}}-3C_{\mathrm{f}}^{\mathrm{l}}-3t_{\mathrm{d}}^{\mathrm{l}})^2}{16b} \tag{5-43}$$

$$\pi_{\mathrm{f}}^{\mathrm{h}}=\frac{(a+C_{\mathrm{d1}}+C_{\mathrm{d2}}-3C_{\mathrm{f}}^{\mathrm{h}}-3t_{\mathrm{d}}^{\mathrm{h}})^2}{16b} \tag{5-44}$$

由于此时的消费者剩余为：

$$\begin{aligned}CS&=\int_0^Q[p-(a-bQ_{\mathrm{d1}}-bQ_{\mathrm{d2}}-bEQ_{\mathrm{f}})]\mathrm{d}Q=bQ^2\\&=\frac{b}{2}(Q_{\mathrm{d1}}+Q_{\mathrm{d2}}+EQ_{\mathrm{f}})^2\end{aligned} \tag{5-45}$$

又由于此时的国内社会福利的总和为消费者剩余、进口国企业的利润及反倾销税收入之和，故此时的国内社会福利的总和(令其为 ω)为：

$$\begin{aligned}\omega&=b(Q_{\mathrm{d1}}+Q_{\mathrm{d2}}+EQ_{\mathrm{f}})^2/2+E\pi_{\mathrm{d1}}+E\pi_{\mathrm{d2}}+Et_{\mathrm{d}}EQ_{\mathrm{f}}\\&=\frac{1}{32b}(3a-C_{\mathrm{d1}}-C_{\mathrm{d2}}-EC_{\mathrm{f}}-Et_{\mathrm{d}})^2+\frac{(a-3C_{\mathrm{d1}}+C_{\mathrm{d2}}+EC_{\mathrm{f}}+Et_{\mathrm{d}})^2}{16b}+\end{aligned}$$

$$\frac{(a+C_{d1}-3C_{d2}+EC_{f}+Et_{d})^{2}}{16b}+t_{d}\cdot\frac{a+C_{d1}+C_{d2}-3EC_{f}-3Et_{d}}{4b} \tag{5-46}$$

对式(5-46),求 ω 关于 Et_{d} 的一阶导数,并令 $\frac{\partial\omega}{\partial Et_{d}}=0$,可得:

$$Et_{d}=\frac{13a+C_{d1}+C_{d2}-13EC_{f}}{39} \tag{5-47}$$

5.3　不完全信息静态下两国相似产品反倾销税率优化模型

假设在国内市场上有两家企业,一家为国外企业(foreign firm),用下标 f 表示,另一家为国内企业(domestic firm),用下标 d 表示,两个企业在国内市场上的销售量分别为 Q_{f} 和 Q_{d} 。它们生产的产品间不具有完全的替代性,即:

$$P_{d}=a-b(Q_{d}+\theta Q_{f}) \tag{5-48}$$

$$P_{f}=a-b(Q_{f}+\theta Q_{d}) \tag{5-49}$$

式中, $0\leqslant\theta\leqslant1$,表示两种商品的相似程度, $\theta=1$ 表示两种商品具有完全的替代性。

假定进口国企业具有不变的单位边际成本,为 C_{d} ,是共同知识;而出口国企业具有两种可能的不变单位边际成本,分别为 C_{f}^{l} 及 C_{f}^{h} ,且 $C_{f}^{l}<C_{f}^{h}$,相应的销售量分别为 Q_{f}^{l} 和 Q_{f}^{h} ;出口国企业知道自己的成本是 C_{f}^{l} 还是 C_{f}^{h} ,但是,进口国企业只知道出口国企业的不变单位边际成本为 C_{f}^{l} 的概率为 μ ,为 C_{f}^{h} 的概率是 $(1-\mu)$;其中 μ 为共同知识。假定进口国政府对出口国企业征收的对应于 C_{f}^{l} 及 C_{f}^{h} 的反倾销税分别为 t_{d}^{l} 和 t_{d}^{h}(为了研究方便,假定无关税)。用 π_{f} 和 π_{d} 分别表示国外企业和国内企业在国内市场上获得的利润,并用 CS 表示国内市场上消费者剩余。

5.3.1　优化反倾销税率模型建立

本节使用两阶段非合作博弈框架:在博弈的第一阶段,国内政府对国外企业在国内市场上销售的产品征收反倾销税率税率大小为 t_{d}^{l} 或 t_{d}^{h} 的反倾销税;在博弈的第二阶段,国内外企业同时确定自己在国内市场上的销售量。这样,就可以运用博弈论中的逆向归纳法来求解该两阶段博弈的均衡。

1）第二阶段国内市场上的均衡

首先,在博弈的第二阶段上,国内外企业根据国内政府确定的反倾销税率最大化自己的利润。

出口国企业知道进口国企业的边际成本，所以，出口国企业选择在进口国市场的销售量 Q_{f}，最大化其利润函数为：

$$\pi_{\mathrm{f}} = [a - b(Q_{\mathrm{f}} + \theta Q_{\mathrm{d}})]Q_{\mathrm{f}} - C_{\mathrm{f}}Q_{\mathrm{f}} - t_{\mathrm{d}}Q_{\mathrm{f}} \tag{5-50}$$

由式(5-50)，求 π_{f} 关于 Q_{f} 的一阶导数，并令其为零，可得：

$$\frac{\partial \pi_{\mathrm{f}}}{\partial Q_{\mathrm{f}}} = a - 2bQ_{\mathrm{f}} - b\theta Q_{\mathrm{d}} - C_{\mathrm{f}} - t_{\mathrm{d}} = 0 \tag{5-51}$$

于是其反应函数为：

$$Q_{\mathrm{f}} = \frac{a - b\theta Q_{\mathrm{d}} - C_{\mathrm{f}} - t_{\mathrm{d}}}{2b} \tag{5-52}$$

出口国企业在进口国市场上的最优销售量不仅依赖于进口国企业在市场上的销售量，而且还依赖于自己的成本类型。那么：

$$Q_{\mathrm{f}}^{\mathrm{l}} = \frac{a - b\theta Q_{\mathrm{d}} - C_{\mathrm{f}}^{\mathrm{l}} - t_{\mathrm{d}}^{\mathrm{l}}}{2b} \tag{5-53}$$

$$Q_{\mathrm{f}}^{\mathrm{h}} = \frac{a - b\theta Q_{\mathrm{d}} - C_{\mathrm{f}}^{\mathrm{h}} - t_{\mathrm{d}}^{\mathrm{h}}}{2b} \tag{5-54}$$

式中，$Q_{\mathrm{f}}^{\mathrm{l}}$ 和 $Q_{\mathrm{f}}^{\mathrm{h}}$ 分别是对应于低成本和高成本时出口国企业在进口国市场上的销售量。

进口国企业因为不知道出口国企业的实际成本，从而不知道出口国企业在进口国市场的最优实际销售量是 $Q_{\mathrm{f}}^{\mathrm{l}}$ 还是 $Q_{\mathrm{f}}^{\mathrm{h}}$，因此，进口国企业选择 Q_{d} 从而最大化其期望利润函数：

$$E\pi_{\mathrm{d}} = \mu[a - b(Q_{\mathrm{d}} + \theta Q_{\mathrm{f}}^{\mathrm{l}})]Q_{\mathrm{d}} + (1-\mu)[a - b(Q_{\mathrm{d}} + \theta Q_{\mathrm{f}}^{\mathrm{l}})]Q_{\mathrm{d}} - C_{\mathrm{d}}Q_{\mathrm{d}} \tag{5-55}$$

由国内企业利润函数的一阶导数，并令其为零，可得：

$$\frac{\partial E\pi_{\mathrm{d}}}{\partial Q_{\mathrm{d}}} = a - 2bQ_{\mathrm{d}} - b\theta EQ_{\mathrm{f}} - C_{\mathrm{d}} = 0 \tag{5-56}$$

式中，$EQ_{\mathrm{f}} = \mu Q_{\mathrm{f}}^{\mathrm{l}} + (1-\mu)Q_{\mathrm{f}}^{\mathrm{h}}$。

于是，进口国企业的反应函数

$$Q_{\mathrm{d}} = \frac{a - b\theta EQ_{\mathrm{f}} - C_{\mathrm{d}}}{2b} \tag{5-57}$$

由式(5-53)、(5-54)和(5-57)可得国内市场上国内外企业的均衡销售量分别为：

$$Q_d = \frac{(2-\theta)a - 2C_d + \theta(EC_f + Et_d)}{b(4-\theta^2)} \tag{5-58}$$

$$Q_f^l = \frac{2(2-\theta)a + 2\theta C_d - \dfrac{(4-\theta^2+\mu\theta^2)C_f^l + (1-\mu)\theta^2 C_f^h}{6b} - [(4-\theta^2+\mu\theta^2)t_d^l + (1-\mu)\theta^2 t_d^h]}{2b(4-\theta^2)} \tag{5-59}$$

$$Q_f^h = \frac{2(2-\theta)a + 2\theta C_d - [\mu\theta^2 C_f^l + (4-\mu\theta^2)C_f^h]/(6b) - [\mu\theta^2 t_d^l + (4-\mu\theta^2)t_d^h]}{2b(4-\theta^2)} \tag{5-60}$$

式中，$EC_f = \mu C_f^l + (1-\mu)C_f^h$，$Et_d = \mu t_d^l + (1-\mu)t_d^h$。

分别把(5-58)、(5-59)和(5-60)三式代入式(5-50)和(5-55)，可得国内外企业的均衡利润

$$E\pi_d = \frac{[(2-\theta)a - 2C_d + \theta(EC_f + Et_d)]^2}{b[(4-\theta^2)]^2} \tag{5-61}$$

$$\pi_f^l = \frac{\left\{2(2-\theta)a + 2\theta C_d - \dfrac{(4-\theta^2+\mu\theta^2)C_f^l + (1-\mu)\theta^2 C_f^h}{6b} - [(4-\theta^2+\mu\theta^2)t_d^l + (1-\mu)\theta^2 t_d^h]\right\}^2}{4b[(4-\theta^2)]^2} \tag{5-62}$$

$$\pi_f^h = \frac{\{2(2-\theta)a + 2\theta C_d - [\mu\theta^2 C_f^l + (4-\mu\theta^2)C_f^h]/(6b) - [\mu\theta^2 t_d^l + (4-\mu\theta^2)t_d^h]\}^2}{4b[(4-\theta^2)]^2} \tag{5-63}$$

2）第一阶段国内政府反倾销税率的确定

在博弈的第一阶段上，国内政府在第二阶段均衡的基础上确定反倾销税率 t_d 使国内社会福利总和达到最大。

国内社会福利总和是由国内企业所获得的利润、国内消费者剩余与国内政府所征收的反倾销税三部分组成，即：

$$w = CS + E\pi_d + EQ_f Et_d \tag{5-64}$$

其中，国内消费者剩余由以下公式给出：

$$CS = \frac{b}{2}(Q_d{}^2 + EQ_f{}^2) + b\theta Q_d EQ_f \tag{5-65}$$

把式(5-55)、(5-59)、(5-60)、(5-65)代入式(5-63)，并令 $\dfrac{\partial w}{\partial t_d} = 0$，可得：

$$Et_d = \frac{(4-\theta^2)a+\theta^2(1-\theta)C_d-(4+2\theta-3\theta^2)EC_f}{12+2\theta-5\theta^2} \tag{5-66}$$

即，面对国外企业对国内市场产品出口，国内政府对该进口产品征收所适用的反倾销税率为上述公式所表示的函数值时，国内社会福利的总和达到最大值。

5.3.2 影响优化反倾销税率的因素分析

按照现行倾销幅度的计算公式，反倾销税率主要取决于出口产品的正常价值和出口价格。但是，在国内外企业追求利润最大化、国家追求社会福利最大化的前提下，由上述的反倾销税率的优化模型可知，优化的反倾销税率的计算受以下因素的影响。

1）国内市场容量大小对反倾销税率的影响

参见 3.1.4。

2）国内消费者的需求弹性对反倾销税率的影响

参见 3.1.4。

3）国外企业的单位边际成本对反倾销税率的影响

参见 5.1.4。

4）国内企业的单位边际成本对反倾销税率的影响

参见 3.1.4。

5）国外企业销售量占国内总需求的比例对反倾销税率的影响

参见 3.1.4。

6）正常价值和出口价格对反倾销税率的影响

参见 3.1.4。

第6章　不完全信息动态反倾销税率优化定价模型

本章主要讨论，在国内外企业以利润最大化、政府以社会福利最大化为目标的假设前提下，以经济学、博弈论等有关原理来确定在国内外企业处于不完全信息动态博弈下，进口国政府对出口国企业在国内市场上销售的产品征收所适用的优化反倾销税率，并分析影响优化反倾销税率的因素，同时分析证实现行计算反倾销税率的倾销幅度公式的缺陷。

6.1　不完全信息动态反倾销税率优化定价模型

6.1.1　不完全信息动态无反倾销时的 Stackelberg-Bayes 均衡

假设在进口国市场上只有两个厂商，一个是进口国企业，另一个是出口国企业，都追求利润最大化。进口国政府对出口国企业在进口国市场上的产品销售不征收反倾销税。而且，他们的决策行为不是同时进行，而是由出口国企业根据进口国企业所确定的销售量来确定自己的销售量，即进口国企业为销售量领导者，而出口国企业为销售量追随者。同时，出口国企业和进口国企业对双方信息的了解具有不完全对称性。假定进口国企业具有不变的单位边际成本为 C_d，是共同知识；而出口国企业具有两种可能的不变单位边际成本，分别为 C_f^l 及 C_f^h，且 $C_f^l < C_f^h$；出口国企业知道自己的成本是 C_f^l 还是 C_f^h，但是，进口国企业只知道出口国企业的不变单位边际成本为 C_f^l 的概率为 μ，为 C_f^h 的概率是 $(1-\mu)$；其中 μ 为共同知识。即，假定进口国企业是单类型的，出口国企业是双类型的。同时，为了研究方便，假定进口国市场上国内消费者对产品的反需求函数为：$p = a - b(Q_f + Q_d)$。那么：

出口国企业的利润函数

$$\pi_f = Q_f[a - b(Q_f + Q_d)] - C_f Q_f \tag{6-1}$$

则出口国企业的反应函数

$$Q_f = \frac{a - bQ_d - C_f}{2b} \tag{6-2}$$

因此，对应于低成本和高成本的出口国企业的反应函数分别为：

$$Q_f^l = \frac{a - bQ_d - C_f^l}{2b} \tag{6-3}$$

$$Q_f^h = \frac{a - bQ_d - C_f^h}{2b} \tag{6-4}$$

由于，进口国企业面对成本不确定的出口国企业，只能求其利润的期望值：

$$E\pi_d = \mu Q_d[a - b(Q_f^l + Q_d)] + (1-\mu)Q_d[a - b(Q_f^h + Q_d)] - C_dQ_d \tag{6-5}$$

由 $\frac{\partial \pi_d}{\partial Q_d} = 0$，并结合出口国企业的反应函数，可得 Stackelberg-Bayes 均衡产量解：

$$Q_{1d}^{sb} = \frac{a + \mu C_f^l + (1-\mu)C_f^h - 2C_d}{2b} \tag{6-6}$$

$$Q_{1f}^{lsb} = \frac{a - (2+\mu)C_f^l - (1-\mu)C_f^h + 2C_d}{4b} \tag{6-7}$$

$$Q_{1f}^{hsb} = \frac{a - \mu C_f^l - (3-\mu)C_f^h + 2C_d}{4b} \tag{6-8}$$

把(6-6)、(6-7)和(6-8)三式代入国内外企业的利润函数，可得 Stackelberg-Bayes 均衡利润解：

$$E\pi_{1d}^{sb} = \frac{[a + \mu C_f^l + (1-\mu)C_f^h - 2C_d]^2}{8b} \tag{6-9}$$

$$\pi_{1f}^{lsb} = \frac{[a - (2+\mu)C_f^l - (1-\mu)C_f^h + 2C_d]^2}{16b} \tag{6-10}$$

$$\pi_{1f}^{hsb} = \frac{[a - \mu C_f^l - (3-\mu)C_f^h + 2C_d]^2}{16b} \tag{6-11}$$

由于此时的消费者剩余为：

$$\begin{aligned}&\int_0^{Q_{1d}^{sb}+EQ_{1f}^{sb}} [p - (a - bQ_{1d}^{sb} - bEQ_{1f}^{sb})]dQ \\ &= \int_0^{Q_{1d}^{sb}+EQ_{1f}^{sb}} b[(Q_{1d}^{sb} + EQ_{1f}^{sb}) - Q]dQ \\ &= b\frac{(Q_{1d}^{sb} + EQ_{1f}^{sb})^2}{2}\end{aligned} \tag{6-12}$$

此时，国内社会福利是进口国消费者剩余与进口国企业的利润之和，即

$$\omega_1^{sb} = \frac{b(Q_{1d}^{sb} + EQ_{1f}^{sb})^2}{2} + E\pi_{1d}^{sb}$$
$$= \frac{[3a - \mu C_f^l - (1-\mu)C_f^h - 2C_d]^2}{32b} + \frac{[a + \mu C_f^l + (1-\mu)C_f^h - 2C_d]^2}{8b} \tag{6-13}$$

结论:在不完全信息动态博弈的情况下,进口国政府对出口国企业在进口国市场上的产品销售不实行反倾销,那么:

(1) 由于 $Q_{1f}^{lsb} - Q_{1f}^{hsb} = \dfrac{C_f^h - C_f^l}{2b} > 0$ 恒成立,所以,当出口国企业是低成本类型的企业时,其在进口国市场上销售量会增加;反之,其在进口国市场上销售量会减少。

(2) 因为 $\pi_{1f}^{lsb} > \pi_{1f}^{hsb}$ 恒成立,所以,当出口国企业是低成本类型的企业时,其在进口国市场上所获得的利润会增加。反之,其在进口国市场上获得的利润会减少。

(3)由上述两条可知,当出口国企业是低成本类型的企业时,其在进口国市场上所获得的利润和市场份额较大,所以这种企业易遭受进口国企业申请的反倾销调查。

6.1.2　不完全信息动态下存在反倾销时的 Stackelberg-Bayes 均衡

假设在进口国市场上只有两个厂商,一个是进口国企业,另一个是出口国企业,都追求利润最大化,而进口国政府对出口国企业在进口国市场上的产品销售征收反倾销税以追求国内社会福利最大化。但是,他们的决策行为不是同时进行,而是由出口国企业根据进口国企业所确定的产量来确定自己的销售量,即进口国企业为销售量领导者,而出口国企业为销售量追随者。而且,出口国企业和进口国企业对双方信息的了解具有不完全对称性。假定进口国企业具有不变的单位边际成本为 C_d ,是共同知识;而出口国企业具有两种可能的不变单位边际成本,分别为 C_f^l 及 C_f^h ,且 $C_f^l < C_f^h$;出口国企业知道自己的成本是 C_f^l 还是 C_f^h ,但是,进口国企业只知道出口国企业的不变单位边际成本为 C_f^l 的概率为 μ ,为 C_f^h 的概率是 $(1-\mu)$;其中 μ 为共同知识。即,假定进口国企业是单类型的,出口国企业是双类型的。假定进口国政府对出口国企业征收的对应于 C_f^l 及 C_f^h 的反倾销税分别为 t_d^l 和 t_d^h (为了研究方便,假定无关税)。同时,为了研究方便,假定进口国市场的反需求函数为: $p = a - b(Q_f + Q_d)$ 。这样,这两个企业就形成了在进口国政府监督下的不完全信息动态博弈,即进口国政府、进口国企业和出口国企业三方之间的不完全信息动态博弈。那么:

出口国企业的利润函数为：

$$\pi_f = Q_f[a - b(Q_f + Q_d)] - C_f Q_f - t_d Q_f \tag{6-14}$$

则出口国企业的反应函数为：

$$Q_f = \frac{a - bQ_d - C_f - t_d}{2b} \tag{6-15}$$

因此，出口国企业的低成本和高成本的反应函数分别为：

$$Q_f^l = \frac{a - bQ_d - C_f^l - t_d^l}{2b} \tag{6-16}$$

$$Q_f^h = \frac{a - bQ_d - C_f^h - t_d^h}{2b} \tag{6-17}$$

由于，进口国企业面对成本不确定的出口国企业，只能求其利润的期望值

$$E\pi_d = \mu Q_d[a - b(Q_f^l + Q_d)] + (1-\mu)Q_d[a - b(Q_f^h + Q_d)] - C_d Q_d \tag{6-18}$$

由 $\frac{\partial \pi_d}{\partial Q_d} = 0$，并结合出口国企业的反应函数，可得 Stackelberg-Bayes 均衡产量解：

$$Q_{2d}^{sb} = \frac{a + \mu C_f^l + (1-\mu)C_f^h + \mu t_d^l + (1-\mu)t_d^h - 2C_d}{2b} \tag{6-19}$$

$$Q_{2f}^{lsb} = \frac{a - (2+\mu)C_f^l - (1-\mu)C_f^h - (2+\mu)t_d^l - (1-\mu)t_d^h + 2C_d}{4b} \tag{6-20}$$

$$Q_{2f}^{hsb} = \frac{a - \mu C_f^l - (3-\mu)C_f^h - \mu t_d^l - (3-\mu)t_d^h + 2C_d}{4b} \tag{6-21}$$

把(6-19)、(6-20)和(6-21)三式代入国内外企业的利润函数，可得 Stackelberg-Bayes 均衡利润解：

$$E\pi_{2d}^{sb} = \frac{[a + \mu C_f^l + (1-\mu)C_f^h + \mu t_d^l + (1-\mu)t_d^h - 2C_d]^2}{8b} \tag{6-22}$$

$$\pi_{2f}^{lsb} = \frac{[a - (2+\mu)C_f^l - (1-\mu)C_f^h - (2+\mu)t_d^l - (1-\mu)t_d^h + 2C_d]^2}{16b} \tag{6-23}$$

$$\pi_{2f}^{hsb} = \frac{[a - \mu C_f^l - (3-\mu)C_f^h - \mu t_d^l - (3-\mu)t_d^h + 2C_d]^2}{16b} \tag{6-24}$$

此时，国内社会福利是进口国消费者剩余、国内企业的利润及征收的反倾销税收之和，即

$$\omega_2^{sb}=\frac{b(Q_{2d}+EQ_f)^2}{2}+E\pi_{2d}^{sb}+Et_dEQ_f$$
$$=\frac{[3a-\mu C_f^l-(1-\mu)C_f^h-\mu t_d^l-(1-\mu)t_d^h-2C_d]^2}{32b}+$$
$$\frac{[a+\mu C_f^l+(1-\mu)C_f^h+\mu t_d^l+(1-\mu)t_d^h-2C_d]^2}{8b}+$$
$$\frac{[\mu t_d^l+(1-\mu)t_d^h][a-3\mu C_f^l-3(1-\mu)C_f^h-3\mu t_d^l-3(1-\mu)t_d^h+2C_d]}{4b}\tag{6-25}$$

由于 $EC_f=\mu C_f^l+(1-\mu)C_f^h$，$Et_d=\mu t_d^l+(1-\mu)t_d^h$

所以，式(6-25)可以简化为：

$$\omega_2^{sb}=\frac{(3a-EC_f-Et_d-2C_d)^2}{32b}+\frac{(a+EC_f+Et_d-2C_d)^2}{8b}$$
$$+\frac{Et_d(a-3EC_f-3Et_d+2C_d)}{4b}$$
$$=\omega_1^{sb}+\frac{Et_d(5a-7EC_f+2C_d)}{16b}-\frac{19Et_d^2}{32b}\tag{6-26}$$

其中，ω_1^{sb} 为不完全信息动态博弈下，不存在反倾销情况下的国内社会福利总和。

结论：在不完全信息动态博弈的情况下，进口国政府对出口国企业在进口国市场上的销售实行反倾销，那么：

(1) 由于 $Q_{2f}^{lsb}<Q_{1f}^{lsb}$，$Q_{2f}^{hsb}<Q_{1f}^{hsb}$ 及 $Q_{2d}^{sb}>Q_{1d}^{sb}$ 恒成立，所以进口国政府实行的反倾销会使出口国企业在进口国市场上的销售量减少，而进口国企业在进口国市场上的销售量增加。

(2) 由于 $\pi_{2f}^{lsb}<\pi_{1f}^{lsb}$，$\pi_{2f}^{hsb}<\pi_{1f}^{hsb}$ 及 $\pi_{2d}^{sb}>\pi_{1d}^{sb}$ 恒成立，所以进口国政府实行的反倾销会使出口国企业在进口国市场上所获得的利润减少，而进口国企业在进口国市场上所获得的利润增加。

(3) 由公式 $Et_d=(5a-7EC_f+2C_d)/19$ 可知，当进口国企业或进口国政府预期出口国企业的边际成本越低，出口国企业受到的反倾销税越高。当进口国企业或进口国政府预期出口国企业的边际成本高到一定程度时，进口国政府不应该对出口国企业在进口国的销售征收反倾销税，因为此时征收反倾销税会减少国内社会福利的总和。

(4) 由于 $\pi_{2f}^{lsb} > \pi_{2f}^{hsb}$ ，$Q_{2f}^{lsb} > Q_{2f}^{hsb}$ 恒成立，所以低成本类型的出口国企业更容易受到进口国政府和进口国企业的反倾销。

6.1.3 不完全信息动态反倾销税率优化模型

假设在进口国市场上只有两个厂商，一个是进口国企业，另一个是出口国企业，都追求利润最大化，而进口国政府对出口国企业在进口国市场上的产品销售征收反倾销税以追求国内社会福利最大化。但是，他们的决策行为不是同时进行，而是由出口国企业根据进口国企业所确定的销售量来确定自己的销售量，即进口国企业为销售量领导者，而出口国企业为销售量追随者。而且，出口国企业和进口国企业对双方信息的了解具有不完全对称性。假定进口国企业具有不变的单位边际成本为 C_d ，是共同知识；而出口国企业具有两种可能的不变单位边际成本，分别为 C_f^l 及 C_f^h ，且 $C_f^l < C_f^h$ ；出口国企业知道自己的成本是 C_f^l 还是 C_f^h ，但是，进口国企业只知道出口国企业的不变单位边际成本为 C_f^l 的概率为 μ ，为 C_f^h 的概率是 $(1-\mu)$ ；其中 μ 为共同知识。即，假定进口国企业是单类型的，出口国企业是双类型的。假定进口国政府对出口国企业征收的对应于 C_f^l 及 C_f^h 的反倾销税分别为 t_d^l 和 t_d^h（为了研究方便，假定无关税）。同时，为了研究方便，假定进口国市场的反需求函数为：$p = a - b(Q_f + Q_d)$ 。这样，这两个企业就形成了在进口国政府监督下的完全信息动态博弈，即进口国政府、进口国企业和出口国企业三方之间的不完全信息动态博弈。

由于国内社会福利是进口国消费者剩余、进口国企业的利润及进口国政府征收的反倾销税收入之和，那么由上节推导的结果可知：

$$
\begin{aligned}
\omega_2^{sb} &= \frac{b(Q_{2d} + EQ_f)^2}{2} + E\pi_{2d} + Et_d EQ_f \\
&= \frac{[3a - \mu C_f^l - (1-\mu)C_f^h - \mu t_d^l - (1-\mu)t_d^h - 2C_d]^2}{32b} + \\
&\quad \frac{[a + \mu C_f^l + (1-\mu)C_f^h + \mu t_d^l + (1-\mu)t_d^h - 2C_d]^2}{8b} + \\
&\quad \frac{[\mu t_d^l + (1-\mu)t_d^h][a - 3\mu C_f^l - 3(1-\mu)C_f^h - 3\mu t_d^l - 3(1-\mu)t_d^h + 2C_d]}{4b}
\end{aligned}
$$

由于 $EC_f = \mu C_f^l + (1-\mu)C_f^h$ ，$Et_d = \mu t_d^l + (1-\mu)t_d^h$

所以，上式可以简化为：

$$
\omega_2^{sb} = \frac{(3a - EC_f - Et_d - 2C_d)^2}{32b} + \frac{(a + EC_f + Et_d - 2C_d)^2}{8b} +
$$

$$\frac{Et_d(a-3EC_f-3Et_d+2C_d)}{4b}$$
$$=\omega_1^{sb}+\frac{Et_d(5a-7EC_f+2C_d)}{16b}-\frac{19Et_d^2}{32b}$$

由 $\frac{\partial\omega_2^{sb}}{\partial Et_d}=0$，可得：

$$Et_d=\frac{5a-7EC_f+2C_d}{19} \tag{6-27}$$

又由于 $a=p+bQ=\left(1+\frac{1}{\varepsilon}\right)p$

因此，可以得到不完全信息动态下的优化反倾销税率函数：

$$Et_d=\frac{5\left(1+\frac{1}{\varepsilon}\right)p-7EC_f+2C_d}{19} \tag{6-28}$$

6.1.4 不完全信息动态下影响反倾销税率的因素分析

按照现行倾销幅度的计算公式，反倾销税率主要取决于出口产品的正常价值和出口价格。但是，在国内外企业追求利润最大化、国家追求社会福利最大化的前提下，由上述的反倾销税率的优化模型可知，反倾销税率的计算受进口国消费者的需求弹性（即上述公式中的 ε）、出口国企业的单位边际成本、进口国企业的单位边际成本、出口国企业在进口国市场上的销售量占进口国总需求的比例以及出口国企业在进口国市场上出口产品的销售价格，而并不像倾销幅度的计算公式所反应的影响因素那么简单。下面具体地探析各个因素对反倾销税率的影响。

1）进口国消费者的需求弹性对反倾销税率的影响

由上节分析可知，在完全信息动态博弈、国内外企业追求利润最大化、国家追求社会福利最大化的前提下，反倾销税率的计算公式为：

$$Et_d=\frac{5\left(1+\frac{1}{\varepsilon}\right)p-7EC_f+2C_d}{19}$$

需求弹性对反倾销税率的影响参见第 3 章。

2）出口国企业的单位边际成本对反倾销税率的影响

出口国企业的单位边际成本对反倾销税率的影响参见第 3 章。

3）进口国企业的单位边际成本对反倾销税率的影响

按照现行倾销幅度的计算公式，反倾销税率的大小与进口国企业的单位边际成本无关，但是，根据上述推导的反倾销税率的优化模型，可以知道优化的反倾销税率的确定与在进口国市场上进行销售的进口国企业生产产品的单位边际成本有关。

最优化的反倾销税率是进口国企业在进口国市场上销售的产品的单位边际成本的增函数，即随着进口国企业生产产品的单位边际成本的增加而增加，正好与出口国企业生产的产品的单位边际成本对反倾销税率的影响相反，只是影响程度不同而已。即随着进口国企业生产产品的单位边际成本的增加而增加。所以，当进口国企业生产产品的单位边际成本越高，也就是进口国企业的竞争力越弱，应征收的反倾销税率越高；反之，进口国企业生产产品的单位边际成本越低，也就是进口国企业的竞争力越强，应征收的反倾销税率越低。

4）出口国企业销售量占进口国总需求的比例对反倾销税率的影响

参见第 3 章。

5）正常价值和出口价格对反倾销税率的影响

参见第 3 章。

6.2 不完全信息下实行反倾销措施与补贴措施的动态博弈研究

反倾销是关贸总协定或世界贸易组织（GATT/WTO）规定和允许的唯一合法的用于防止国外企业对国内相同或相似行业进行倾销损害的行为。根据世界贸易组织《反倾销协定》第 2.1 条规定，如一项产品从一国出口到另一国的出口价格低于在正常的交易过程中供其本国国内消费的相同或相似产品的可比价格，即以低于其正常的价值进入另一国的商业渠道，则该产品将被认为是倾销。其中，反倾销税则是对倾销商品所征收的进口附加税，目的在于抵制倾销，保护国内产业。

2001 年 12 月 11 日，中国正式加入 WTO，国外企业进入我国关境的关税大幅度下降，同时我国政府也必须消除很多非关税壁垒。在此情形下，我国出口产品屡遭世界上其他国家和地区发起的反倾销调查，很多产品的出口受到严重阻碍，一些出口企业被迫退出国外市场，直接影响我国出口金额达亿美元以上。同时，我国饱受许多外国产品的倾销，使我国很多幼稚产业受到外国产品的实质损害或实质损害威胁。根据 WTO 公布的最新数据，从 1995 年到 2008 年 6 月，我国一共发起了 141 起反倾销立案，同时实施反倾销 108 起。

我国政府在完善反倾销法律法规的同时，须建立完善的反倾销机制以抵制国外企业对我国进行的倾销。因此，研究我国政府及出口企业如何应对倾销反倾销问题有着非常重要的意义。本章通过不完全信息下实行反倾销措施与补贴措施的动态博弈研究，发现现行反倾销税率机制不够完善，建议我国政府及有关国际组织宜采用优化模型来确定反倾销税率。

6.2.1　模型假设

本节通过构建一个不完全信息动态博弈模型，运用经济学原理和博弈论中方法，得到国内产品市场的 Stackelberg 均衡。

假设在国内市场上只有两个厂商，一个是国内企业，另一个是国外企业，都追求利润最大化。但是，他们的决策行为不是同时进行，而是由国外企业根据国内企业所确定的销量来确定自己的销量，即国内企业为销量领导者，而国外企业为销量追随者。而且，国外企业和国内企业对双方信息的了解具有不完全对称性。假定国内企业具有不变的单位边际成本为 C_{d}，是共同知识；而国外企业具有两种可能的不变单位边际成本，分别为 $C_{\mathrm{f}}^{\mathrm{l}}$ 及 $C_{\mathrm{f}}^{\mathrm{h}}$，且 $C_{\mathrm{f}}^{\mathrm{l}} < C_{\mathrm{f}}^{\mathrm{h}}$；国外企业知道自己的成本是 $C_{\mathrm{f}}^{\mathrm{l}}$ 还是 $C_{\mathrm{f}}^{\mathrm{h}}$，但是，国内企业只知道国外企业的不变单位边际成本为 $C_{\mathrm{f}}^{\mathrm{l}}$ 的概率是 μ，为 $C_{\mathrm{f}}^{\mathrm{h}}$ 的概率是 $1-\mu$；其中 μ 为共同知识。即，假定国内企业是单类型的，国外企业是双类型的。另外，它们在国内的销售量分别为 Q_{f} 和 Q_{d}。假定国内政府对国外企业征收的对应于 $C_{\mathrm{f}}^{\mathrm{l}}$ 及 $C_{\mathrm{f}}^{\mathrm{h}}$ 的反倾销税分别为 $t_{\mathrm{d}}^{\mathrm{l}}$ 和 $t_{\mathrm{d}}^{\mathrm{h}}$（为了研究方便，假定无关税）。同时，为了研究方便，假定国内市场的反需求函数为 $p = a - b(Q_{\mathrm{d}} + Q_{\mathrm{f}})$。这样，这两个企业就形成了在国内政府监督下的不完全信息动态博弈，即国内政府、国内企业和国外企业三方之间的动态博弈。这种简化有利于分析问题，又假设国内政府按照倾销幅度对国外企业征收反倾销税 t，国内政府对国内企业实行补贴 s。

具体博弈模型框架见图 6.1。

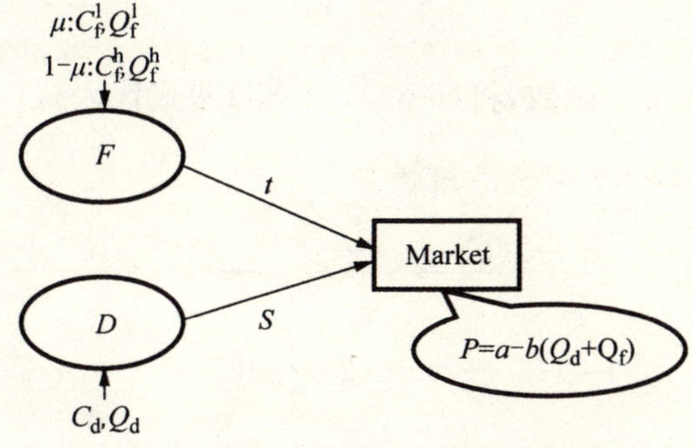

图 6.1　不完全信息动态博弈模型

6.2.2 反倾销税率与补贴率模型

1) 国内产品市场均衡

对于国外企业，国内政府对国外企业征收税率为 t 反倾销税，那么国外企业的利润函数为：

$$\pi_{\mathrm{f}} = Q_{\mathrm{f}}[a - b(Q_{\mathrm{f}} + Q_{\mathrm{d}})] - C_{\mathrm{f}}Q_{\mathrm{f}} - tQ_{\mathrm{f}} \tag{6-29}$$

国外企业为了使其利润最大化，则其产量必须满足 $\frac{\partial \pi_{\mathrm{f}}}{\partial Q_{\mathrm{f}}} = 0$，即

$$\frac{\partial \pi_{\mathrm{f}}}{\partial Q_{\mathrm{f}}} = a - bQ_{\mathrm{d}} - 2bQ_{\mathrm{f}} - C_{\mathrm{f}} - t = 0 \tag{6-30}$$

由式(6-30)，可以得到国外企业产量 Q_{f} 对于国内企业产量 Q_{d} 的反应函数

$$Q_{\mathrm{f}} = \frac{a - bQ_{\mathrm{d}} - C_{\mathrm{f}} - t}{2b} \tag{6-31}$$

因此，国外企业的低成本和高成本的反应函数分别为

$$Q_{\mathrm{f}}^{\mathrm{l}} = \frac{a - bQ_{\mathrm{d}} - C_{\mathrm{f}}^{\mathrm{l}} - t}{2b} \tag{6-32}$$

$$Q_{\mathrm{f}}^{\mathrm{h}} = \frac{a - bQ_{\mathrm{d}} - C_{\mathrm{f}}^{\mathrm{h}} - t}{2b} \tag{6-33}$$

由于国内企业面对成本不确定的国外企业，只能求其利润的期望值

$$E\pi_{\mathrm{d}} = \mu Q_{\mathrm{d}}[a - b(Q_{\mathrm{f}}^{\mathrm{l}} + Q_{\mathrm{d}})] + (1-\mu)Q_{\mathrm{d}}[a - b(Q_{\mathrm{f}}^{\mathrm{h}} + Q_{\mathrm{d}})] - C_{\mathrm{d}}Q_{\mathrm{d}} + sQ_{\mathrm{d}} \tag{6-34}$$

结合国外企业的反应函数，将(6-32)、(6-33)两式代入式(6-34)，并由 $\frac{\partial E\pi_{\mathrm{d}}}{\partial Q_{\mathrm{d}}} = 0$，可得 Stackelberg-Bayes 均衡产量解为：

$$Q_{\mathrm{d}}^{*} = \frac{a - 2(C_{\mathrm{d}} - s) + \mu C_{\mathrm{f}}^{\mathrm{l}} + (1-\mu)C_{\mathrm{f}}^{\mathrm{h}} + t}{2b} \tag{6-35}$$

$$Q_{\mathrm{f}}^{\mathrm{l}*} = \frac{a + 2(C_d - s) - (2+\mu)C_{\mathrm{f}}^{\mathrm{l}} - (1-\mu)C_{\mathrm{f}}^{\mathrm{h}} - 3t}{4b} \tag{6-36}$$

$$Q_{\mathrm{f}}^{\mathrm{h}*} = \frac{a + 2(C_d - s) + \mu C_{\mathrm{f}}^{\mathrm{l}} - (3-\mu)C_{\mathrm{f}}^{\mathrm{h}} - 3t}{4b} \tag{6-37}$$

把(6-35)、(6-36)和(6-37)三式分别代入国内外企业的利润函数，可得 Stackelberg-Bayes 均衡利润解为

$$E\pi_{\mathrm{d}}^{*}=\frac{[a-2(C_{\mathrm{d}}-s)+\mu C_{\mathrm{f}}^{\mathrm{l}}+(1-\mu)C_{\mathrm{f}}^{\mathrm{h}}+t]^{2}}{8b} \tag{6-38}$$

$$\pi_{\mathrm{f}}^{\mathrm{l}*}=\frac{[a+2(C_{d}-s)-(2+\mu)C_{\mathrm{f}}^{\mathrm{l}}-(1-\mu)C_{\mathrm{f}}^{\mathrm{h}}-3t]^{2}}{16b} \tag{6-39}$$

$$\pi_{\mathrm{f}}^{\mathrm{h}*}=\frac{[a+2(C_{\mathrm{d}}-s)-\mu C_{\mathrm{f}}^{\mathrm{l}}-(3-\mu)C_{\mathrm{f}}^{\mathrm{h}}-3t]^{2}}{16b} \tag{6-40}$$

由式(6-38)可见，我国国内企业的利润随着国外企业的竞争力的减弱而增加，当政府对国外企业征收较高的反倾销税或者对国内企业实行补贴时，则国内企业得到了更好的保护。

2）最优反倾销税率与补贴率模型

接下来讨论我国政府如何制定一个合理的反倾销税税率以及适当的对国内企业的补贴率，从而使国内社会福利水平达到最大化。

当对本国企业存在补贴时，本国的所有福利包含 4 个方面：①国内企业的利润；②对国外企业征收的反倾销税；③销售产品的消费者剩余；④转移给国内企业的补贴（此项为负），即

$$\omega=E\pi_{\mathrm{d}}^{*}+tEQ_{\mathrm{f}}^{*}+CS^{*}-sQ_{\mathrm{d}}^{*} \tag{6-41}$$

式中，

$$E\pi_{\mathrm{d}}^{*}=\frac{[a-2(C_{\mathrm{d}}-s)+\mu C_{\mathrm{f}}^{\mathrm{l}}+(1-\mu)C_{\mathrm{f}}^{\mathrm{h}}+t]^{2}}{8b} \tag{6-42}$$

$$tEQ_{\mathrm{f}}^{*}=t[\mu Q^{\mathrm{l}}{}_{\mathrm{f}}^{*}+(1\text{-}\mu)Q^{\mathrm{h}}{}_{\mathrm{f}}^{*}] \tag{6-43}$$

$$CS^{*}=\int_{0}^{Q_{\mathrm{d}}^{*}+EQ_{\mathrm{f}}^{*}}(P-P^{*})\mathrm{d}Q=\frac{1}{2}(a-P^{*})(Q_{\mathrm{d}}^{*}+Q_{\mathrm{f}}^{*})=\frac{1}{2}b(Q_{\mathrm{d}}^{*}+EQ_{\mathrm{f}}^{*})^{2} \tag{6-44}$$

$$sQ_{\mathrm{d}}^{*}=\frac{s[a-2(C_{\mathrm{d}}-s)+\mu C_{\mathrm{f}}^{\mathrm{l}}+(1-\mu)C_{\mathrm{f}}^{\mathrm{h}}+t]}{2b} \tag{6-45}$$

政府在制定决策时，为了使国内社会福利水平达到最大化，政府同时对国外产品征收反倾销税并对国内企业进行补贴，则必须满足一阶条件：$\frac{\partial\omega}{\partial t}=\frac{\partial\omega}{\partial s}=0$，其中 $EC_{\mathrm{f}}=\mu C_{\mathrm{f}}^{\mathrm{l}}+(1-\mu)C_{\mathrm{f}}^{\mathrm{h}}$，则：

根据 $\frac{\partial\omega}{\partial t}=0$，得到政府征收反倾销税率 t 对于补贴率 s 的反应函数

$$t=\frac{5a+2C_d-10s-7EC_f}{19} \tag{6-46}$$

根据 $\frac{\partial\omega}{\partial s}=0$，得到政府进行补贴 s 对于反倾销税 t 的反应函数

$$s=\frac{3a-2C_d-5t-EC_f}{6} \tag{6-47}$$

联立方程(6-46)和(6-47)两式，得到国内政府所适用的最优反倾销税率 t^* 以及对国内企业的补贴率 s^*

$$t^*=\frac{C_d-\mu C_f^l-(1-\mu)C_f^h}{2} \tag{6-48}$$

$$s^*=\frac{2a-3C_d+\mu C_f^l+(1-\mu)C_f^h}{4} \tag{6-49}$$

可见，政府对国外征收反倾销税只与国内外企业的竞争力有关，当国内企业竞争力强时，则对国外企业征收较低的反倾销税，反之亦然；当国外企业竞争力较强时，则征收较高的反倾销税。对于国内补贴，不但与国内外企业的竞争力有联系，还与我国市场容量 a 有关，若市场容量越大，则说明 a 越大，那么政府要对国内企业实施较高的补贴，而且补贴额与国内企业的边际成本成反比，与国外企业的边际成本成正比。

6.2.3 政策分析

1) 政府所应征收的最优反倾销税率 t^* 的分析

在不完全信息动态博弈模型的模型假设下，根据方程式(6-48)可知政府所应征收的最优反倾销税率 t^* 与国内企业单位边际成本 C_d，国外企业的两种可能单位边际成本 C_f^l、C_f^h 以及国外企业不变单位边际成本 C_f^l 的概率 μ 有关，下面依次说明其相应的关系以及对应的含义：

(1) t^* 与 C_d 成正比，这是因为当国内企业的成本增加时，国内企业的市场竞争力就变差，如果政府不提高方倾销税率，那么国内企业的利益就会被国外企业所掠夺。所以为了保证本国福利最大化，政府应该提高反倾销税率 t^*。

(2) t^* 与 C_f^l、C_f^h 成正比，这是因为当国外企业成本增加时，他们在国内市场就变得缺乏竞争力，这样可能会造成国内企业的垄断地位，导致市场变得无效，所以政府在国外企业成本增加时来降低税率从而维持市场的平衡。

(3) t^* 与 μ 成正比，如方程式(6-48)：

$$t^* = \frac{C_d - EC_f}{2} = \frac{C_d - \mu C_f^l - (1-\mu)C_f^h}{2} = \frac{C_d + \mu(C_f^h - C_f^l) - C_f^h}{2}$$

因为当 μ 增加时，就意味着国外低成本 C_f^l 的可能性增加，那么市场则会与其国外企业的成本变小，即国外企业的竞争力加强。那么，为了包裹本国企业政府应该相应提高反倾销税率 t^*。

2）国内企业的补贴率 s^* 的分析

在不完全信息动态博弈模型的模型假设下，根据方程式(6-49)可知国内企业的补贴率 s^* 与本国市场容量 a，国内企业单位边际成本 C_d，国外企业的两种可能单位边际成本 C_f^l、C_f^h 以及国外企业不变单位边际成本 C_f^l 的概率 μ 有关。补贴率 s^* 与 C_d 成反比，与 C_f^l、C_f^h 成反比，与 μ 成反比。

由上述政策分析，得出结论：我国在对国外企业征收反倾销税的同时，应该对国内相关行业进行补贴，从而使国家社会福利达到最大化。具体政策建议如下：

(1) 若市场容量越大，即 a 越大，则我国政府应对国内企业实行较高的补贴。

(2) 当不考虑其他因素时，为了使国家福利最大化，对国内企业的补贴额与国内企业的边际成本成反比，与国外企业的边际成本成正比。

(3) 在不完全信息的动态博弈的情况下，反倾销税率的确定与国内外市场的价格均无关，只与国内外企业的竞争力有关，当国外企业具有较强的竞争力时，应该征收较高的反倾销税，反之亦然。

(4) 针对我国目前的经济形势，结合本文的经济模型分析，作者认为我国还应优化出口结构，制定出口产品价格，实施多元化战略，争取“市场经济地位”，建立反倾销调查的预警机制，熟悉进口国有关反倾销法律，国内企业健全自身财务制度，在遭遇反倾销税率时积极应对、争取最好结果。当然，补贴并不是可以随意实施的，必须巧妙地运用合法补贴，以避免继而被征收反补贴税。

第7章 基于上下游垄断市场结构反倾销税率

本章主要讨论在国内外企业以利润最大化、政府以社会福利最大化为目标的假设前提下，以经济学、博弈论等有关原理来确定在国内外企业处于不同博弈下基于上下游市场结构的政府对出口国企业所征收的优化反倾销税率，并分析影响优化反倾销税率的因素。

7.1 基于上下游的完全信息静态博弈的反倾销税率

本节主要讨论国内外企业在完全信息静态博弈下的基于上下游市场结构的国内政府对出口国企业征收税收所适用的优化反倾销税率，并分析影响优化反倾销税率的因素。

7.1.1 基本模型假设

本节尝试建立一个针对两个国家的上下游垄断企业的博弈模型。具体的模型建立基于以下几种假设：

假设1：有两个国家，分别称为国内和国外(用d表示国内，f表示国外)，各自存在两个企业，具体为国内上游垄断企业M_d、国内下游垄断企业R_d、国外上游垄断企业M_f、国外下游垄断企业R_f，两个国家均生产同质的上游产品和下游产品。

假设2：上游垄断厂商的产品是下游垄断厂商的生产要素。所有企业都追求各自利润最大化，并且是在了解市场所有信息的基础上同时做出决策。因此，该模型是一个在具备共同知识(common knowledge)下的完全信息静态博弈模型。

假设3：国内、国外上游企业具有不变的边际生产成本C_1、C_2，上游企业自由贸易受到限制，生产的产品全部在各自国家市场上销售，即按价格P_d、P_f将要素出售给对应下游企业。下游垄断企业使用该要素并按生产函数$y = f(x) = x$生产产品，即按照1∶1的投入产出关系生产，并将产品向国内消费市场销售(国外企业出口到国内市场)。除购买要素的成本外，国内外下游厂商还具有不变边际生产成本分别为C_d、C_f。最终产品在反需求函数为$P = a - bQ$的国内市场上销售。

假设4：由于可能存在倾销幅度，国内下游企业可以提起反倾销诉讼，最终导致向国外下游企业每单位产品征收税率为t_d的反倾销税。为了研究方便，假设不存在关税，且各自上游企业的产品不产生国际流动。

假设 5：国内上游、国内下游、国外上游、国外下游企业各自的利润函数为 π_1 、π_d 、π_2 、π_f ，各自的销售量为 Q_1 、Q_d 、Q_2 、Q_f 。

具体模型流程图见图 7.1：

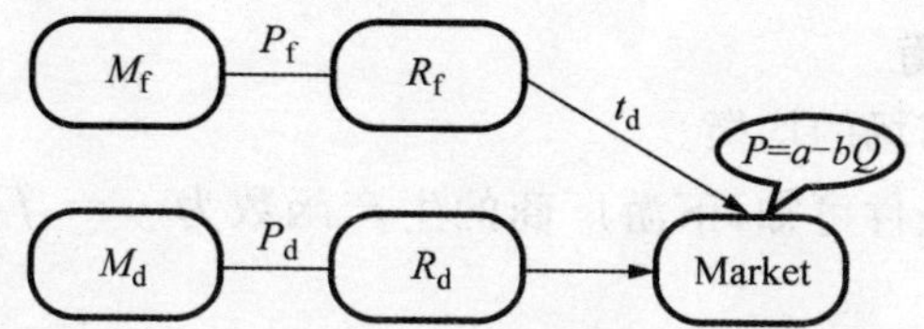

图 7.1 基于上下游的完全信息静态博弈流程图

7.1.2 优化反倾销税率模型

该模型属于完全信息下的静态博弈模型，国内外每个企业都追求各自利润最大化。利用博弈论中的逆向归纳法，最终确定使得国内社会福利最大化下的最优反倾销税率。

1）下游市场均衡

国内、国外下游企业在博弈对方既定的产量下追求利润最大化，他们的利润函数分别为：

$$\pi_d = PQ_d - P_dQ_d - C_dQ_d = [a - b(Q_d + Q_f)]Q_d - P_dQ_d - C_dQ_d \quad (7\text{-}1)$$

$$\pi_f = PQ_f - P_fQ_f - C_fQ_f - t_dQ_f = [a - b(Q_d + Q_f)]Q_f - P_fQ_f - C_fQ_f - t_dQ_v \quad (7\text{-}2)$$

由(7-1)和(7-2)两式，求各自的利润函数对各自销售量的一阶导数，并令其为零，即 $\frac{\partial \pi_d}{\partial Q_d} = 0, \frac{\partial \pi_f}{\partial Q_f} = 0$ ，可得：

国内企业的反应函数为：

$$Q_d = \frac{a - bQ_f - P_d - C_d}{2b} \quad (7\text{-}3)$$

国外企业的反应函数为：

$$Q_f = \frac{a - bQ_d - P_f - C_f - t_d}{2b} \quad (7\text{-}4)$$

由式(7-3)和(7-4)的两个反应函数，可得完全信息博弈下的国内外企业的均衡产量：

$$Q_d = \frac{a - 2C_d - 2P_d + C_f + P_f + t_d}{3b} \tag{7-5}$$

$$Q_f = \frac{a + C_d + P_d - 2C_f - 2P_f - 2t_d}{3b} \tag{7-6}$$

2) 上游市场均衡

下面求解上游市场的均衡。

由于模型假设条件可知，下游厂商的生产函数为 $y = f(x) = x$，因此 $Q_1 = Q_d, Q_2 = Q_f$，即

$$Q_1 = \frac{a - 2C_d - 2P_d + C_f + P_f + t_d}{3b} \tag{7-7}$$

$$Q_2 = \frac{a + C_d + P_d - 2C_f - 2P_f - 2t_d}{3b} \tag{7-8}$$

由式(7-7)可得国内上游垄断企业所面临的反需求函数为：

$$P_d = \frac{a - 2C_d + C_f + P_f + t_d - 3bQ_1}{2} \tag{7-9}$$

由式(7-8)可得国外上游垄断企业所面临的反需求函数为：

$$P_f = \frac{a + C_d + P_d - 2C_f - 2t_d - 3bQ_2}{2} \tag{7-10}$$

国内上游垄断企业追求利润最大化的条件为边际收益等于边际成本，即 $MR_1 = MC_1$，由此可得：

$$\frac{a - 2C_d + C_f + P_f + t_d - 6bQ_1}{2} = C_1 \tag{7-11}$$

同理，国外上游垄断企业追求利润最大化的条件为边际收益等于边际成本，即 $MR_2 = MC_2$，由此可得：

$$\frac{a + C_d + P_d - 2C_f - 2t_d - 6bQ_2}{2} = C_2 \tag{7-12}$$

由(7-7)～(7-12)六个等式，可得上游产品均衡价格、上下游产品的均衡销售量为：

$$P_d^* = \frac{5a - 7C_d + 2C_f + 2t_d + 8C_1 + 2C_2}{15} \tag{7-13}$$

$$P_f^* = \frac{5a + 2C_d - 7C_f - 7t_d + 2C_1 + 8C_2}{15} \tag{7-14}$$

$$Q_1^* = Q_d^* = \frac{2(5a - 7C_d + 2C_f + 2t_d - 7C_1 + 2C_2)}{45b} \tag{7-15}$$

$$Q_2^* = Q_f^* = \frac{2(5a + 2C_d - 7C_f - 7t_d + 2C_1 - 7C_2)}{45b} \tag{7-16}$$

将式(7-15)和(7-16)代入下游产品的反需求函数，可得下游产品的均衡销售量及均衡价格为：

$$Q^* = Q_d^* + Q_f^* = \frac{2(2a - C_d - C_f - t_d - C_1 - C_2)}{9b} \tag{7-17}$$

$$P^* = \frac{5a + 2C_d + 2C_f + 2t_d + 2C_1 + 2C_2}{9} \tag{7-18}$$

将均衡产量和均衡价格分别代入国内上下游厂商的利润函数中，可得到上下游垄断企业的均衡利润为：

$$\pi_d = \frac{4(5a - 7C_d + 2C_f + 2t_d - 7C_1 + 2C_2)^2}{2025b} \tag{7-19}$$

$$\pi_1 = \frac{6(5a - 7C_d + 2C_f + 2t_d - 7C_1 + 2C_2)^2}{2025b} \tag{7-20}$$

3) 优化反倾销税率

下面再由追求国内社会福利最大化的国内政府决策。国内社会福利水平由国内上游企业利润 π_1、国内下游企业 π_d、最终产品市场消费者剩余 CS 以及国内政府所征收的反倾销税 t_dQ_f 四项之和，即

$$\omega = \pi_1 + \pi_d + CS + t_dQ_f \tag{7-21}$$

国内最终产品市场消费者剩余 CS 由下式可得：

$$CS = \int_0^{Q^*} P\mathrm{d}Q - P^*Q^* = \frac{1}{2}bQ^{*2} = \frac{2(2a - C_d - C_f - t_d - C_1 - C_2)^2}{81b} \tag{7-22}$$

把式(7-16)、(7-19)、(7-20)及(7-22)代入式(7-21)，并令 $\frac{\partial \omega}{\partial t_d} = 0$，可得：

$$t_d^* = \frac{5}{12}(a - C_f - C_2) \tag{7-23}$$

即国内政府对每单位国外商品征收上式税率的反倾销税时，国内社会福利水平达到最大。

7.1.3 模型的经济含义分析

由模型计算结果得出：一国征收的最优反倾销税与以下几个因素相关。

1）国内市场容量大小对反倾销税率的影响

参见3.1.4。

2）国外企业的生产成本

在本模型假设下，国外上游企业的不变边际生产成本、国外下游企业的不变边际生产成本越高，在追求国内社会总福利最大化前提下，本国征收的反倾销税率越低。反之国外企业的生产成本越低，反倾销税率越高。同样结合实际情况，不难理解该结论。例如国外企业由于具有丰富且廉价的劳动力资源，大大降低了其产品在国际市场上的竞争力，其出口的产品越容易对进口国的国内产品造成威胁。进口国家为了保护本国企业在市场上的竞争优势，维持本国企业在国内市场的足够份额，则对国外企业产品征收较高的反倾销税。

7.1.4 政策性建议和总结

结合中国的实际情况，近年来，中国的经济取得了举世瞩目的发展，商品出口量呈现出突飞猛进的增长趋势。但与此同时，各国尤其是发达国家对我国发起的反倾销的调查的数量也不断增加。据WTO统计，我国遭遇的反倾销调查占全球遭遇的反倾销调查数量的比例由2001年的14.56%，上升到2005年的28.94%，进一步上升到2006年的35.79%。

针对我国目前的经济形势，结合本文的经济模型分析，笔者认为我国可以从以下几个方面应对反倾销形势：

1）优化出口产品结构

努力实现国内产品的生产由劳动密集型向技术密集型转型，提高出口商品的技术含量和附加值，采取差异化策略开拓境外市场；同时，逐步培育自主产品，加大自主知识产权产品的出口份额。

2）制定出口产品价格，实施多元化战略

中国企业应不断开拓国际新市场，逐步改变出国市场相对集中的现象。例如争取在发展中国家的在发达国家的市场份额，并且针对发展中国家本国的具体国情和劳动力资源情况，建立切实有效的市场经济价格运行机制，避免一般的低价竞争策略，确定最合适的出口价格，减少进口国对我国反倾销中实行价格歧视。

3）争取“市场经济地位”

目前我国还为“非市场经济”国家，国际惯例下，非市场经济国产品的正常价值由发展程度相同的市场国家的国内价格（替代国）代替，这对我国企业非常不利，也是近年来中国大量反倾销官司失败的一个主要原因。因此我国企业应该努力提高出口产品质量，政府也应该积极运作，通过国际谈判等使更多的国家将我国从“非市场经济国家”名单中删除，从根本上解决反倾销协议中不合理的条款。

当然其他应对措施还包括建立反倾销调查的预警机制，熟悉进口国有关反倾销法律，国内企业健全自身财务制度，在遭遇反倾销税率时积极应对，争取最好结果等。

7.2 基于上下游的完全信息动态博弈的反倾销税率

本节主要讨论国内外企业在完全信息动态博弈下的基于上下游市场结构的国内政府对出口国企业征收税收所适用的优化反倾销税率，并分析影响优化反倾销税率的因素。

7.2.1 基本模型假设

假设在国内市场上有两家企业销售同质商品，分别是国内下游企业和国外下游企业。两个企业面临的反需求函数是 $P = a - bQ$，其中 Q 为行业总产量，即国内外企业产量之和，而 a 体现了本国市场容量。国内下游企业为产量领导者，在市场上首先决定自己的产量，国外下游企业为产量跟随者，它们在完全信息动态博弈中相互竞争，达到斯塔克伯格均衡。

假设国内下游企业 D 的最终产品市场上的销售量为 Q_d，其具有不变边际生产成本为 C_d（不包括生产要素购买成本），同时它向上游垄断要素提供厂商 DUM 购买 Q_{ud} 单位的生产要素，要素价格为 P_d，生产要素的投入产出比为 1∶1，即投入一单位的要素可以生产出一单位的最终产品，这就意味着 $Q_{ud} = Q_d$。上游垄断厂商生产中间产品具有不变的边际成本为 C_{md}。

国外下游企业 F 的最终产品市场上的销售量为 Q_f，政府对其征收税率为 t_d 的反倾销税，其具有不变边际生产成本为 C_f（同样不包括生产要素购买成本），它向上游垄断要素提供厂商 FUM 购买 Q_{uf} 单位的生产要素，要素价格为 P_f，生产要素的投入产出比为 1∶1，即投入一单位的要素可以生产出一单位的最终产品，这就意味着 $Q_{uf} = Q_f$。上游垄断厂商生产中间产品有不变的边际成本为 C_{mf}。

为简化模型方便分析，这里不考虑关税、补贴、运输成本等，同时假设国内外生产要素不能相互流通。具体模型流程图见图 7.2。

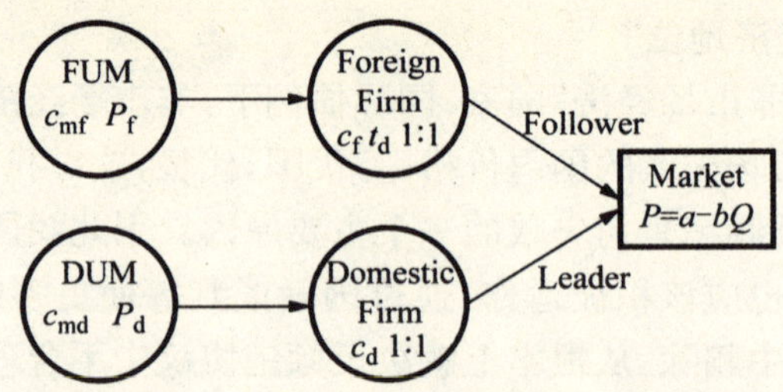

图 7.2 基于上下游的完全信息动态博弈流程图

7.2.2 优化反倾销税率模型

该模型属于完全信息下的动态博弈模型，国内外每个企业都追求各自利润最大化。

如图 7.2，该模型的博弈过程为国内政府首先制定最终产品反倾销税率，然后国内外下游企业分别与自己的上游企业有一个上下游博弈过程，最后国内外销售企业在本国市场进行完全信息动态博弈达到斯塔克伯格均衡。根据以上流程，利用博弈论中的逆向归纳法，最终确定使得国内社会福利最大化下的最优反倾销税率。

1) 国内最终产品市场的均衡

首先国内下游企业确定在国内最终产品市场上的销售量 Q_d，面对这一销售量，国外企业会选择相应产量 Q_f 使得其利润达到最大化。

国外下游企业的利润函数为

$$\pi_f = PQ_f - P_fQ_f - C_fQ_f - t_dQ_f = [a - b(Q_d + Q_f)]Q_f - P_fQ_f - C_fQ_f - t_dQ_f \quad (7\text{-}24)$$

式由(7-24)，求 π_f 对 Q_f 的一阶导数，并令其为零，可得：

$$\frac{\partial \pi_f}{\partial Q_f} = a - 2bQ_f - bQ_d - P_f - C_f - t_d = 0 \quad (7\text{-}25)$$

由式(7-25)，可以得到国外下游厂商的反应函数为：

$$Q_f = \frac{a - bQ_d - P_f - C_f - t_d}{2b} \quad (7\text{-}26)$$

国内下游企业的利润函数为：

$$\pi_d = PQ_d - P_dQ_d - C_dQ_d = [a - b(Q_d + Q_f)]Q_d - P_dQ_d - C_dQ_d \quad (7\text{-}27)$$

由于国内下游厂商能够预期到国外下游厂商的反应函数，所以能够把式

(7-26)代入式(7-27),从而其利润函数可以表示为：

$$\pi_d = \left[a - b\left(Q_d + \frac{a - bQ_d - P_f - C_f - t_d}{2b}\right)\right]Q_d - P_d Q_d - C_d Q_d \quad (7\text{-}28)$$

由式(7-28),求 π_d 对 Q_d 的一阶导数,并令其为零,可得：

$$\frac{\partial \pi_d}{\partial Q_d} = \frac{a - 2bQ_d + P_f + C_f + t_d}{2} - P_d - C_d = 0 \quad (7\text{-}29)$$

由式(7-29),得到国内下游企业在本国市场的均衡产量为：

$$Q_d = \frac{a + P_f + C_f + t_d - 2P_d - 2C_d}{2b} \quad (7\text{-}30)$$

将式(7-30)代入式(7-26),得到国外下游企业在本国市场的均衡产量：

$$Q_f = \frac{a - 3P_f - 3C_f - 3t_d + 2P_d + 2C_d}{4b} \quad (7\text{-}31)$$

2）中间产品市场均衡

由于要素的投入产出比是 1∶1,对于国内企业有 $Q_{ud} = Q_d$ 。根据结论式(7-30),可以得到国内上游垄断要素提供厂商(DUM)面临的反需求函数为：

$$P_d = \frac{a + P_f + C_f + t_d - 2bQ_{ud} - 2C_d}{2} \quad (7\text{-}32)$$

于是,国内上游垄断企业的利润函数为

$$\pi_{md} = \frac{a + P_f + C_f + t_d - 2bQ_{ud} - 2C_d}{2}Q_{ud} - C_{md}Q_{ud} \quad (7\text{-}33)$$

由式(7-33),求 π_{md} 对 Q_{ud} 的一阶导数,并令其为零,可得：

$$\frac{\partial \pi_{md}}{\partial Q_{ud}} = \frac{a + P_f + C_f + t_d - 4bQ_{ud} - 2C_d}{2} - C_{md} = 0 \quad (7\text{-}34)$$

由式(7-34),可得国内上游垄断企业的反应函数是：

$$Q_{ud} = \frac{a + P_f + C_f + t_d - 2C_d - 2C_{md}}{4b} \quad (7\text{-}35)$$

同理,可得国外上游垄断企业的反应函数为：

$$Q_{uf} = \frac{a - 3C_f - 3t_d + 2P_d + 2C_d - 3C_{mf}}{8b} \quad (7\text{-}36)$$

值得注意的是,在完全信息状态下,即使生产要素不能在两国之间流通,两国上游垄断厂商在制定自己的产量或者说定价时会考虑对方的定价情况。

由于 $Q_{ud}=Q_d$ 及 $Q_{uf}=Q_f$，联合式(7-30)、(7-31)、(7-35)及(7-36)，可得上下游市场的均衡产量和均衡价格：

$$Q_d^* = Q_{ud}^* = \frac{7a+3C_f+3t_d+3C_{mf}-10C_d-10C_{md}}{22b} \tag{7-37}$$

$$Q_f^* = Q_{uf}^* = \frac{9a-15C_f-15t_d-15C_{mf}+6C_d+6C_{md}}{44b} \tag{7-38}$$

$$P_d^* = \frac{7a+3C_f+3t_d+3C_{mf}-10C_d+12C_{md}}{22} \tag{7-39}$$

$$P_f^* = \frac{3a-5C_f-5t_d+6C_{mf}+2C_d+2C_{md}}{11} \tag{7-40}$$

$$Q^* = \frac{23a-9C_f-9t_d-9C_{mf}-14C_d-14C_{md}}{44b} \tag{7-41}$$

$$P^* = \frac{21a+9C_f+9t_d+9C_{mf}+14C_d+14C_{md}}{44} \tag{7-42}$$

3) 最优反倾销税率

下面再由追求国内社会福利最大化的国内政府决策。国内社会福利水平由国内上游企业利润、国内下游企业、最终产品市场消费者剩余 CS 以及国内政府所征收的反倾销税 t_dQ_f 四项之和，即

$$\omega = \pi_d + \pi_{md} + CS + t_dQ_f \tag{7-43}$$

国内最终产品市场消费者剩余 CS 由下式可得：

$$\begin{aligned} CS &= \int_0^{Q^*} P\mathrm{d}Q - P^*Q^* = \frac{1}{2}bQ^{*2} \\ &= \frac{(23a-9C_f-9t_d-9C_mf-14C_d-14C_md)^2}{3\,872b} \end{aligned} \tag{7-44}$$

根据式(7-37)至(7-42)求得的均衡产量和价格，可得国内上下游垄断企业均衡利润为：

$$\pi_d = \frac{(7a+3C_f+3t_d+3C_{mf}-10C_d-10C_{md})^2}{968b} \tag{7-45}$$

$$\pi_{md} = \frac{(7a+3C_f+3t_d+3C_{mf}-10C_d-10C_{md})^2}{484b} \tag{7-46}$$

把式(7-38)、(7-44)、(7-45)及(7-46)代入式(7-43)，求 ω 对 t_d 的一阶导数，并令其为零，可得：

$$\frac{\partial \omega}{\partial t_d}=\frac{837a-1131C_f-1131C_{mf}-1131t_d+294C_d+294C_{md}}{1936b}=0 \quad (7\text{-}47)$$

由式(7-47)，可得国内社会福利最大化的反倾销税率为：

$$t_d^*=\frac{837a-1131C_f-1131C_{mf}+294C_d+294C_{md}}{1131} \quad (7\text{-}48)$$

即国内政府对每单位国外商品征收上式税率的反倾销税时，国内社会福利水平达到最大。

7.2.3　影响反倾销税率的因素及福利分析

从最大化社会总福利的角度出发，最优税率主要与市场容量，国内上下游企业的生产成本，国外上下游企业的生产成本相关。

1）国内市场容量大小对反倾销税率的影响

参见 3.1.4。

2）国内上下游企业的生产边际成本

当国内上下游垄断企业的边际成本较高时，说明本国的企业生产技术较为落后，管理经验不足，如此一来竞争力较低，为保护本国企业，或者对与垄断企业来说可以称之为行业，政府应该收取较高的反倾销税。当然，这是有损本国消费者利益的。所以在考虑社会福利时政府也应该顾及到国内利益相关方的权重问题。反之国内上下游垄断企业的边际成本较低时，政府可以降低反倾销税率。

消费者剩余和上下游企业的利润均随国内两个垄断企业的成本上升而下降，唯有政府收入相反。

3）国外上下游企业的边际生产成本

当国外上下游企业的边际成本较低时，说明国外企业的生产技术发达，管理经验先进，具有较高的竞争力，如果国外企业的产品轻易进入国内市场的话，会对本国工业造成严重打击。所以要对这种类型的外国企业征收较高的反倾销税。反之，国外上下游企业的边际成本较高时，可以适当下调反倾销税率。

消费者剩余随国外垄断厂商的成本的上升而下降，国内企业则相反。

另外值得注意的是，最优税率与国内企业的边际成本的相关系数要小于与国外企业边际成本的相关系数。这主要是因为反倾销税率与国外企业边际成本对社会福利的四个组成部分的影响均为一致；而对于消费者剩余与政府收入来说，反倾销税率与国内企业的成本相反。

7.2.4 政策性建议和总结

基于上下游垄断市场结构和斯塔克伯格模型，从最大化社会福利的角度计算了政府应该征收的反倾销税率。根据税率的计算公式，得出以下结论：

(1) 市场容量越大，也就是说消费者越多，国内价格越高，消费者需求弹性越小，反倾销税率应该越高。反之税率应该越低。如像我国这样巨大的消费市场，应该考虑适当提高反倾销税率。同时可以看到这一结论与我国现行的倾销幅度计算公式认为的国内价格，即国外企业的出口价格越低，应该征收越高的反倾销税是相反的。

(2) 当国内上下游垄断企业的边际成本较高时，说明本国的企业生产技术较为落后，管理经验不足，如此一来竞争力较低，为保护本国企业，应征收较高的反倾销税率；反之则应降低税率。

(3) 当国外上下游垄断企业的边际成本较低时，说明外国的企业生产技术较为发达、管理经验先进，如此一来竞争力较高，为保护本国企业，应征收较高的反倾销税率；反之则应降低税率。

另外国外企业的生产成本比本国企业的生产成本对反倾销税率的影响更大。

7.3 上下游同时征税的完全信息静态博弈的反倾销税率

本节主要讨论国内外企业在完全信息静态博弈下的基于上下游市场结构的国内政府对出口国的上下游企业同时征收税收所适用的优化反倾销税率，并分析影响优化反倾销税率的因素。

7.3.1 基本模型假设

本节建立一个针对两个国家的上下游垄断企业的博弈模型。具体的模型建立基于以下几种假设：

假设1：有两个国家，分别称为国内和国外（用d表示国内，f表示国外），各自存在两个企业，具体为国内上游垄断企业、国内下游垄断企业、国外上游垄断企业、国外下游垄断企业，两个国家均生产同质的上游产品和下游产品，并且都销售到国内市场。

假设2：上游垄断厂商的产品是下游垄断厂商的生产要素。所有企业都追求各自利润最大化，并且是在了解市场所有信息的基础上同时做出决策。因此，该模型是一个在具备共同知识（common knowledge）下的完全信息静态博弈模型。

假设3：国内、国外上游企业具有不变的边际生产成本。国外上游企业可以自由地把中间分别销售给国内外下游企业，即按价格 P_d 、P_f 将中间产品出售给国内外下游企业。而国内上游企业不能把中间产品销售给国外下游垄断企业。下游垄断企业使用该要素并按生产函数 $y = f(x) = x$ 生产产品，即按照 1∶1 的投入产出关系生产，并将产品向国内消费市场销售(国外企业出口到国内市场)。最终产品在反需求函数为 $P = a - bQ$ 的国内市场上销售。

假设 4：国内上下游企业都可以提起反倾销诉讼，最终导致国外上游企业每单位产品被征收税率为 t_u 的反倾销税而国外下游企业每单位产品被征收税率为 t_d 的反倾销税。为了研究方便，假设不存在关税。

假设 5：国内上游、国内下游、国外上游、国外下游企业各自的利润函数为 π_1 、π_{dd} 、π_2 、π_{fd} ，各自的销售量为 Q_1 、Q_d 、Q_2 、Q_f 。

具体模型流程图见图 7.3：

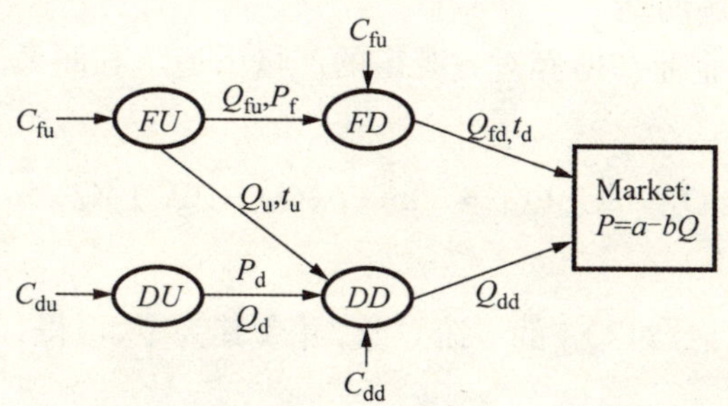

图 7.3　上下游产品同时贸易的完全信息静态博弈流程图

图 7.3 中所涉及变量解释如下：

FU ：指国外上游企业，以不变的边际生产成本 C_{fu} 生产同质的中间产品；

DU ：指国内上游企业，以不变的边际生产成本 C_{du} 生产同质的中间产品；

FD ：指国外下游企业，以不变的边际生产成本 C_{fd} (不包括购买中间产品的成本)生产同质的最终产品；

DD ：指国内下游企业，以不变的边际生产成本 C_{dd} (不包括购买中间产品的成本)生产同质的最终产品；

P_f ：指国外上游企业销售给国外下游企业的中间产品价格；

P_d ：指国外上游企业与国内上游企业共同销售给国内下游企业的中间产品价格；

Q_{fu} ：指国外上游企业销售给国外下游企业的销售量；

Q_u ：指国外上游企业销售给国内下游企业的销售量；

Q_d ：指国内上游企业销售给国内下游企业的销售量；

Q_{fd} ：指国外下游企业销售给最终产品市场的销售量；

Q_{dd}：指国内下游企业销售给最终产品市场的销售量；

t_u：指国内政府对国外上游企业销售给国内下游企业所适用的反倾销税率；

t_d：指国内政府对国外下游企业在国内市场上销售最终产品所适用的反倾销税率。

7.3.2 优化反倾销税率模型

如图 7.3，该模型的博弈过程为国内政府首先制定中间产品和最终产品反倾销税率，然后国内上游企业分别与国外上游企业有一个静态博弈过程，最后国内外销售企业在本国市场进行完全信息静态博弈达到均衡。根据以上流程，利用博弈论中的逆向归纳法，最终确定使得国内社会福利最大化下的中间产品和最终产品的最优反倾销税率。

1) 最终产品市场均衡

国内、国外下游企业在博弈对方既定的产量下追求利润最大化，国内下游垄断企业的利润函数为

$$\pi_{dd}=PQ_{dd}-P_dQ_{dd}-C_{dd}Q_{dd}=[a-b(Q_{dd}+Q_{fd})]Q_{dd}-P_dQ_{dd}-C_{dd}Q_{dd} \tag{7-49}$$

由式(7-49)，求 π_{dd} 对 Q_{dd} 的一阶导数，并令其为零，可得：

$$\frac{\partial\pi_{dd}}{\partial Q_{dd}}=a-2bQ_{dd}-bQ_{fd}-P_d-C_{dd}=0 \tag{7-50}$$

由式(7-50)，可得国内下游垄断企业的反应函数为：

$$Q_{dd}=\frac{a-bQ_{fd}-P_d-C_{dd}}{2b} \tag{7-51}$$

对于国外下游企业，进口最终产品被征收税率为 t_d 的反倾销税，所以其利润函数为：

$$\begin{aligned}\pi_{fd}&=PQ_{fd}-P_fQ_{fd}-C_{fd}Q_{fd}-t_dQ_{fd}\\&=[a-b(Q_{dd}+Q_{fd})]Q_{fd}-P_fQ_{fd}-C_{fd}Q_{fd}-t_dQ_{fd}\end{aligned} \tag{7-52}$$

由式(7-52)，求 π_{fd} 对 Q_{fd} 的一阶导数，并令其为零，可得：

$$\frac{\partial\pi_{fd}}{\partial Q_{fd}}=a-bQ_d-2bQ_{fd}-P_f-C_{fd}-t_d=0 \tag{7-53}$$

由式(7-53)，可得国外下游垄断企业的反应函数为：

$$Q_{fd}=\frac{a-bQ_{dd}-P_f-C_{fd}-t_d}{2b} \tag{7-54}$$

由方程式(7-51)和(7-54)，可以得出国内最终产品市场上国内外下游垄断企业的纳什均衡产量为：

$$Q_{dd} = \frac{a - 2P_d - 2C_{dd} + P_f + C_{fd} + t_d}{3b} \tag{7-55}$$

$$Q_{fd} = \frac{a + P_d + C_{dd} - 2P_f - 2C_{fd} - 2t_d}{3b} \tag{7-56}$$

可见，最终产品市场的产量不仅取决于下游企业的边际成本，还和国内外中间产品的价格有关。

2）中间产品市场均衡

下面讨论上游中间产品市场的均衡。

由方程式(7-55)，可以得到国外上游企业和国内上游企业所共同面对的反需求函数：

$$P_d = \frac{a - 2C_{dd} + P_f + C_{fd} + t_d}{2} - \frac{3}{2}bQ_{dd} \tag{7-57}$$

其中，根据假设条件，在规模报酬不变的条件下，国内下游企业每生产一单位最终产品需要一单位中间产品，所以有：

$$Q_{dd} = Q_u + Q_d \tag{7-58}$$

于是国内上游企业的利润函数为：

$$\begin{aligned} \pi_{du} &= P_d Q_d - C_{du} Q_d \\ &= \left[\frac{a - 2C_{dd} + P_f + C_{fd} + t_d}{2} - \frac{3}{2}b(Q_u + Q_d)\right]Q_d - C_{du}Q_d \end{aligned} \tag{7-59}$$

同时，由于假定对原材料（中间产品）的进口也征收反倾销税，那么国外上游企业所获得的总利润为

$$\pi_{fu} = P_d Q_u + P_f Q_{fu} - (C_{fu} + t_u)Q_u - C_{fu}Q_{fu} \tag{7-60}$$

由于国内中间产品市场也是古诺竞争，所以由式(7-60)，分别求 π_{fu} 对 Q_d 和 Q_u 的一阶导数，并令 $\frac{\partial \pi_{du}}{\partial Q_d} = 0$，$\frac{\partial \pi_{fu}}{\partial Q_u} = 0$，可推出均衡条件下上游企业的产量：

$$Q_d = \frac{a - 2C_{dd} + (P_f + C_{fd}) + t_d - 4C_{du} + 2C_{fu} + 2t_u}{9b} \tag{7-61}$$

$$Q_u = \frac{a - 2C_{dd} + (P_f + C_{fd}) + t_d + 2C_{du} - 4C_{fu} - 4t_u}{9b} \tag{7-62}$$

由(7-61)和(7-62)两式,可以得到国内下游企业对于原材料(中间产品)的需求量:

$$Q_{d}+Q_{u}=\frac{2(a-2C_{dd}+P_{f}+C_{fd}+t_{d}-C_{du}-C_{fu}-t_{u})}{9b} \tag{7-63}$$

根据假设 $Q_{dd}=Q_{u}+Q_{d}$,并由(7-55)和(7-61)两式,可以得到国内市场上原材料的价格

$$P_{d}=\frac{a-2C_{dd}+P_{f}+C_{fd}+t_{d}+2C_{du}+2C_{fu}+2t_{u}}{6} \tag{7-64}$$

式(7-64)体现了在国内市场上国内外上游产品价格的关系,即 P_{d} 是 P_{f} 的反应函数。

现在,再来分析国外市场,通过逆向归纳,得到市场均衡下国外的原材料(中间产品)价格。同样,根据假设,可以得到: $Q_{fu}=Q_{fd}$

再由方程(7-61)可得:

$$P_{f}=\frac{a+(P_{d}+C_{dd})-2C_{fd}-2t_{d}-3bQ_{fd}}{2} \tag{7-65}$$

倒推到国外上游企业,国外上游企业的利润函数

$$\pi_{fu}=P_{d}Q_{u}+P_{f}Q_{fu}-(C_{fu}+t_{u})Q_{u}-C_{fu}Q_{fu} \tag{7-66}$$

由式(7-66),求 π_{fu} 对 Q_{fu} 的一阶导数,并令 $\frac{\partial\pi_{fu}}{\partial Q_{fu}}=0$,推出均衡条件下国外上游企业销售到其国内下游厂商的产量:

$$Q_{fu}=\frac{a+(P_{d}+C_{dd})-2C_{fd}-2C_{fu}-2t_{d}}{6b} \tag{7-67}$$

根据已知假设 $Q_{fu}=Q_{fd}$,由方程(7-56)和(7-63)两式,可得:

$$P_{f}=\frac{a+(P_{d}+C_{dd})-2C_{fd}+2C_{fu}-2t_{d}}{4} \tag{7-68}$$

式(7-68)体现了国外市场上国内外上游产品价格的关系,即 P_{f} 是 P_{d} 的反应函数。

由(7-64)和(7-68)两式,可以得到纳什均衡状态下国内外上游企业分别销售给国内外下游企业的原材料价格

$$P_{f}^{*}=\frac{7a+4C_{dd}-11C_{fd}-11t_{d}+2C_{du}+14C_{fu}+2t_{u}}{23} \tag{7-69}$$

$$P_{\mathrm{d}}^{*}=\frac{5a-7C_{\mathrm{dd}}+2C_{\mathrm{fd}}+2t_{\mathrm{d}}+8C_{\mathrm{du}}+10C_{\mathrm{fu}}+8t_{\mathrm{u}}}{23} \tag{7-70}$$

这便是国内外所有产品市场均达到均衡状态下原材料(中间产品)价格,将其代入到方程(7-56)、(7-61)和(7-62)三式,可得到最终的均衡状态下所有的原材料以及最终商品的产量:

$$Q_{\mathrm{d}}^{*}=\frac{10a-14C_{\mathrm{dd}}+4C_{\mathrm{fd}}+4t_{\mathrm{d}}-30C_{\mathrm{du}}+20C_{\mathrm{fu}}+16t_{\mathrm{u}}}{69b} \tag{7-71}$$

$$Q_{\mathrm{u}}^{*}=\frac{10a-14C_{\mathrm{dd}}+4C_{\mathrm{fd}}+4t_{\mathrm{d}}+16C_{\mathrm{du}}-26C_{\mathrm{fu}}-30t_{\mathrm{u}}}{69b} \tag{7-72}$$

$$Q_{\mathrm{fd}}^{*}=\frac{14a+8C_{\mathrm{dd}}-22C_{\mathrm{fd}}-22t_{\mathrm{d}}+4C_{\mathrm{du}}-18C_{\mathrm{fu}}+4t_{\mathrm{u}}}{69b} \tag{7-73}$$

由(7-71)、(7-72)和(7-73)三式,可得市场均衡下的最终产品的产量和价格为:

$$Q_{\mathrm{T}}^{*}=Q_{\mathrm{d}}^{*}+Q_{\mathrm{u}}^{*}+Q_{\mathrm{fd}}^{*}=\frac{34a-20C_{\mathrm{dd}}-14C_{\mathrm{fd}}-14t_{\mathrm{d}}-10C_{\mathrm{du}}-24C_{\mathrm{fu}}-10t_{\mathrm{u}}}{69b} \tag{7-74}$$

$$P^{*}=a-bQ_{\mathrm{T}}^{*}=\frac{35a+20C_{\mathrm{dd}}+14C_{\mathrm{fd}}+14t_{\mathrm{d}}+10C_{\mathrm{du}}+24C_{\mathrm{fu}}+10t_{\mathrm{u}}}{69} \tag{7-75}$$

3) 最优反倾销税模型——国内福利分析

国内社会福利总和包含五个方面:①国内上游企业的利润;②国内下游企业的利润;③最终产品的国内消费者剩余;④对进口国外最终产品征收的反倾销税;⑤对进口国外原材料(中间产品)征收的反倾销税,即

$$\omega=\pi_{\mathrm{du}}^{*}+\pi_{\mathrm{dd}}^{*}+CS^{*}+t_{\mathrm{d}}Q_{\mathrm{fd}}^{*}+t_{\mathrm{u}}Q_{\mathrm{u}}^{*} \tag{7-76}$$

其中,国内上游企业的利润为:

$$\pi_{\mathrm{du}}^{*}=Q_{\mathrm{d}}^{*}(P_{\mathrm{d}}^{*}-C_{\mathrm{du}})=\frac{2(5a-7C_{\mathrm{dd}}+2C_{\mathrm{fd}}+2t_{\mathrm{d}}-15C_{\mathrm{du}}+10C_{\mathrm{fu}}+8t_{\mathrm{u}})^{2}}{1\,587b} \tag{7-77}$$

国内下游企业的利润为;

$$\begin{aligned}\pi_{\mathrm{dd}}^{*}&=(P^{*}-P_{\mathrm{d}}^{*}-C_{\mathrm{dd}})(Q_{\mathrm{d}}^{*}+Q_{\mathrm{u}}^{*})\\&=\frac{4(10a-14C_{\mathrm{dd}}+4C_{\mathrm{fd}}+4t_{\mathrm{d}}-7C_{\mathrm{du}}-3C_{\mathrm{fu}}-7t_{\mathrm{u}})^{2}}{4\,761b}\end{aligned} \tag{7-78}$$

最终产品的国内消费者剩余为：

$$CS^* = \frac{1}{2}(a - P^*)Q_T^* = \frac{1}{2}b(Q_T^*)^2$$

$$= \frac{2(17a - 10C_{dd} - 7C_{fd} - 7t_d - 5C_{du} - 12C_{fu} - 5t_u)^2}{4\,761b} \tag{7-79}$$

对进口国外最终产品征收的反倾销税为：

$$t_d Q_{fd}^* = \frac{t_d(14a + 8C_{dd} - 22C_{fd} - 22t_d + 4C_{du} - 18C_{fu} + 4t_u)}{69b} \tag{7-80}$$

对进口国外原材料(中间产品)征收的反倾销税为：

$$t_u Q_u^* = \frac{t_u(10a - 14C_{dd} + 4C_{fd} + 4t_d + 16C_{du} - 26C_{fu} - 30t_u)}{69b} \tag{7-81}$$

把(7-77)、(7-78)、(7-79)、(7-80)和(7-81)五式代入式(7-76)，分别求 ω 对 t_u 和 t_d 的一阶导数，并令其为零，可得：

$$\frac{\partial \omega}{\partial t_u} = \frac{\partial \pi_{du}^*}{\partial t_u} + \frac{\partial \pi_{dd}^*}{\partial t_u} + \frac{\partial CS^*}{\partial t_u} + \frac{\partial t_d Q_{fd}^*}{\partial t_u} + \frac{\partial t_u Q_u^*}{\partial t_u} = 0 \tag{7-82}$$

$$\frac{\partial \omega}{\partial t_d} = \frac{\partial \pi_{du}^*}{\partial t_d} + \frac{\partial \pi_{dd}^*}{\partial t_d} + \frac{\partial CS^*}{\partial t_d} + \frac{\partial t_d Q_{fd}^*}{\partial t_d} + \frac{\partial t_u Q_u^*}{\partial t_d} = 0 \tag{7-83}$$

由(7-82)和(7-83)两式，可得：

$$\frac{\partial \omega}{\partial t_u} = \frac{270a - 654C_{dd} + 384C_{fd} + 660t_d + 156C_{du} - 426C_{fu} - 2\,880t_u}{4\,761b} = 0 \tag{7-84}$$

$$\frac{\partial \omega}{\partial t_d} = \frac{930a + 216C_{dd} - 1\,146C_{fd} - 2\,664t_d - 168C_{du} - 762C_{fu} + 660t_u}{4\,761b} = 0 \tag{7-85}$$

由(7-84)和(7-85)两式联立，可以得出国内政府对原材料(中间产品)和最终产品征收所适用的最优反倾销税率分别为

$$t_u^* = \frac{35a - 42C_{dd} + 7C_{fd} + 8C_{du} - 43C_{fu}}{190} \tag{7-86}$$

$$t_d^* = \frac{15a + C_{dd} - 16C_{fd} - 2C_{du} - 13C_{fu}}{38} \tag{7-87}$$

7.3.3　影响反倾销税率因素分析

1）国内市场容量大小对反倾销税率的影响

由上述优化反倾销税率计算公式可知，优化的反倾销税率是国内市场上消费容量大小增函数，即(7-86)和(7-87)两式中字母 a 的大小，随着国内市场上消费容量的增加而增加，所以，当国外企业对国内市场的倾销幅度等条件基本相同的情况下，如果国内消费市场容量较大，那么国内政府就应对该进口产品征收较高的反倾销税率；反之，如果国内消费市场容量较小，那么国内政府就应对该进口产品适用较低的反倾销税率，甚至不征收反倾销税。

而且由(7-86)和(7-87)两式可知，最终产品市场容量的大小对最终产品的反倾销税率的影响程度比对中间产品反倾销税率的更大。所以，国内政府应该对最终产品采取强度更大的保护程度，对中间产品采取强度较小的保护程度或鼓励进口。

2）国外上下游企业的成本对反倾销税率的影响

由式(7-86)可知，对中间产品的反倾销税率是国外上下游企业出口到国内市场上的产品的单位边际成本的增函数，即随着国外企业生产产品的单位边际成本的增加而增加。所以，当国外上游企业生产产品的单位边际成本越高，国内政府就应征收适用较高的反倾销税率，从而鼓励国内下游企业购买更有效的国内中间产品以提高其在最终产品市场上的竞争力。

由式(7-87)可知，对最终产品的反倾销税率是国外上下游企业出口到国内市场上的产品的单位边际成本的减函数，即随着国外企业生产产品的单位边际成本的增加而减少。所以，当国外上游企业生产产品的单位边际成本越低，那么国外最终产品在国内最终产品市场上的竞争力越强，所以国内政府就应征收适用较高的反倾销税率，从而达到保护国内企业的效果。

3）国内上下游企业的成本对反倾销税率的影响

由式(7-86)可知，对中间产品的反倾销税率是国内上下游企业的单位边际成本的减函数，即随着国内企业生产产品的单位边际成本的增加而减少。所以，当国内上游企业生产产品的单位边际成本越高，国内政府就应征收适用越低的反倾销税率，从而鼓励国内下游企业购买更有效的国外中间产品，以最终提高其在最终产品市场上的竞争力。

由式(7-87)可知，对最终产品的反倾销税率是国内上下游企业的单位边际成本的增函数，即随着国内企业生产产品的单位边际成本的增加而增加。所以，当国内上下游企业生产产品的单位边际成本越高，那么国内最终产品在国内最终产品市场上的竞争力越弱，所以国内政府就应对国外最终产品征收适用较高的反倾销税率,从而达到保护国内企业的作用。

7.4 上下游同时征税的完全信息动态博弈的反倾销税率

本节主要讨论国内外企业在完全信息动态博弈下的基于上下游市场结构的国内政府对出口国的上下游企业同时征收税收所适用的优化反倾销税率,并分析影响优化反倾销税率的因素。

7.4.1 基本模型假设

假设 1:考虑两个垄断企业,本国企业和外国企业,都由上游厂商(M)和下游厂商(R)组成。本国上游厂商(M_d)所生产的所有产品作为中间产品成为本国下游厂商(R_d)的原材料。外国上游厂商(M_f)所生产的所有产品作为中间产品一部分出口到本国成为本国下游厂商(R_d)的原材料,另一部分产品成为外国下游厂商(R_f)原材料。国内外下游厂商使用上游产品生产的最终产品全部销售到本国市场(Mar)。本国最终产品市场(Mar)的消费者反需求函数为 $P=a-bQ$ 。

假设 2:本国和外国的下游厂商中间产品(原材料)与产出(最终产品)比为 1:1。

假设 3:本国和外国的上游厂商的产品完全相同,具有完全替代关系,本国和外国的下游产品亦是如此。

假设 4:在本国最终市场(Mar)上,本国下游厂商(R_d)是产量领导者,外国下游厂商(R_f)作为追随者。同样,在本国的中间产品市场上(R_d),本国上游厂商(M_d)是产量领导者,外国上游厂商(M_f)作为追随者,出口中间产品到本国,为本国下游厂商提供产品作为原材料。

假设 5:本国政府对外国上下游厂商出口到本国的产品征收反倾销税,税率分别为 t_u 、t_d 。

假设 6:本国上游厂商在本国中间产品市场上有决定价格的能力,下游厂商只能接受其定价;外国上游厂商在外国中间产品市场上有决定价格的能力,其市场影响力使得外国下游厂商只能接受其定价。

具体模型流程图见图 7.4。

7.4.2 优化反倾销税率模型

该模型属于完全信息下的动态博弈模型,国内外每个企业都追求各自利润最大化。如图 7.4,根据以上流程,利用博弈论中的逆向归纳法,首先由下游市场竞争均衡、其次上游市场均衡、最终确定使得国内社会福利最大化下的对国外上下游

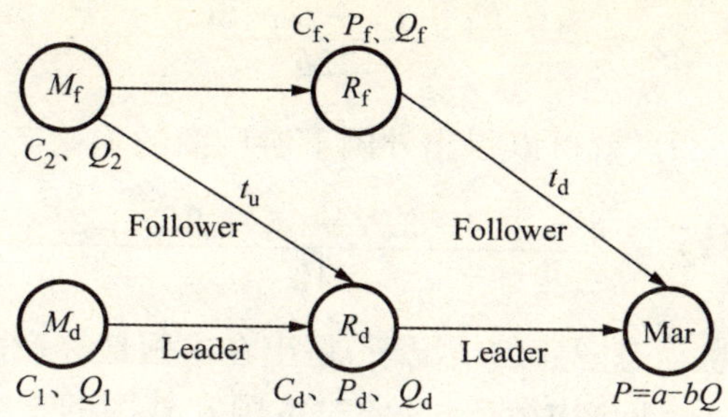

图 7.4　上下游产品同时贸易的完全信息动态博弈流程图

产品所适用的最优反倾销税率。

1）最终产品市场的动态博弈均衡

首先在本国最终产品市场上，消费者的反需求函数为 $P = a - bQ$，其中 $Q = Q_d + Q_f$，外国下游厂商的最终产品成本包括具有不变的单位边际加工成本 C_f 以及外国上游厂商提供的中间产品价格 P_f，同时还有本国政府征收的税率为 t_d 的反倾销税。

外国厂商作为本国下游厂商的追随者，会假定本国下游厂商产量为既定的条件下，追求利润最大化。

所以，外国厂商的利润函数为：

$$\pi_f = PQ_f - (C_f + P_f)Q_f - t_dQ_f = [a - b(Q_f + Q_d)]Q_f - (C_f + P_f)Q_f - t_dQ_f \tag{7-88}$$

由式(7-88)，求 π_f 对 Q_f 的一阶导数，并令 $\frac{\partial \pi_f}{\partial Q_f} = 0$，可以得出外国下游厂商对本国下游厂商的反应函数为：

$$Q_f = \frac{a - bQ_d - C_f - P_f - t_d}{2b} \tag{7-89}$$

本国下游厂商的利润函数为：

$$\pi_d = PQ_d - (C_d + P_d)Q_d = [a - b(Q_f + Q_d)]Q_d - (C_d + P_d)Q_d \tag{7-90}$$

其中，本国下游厂商的产品单位成本包括不变边际加工成本 C_d 以及上游厂商出售的中间产品价格 P_d。因为完全信息，本国下游厂商知道外国下游厂商对其的反应函数。于是将式(7-89)代入国内厂商的利润函数式(7-90)，并求 π_d 对 Q_d 的一阶导数，同时令 $\frac{\partial \pi_d}{\partial Q_d} = 0$，可得本国下游厂商的均衡产量为：

$$Q_d = \frac{a + C_f + P_f + t_d - 2C_d - 2P_d}{2b} \tag{7-91}$$

把式(7-91)代入式(7-89)，就可以得出外国下游厂商的均衡产量：

$$Q_f = \frac{a - 3C_f - 3P_f - 3t_d + 2C_d + 2P_d}{4b} \tag{7-92}$$

于是，在完全信息动态博弈的情况下，得出在本国最终产品市场上达到的斯塔克伯格(Stackelberg model)均衡产量，此时本国和外国的下游厂商都取得了最大利润。

2）中间产品市场的动态博弈均衡

由最终产品的市场均衡，可以通过博弈论的逆推法进而求得在中间产品市场上取得的均衡解。

由于假设本国和外国的下游厂商投入产出比例为 1：1，所以在下游厂商取得斯塔克伯格均衡的情况下，外国、本国上游厂商对中间产品的需求函数分别为：

$$D_f = Q_f = \frac{a - 3C_f - 3P_f - 3t_d + 2C_d + 2P_d}{4b} \tag{7-93}$$

$$D_d = Q_d = \frac{a + C_f + P_f + t_d - 2C_d - 2P_d}{2b} \tag{7-94}$$

由外国上游厂商面临的需求函数式(7-93)，可以得知出售给外国下游厂商的对中间产品的反需求函数：

$$P_f = \frac{a - 3C_f - 3t_d + 2C_d + 2P_d - 4bD_f}{3} \tag{7-95}$$

同理，由本国上游厂商面临的需求函数式(7-94)，可以得知出售给本国下游厂商的对中间产品的反需求函数：

$$P_d = \frac{a + C_f + P_f + t_d - 2C_d - 2bD_d}{2} \tag{7-96}$$

外国上游厂商的中间产品 Q_2 由两部分构成，一部分 Q_2^d 出口到本国，作为本国下游厂商的原材料；另一部分 Q_2^f 出售给外国下游厂商，作为原材料。即 $Q_2 = Q_2^f + Q_2^d$ 。本国上游厂商产出的中间产品 Q_1 全部出售给本国下游厂商。因此，中间产品在本国和外国都达到供需平衡时，存在 $Q_2^f = D_f$ ，$Q_2^d + Q_1 = D_d$ 。因此(7-95)、(7-96)两式可变为以下的反需求函数：

$$P_f = \frac{a - 3C_f - 3t_d + 2C_d + 2P_d - 4bQ_2^f}{3} \tag{7-97}$$

$$P_d = \frac{a + C_f + P_f + t_d - 2C_d - 2b(Q_1 + Q_2^d)}{2} \tag{7-98}$$

外国上游厂商的利润由两部分构成，出售给外国下游厂商获得的 π_2^f 以及出售给本国下游厂商获得的 π_2^d 。外国上游厂商生产中间产品具有不变单位边际成本 C_2 ，本国政府对出口到本国的中间产品征收税率为 t_u 的反倾销税。所以国外上游厂商利润最大化应满足：

$$MR_2^f = P_f - C_2 \tag{7-99}$$

$$MR_2^d = P_d - C_2 - t_u \tag{7-100}$$

由式(7-99)以及这部分中间产品面临的反需求函数，可得 Q_2^f 的最优均衡产量：

$$Q_2^f = \frac{a - 3C_f - 3t_d - 3C_2 + 2C_d + 2P_d}{8b} \tag{7-101}$$

作为本国上游厂商的追随者，国外上游厂商会假定本国上游厂商的产量 Q_1 为已知，结合其利润函数式(7-100)与这部分出口到本国的中间产品面临的反需求函数式(7-98)，可得外国上游厂商出口到本国的产量 Q_2^d 对本国上游厂商产量 Q_1 的反应函数：

$$Q_2^d = \frac{a + C_f + P_f + t_d - 2C_d - 2t_u - 2C_2 - 2bQ_1}{4b} \tag{7-102}$$

作为斯塔克伯格模型中的产量领导者，本国上游厂商的利润函数为：

$$\pi_1 = (P_d - C_1)Q_1 \tag{7-103}$$

式中 C_1 为不变的单位边际成本。因为完全信息，本国上游厂商知道外国上游厂商的反应函数，将本国上游厂商产品面临的反需求函数与本国上游厂商的利润函数式(7-103)及反应函数结合，本国上游厂商为了取得最大利润需满足 $\frac{\partial \pi_1}{\partial Q_1} = 0$ ，由此可以求得使本国上游厂商取得最大利润的均衡产量：

$$Q_1 = \frac{a + C_f + P_f + t_d + 2t_u + 2C_2 - 2C_d - 4C_1}{4b} \tag{7-104}$$

结合国外上游厂商对本国上游厂商的反应函数式(7-102)，得出了外国上游厂商在取得最大利润时出口到本国的均衡产量：

$$Q_2^d = \frac{a + C_f + P_f + t_d - 2C_d - 6t_u - 6C_2 + 4C_1}{8b} \tag{7-105}$$

这便是上游厂商在完全信息动态博弈下的斯塔克伯格均衡产量，在这种产量下，本国和外国的上游厂商都取得了最大利润。

因为在中间产品市场供需均衡时存在关系 $Q_2^f = D_f$，$Q_2^d + Q_1 = D_d$，由此可以得知在本国和外国上游厂商取得最大利润时存在均衡关系：

$$D_f = \frac{a - 3C_f - 3t_d - 3C_2 + 2C_d + 2P_d}{8b} \tag{7-106}$$

$$D_d = \frac{3a + 3C_f + 3P_f + 3t_d - 6C_d - 2t_u - 2C_2 - 4C_1}{8b} \tag{7-107}$$

由于下游厂商生产产品时投入产出比为 1∶1，从而存在如(7-93)、(7-94)两式的关系，再分别结合刚刚得出的均衡关系(7-106)、(7-107)两式，可以求得有关中间产品价格的关系式：

$$a + C_f + P_f + t_d + 2t_u + 2C_2 + 4C_1 - 2C_d - 8P_d = 0 \tag{7-108}$$

$$a - 3C_f - 6P_f - 3t_d + 2C_d + 2P_d + 3C_2 = 0 \tag{7-109}$$

从而得出在本国和外国上游厂商都取得最大利润时的上游厂商斯塔克伯格均衡下的本国和外国中间产品的均衡价格 P_d、P_f：

$$P_d = \frac{7a + 3C_f + 3t_d - 10C_d + 12t_u + 15C_2 + 24C_1}{46} \tag{7-110}$$

$$P_f = \frac{5a - 11C_f - 11t_d + 6C_d + 14C_2 + 2t_u + 4C_1}{23} \tag{7-111}$$

将上游厂商均衡条件下中间产品价格(7-110)、(7-111)两表达式代入(7-91)、(7-92)、(7-104)、(7-105)四式，从而求出在上下游厂商都满足斯塔克伯格均衡条件下各种产量：

$$Q_d = \frac{21a + 9C_f + 9t_d - 30C_d - 10t_u - C_2 - 20C_1}{46b} \tag{7-112}$$

$$Q_f = \frac{15a - 33C_f - 33t_d + 18C_d - 27C_2 + 6t_u + 12C_1}{92b} \tag{7-113}$$

$$Q_1 = \frac{7a + 3C_f + 3t_d - 10C_d + 12t_u + 15C_2 - 22C_1}{23b} \tag{7-114}$$

$$Q_2^d = \frac{7a + 3C_f + 3t_d - 10C_d - 34t_u - 31C_2 + 24C_1}{46b} \tag{7-115}$$

将(7-112)、(7-113)两式代入最终产品的需求函数 $P = a - bQ$，式中 $Q = Q_d +$

Q_f，就可以本国最终市场的均衡价格：

$$P=\frac{35a+15C_f+15t_d+42C_d+14t_u+29C_2+28C_1}{92} \tag{7-116}$$

由以上求出的均衡产量及价格代入本国上下游厂商的利润函数(7-103)、(7-90)两式，便可以得出本国上下游厂商的利润：

$$\pi_1=\frac{1}{2b}\left(\frac{7a+3C_f+3t_d-10C_d+12t_u+15C_2-22C_1}{23}\right)^2 \tag{7-117}$$

$$\pi_d=\frac{1}{2b}\left(\frac{21a+9C_f+9t_d-30C_d-10t_u-C_2-20C_1}{46}\right)^2 \tag{7-118}$$

3）本国政府决策最大化社会福利

政府因为对从外国上下游企业进口的中间产品与最终产品征收的反倾销税而获得一定的收入，这部分收入分别为 $T_u=Q_2^d t_u$ 、$T_d=Q_f t_d=Q_2^f t_d$ ，同样，把已经确定的均衡量代入其中，得出本国政府的两个反倾销税收入：

$$T_u=\frac{7a+3C_f+3t_d-10C_d-34t_u-31C_2+24C_1}{46b}t_u \tag{7-119}$$

$$T_d=\frac{15a-33C_f-33t_d+18C_d-27C_2+6t_u+12C_1}{92b}t_d \tag{7-120}$$

本国的消费者剩余为：

$$CS=\frac{1}{2b}\left(\frac{57a-15C_f-15t_d-42C_d-14t_u-29C_2-28C_1}{92}\right)^2 \tag{7-121}$$

本国的国内社会福利为本国上下游厂商的利润、政府通过反倾销税所获得的收入以及本国消费者购买商品获得的消费者剩余。即有本国总社会福利函数：

$$\omega=\pi_1+\pi_d+T_u+T_d+CS \tag{7-122}$$

作为本国政府，为了最大化本国的总社会福利，可以通过改变自己可以控制的影响因素 t_u 、t_d 来达到这一目的，要达到最大化社会福利，要满足条件 $\frac{\partial\omega}{\partial t_u}=0$ 与 $\frac{\partial\omega}{\partial t_d}=0$，由此可以得知最大化本国社会福利时，本国政府决策制定的反倾销税税率为：

$$t_u=\frac{56a-69C_f+13C_d-55C_2-C_1}{162} \tag{7-123}$$

$$t_d = \frac{154a + 33C_f - 187C_d - 293C_2 + 139C_1}{972} \tag{7-124}$$

7.4.3 结果分析

由本国最终产品市场的需求函数 $P = a - bQ$ 可知，如果保持价格 P 不变，a 越大，则产品的需求量 Q 就越大，也就是说市场规模越大；可见，a 是与市场规模成正相关的量，换句话说就是 a 代表市场的规模大小。

1) 从企业角度考虑

由本国上下游企业的利润函数式(7-117)、(7-118)，可以看出本国市场规模越大上下游厂商的利润越大，这一点是显而易见。同样，本国上下游厂商利润与本国最终产品消费者的需求价格弹性成正相关关系，这是因为价格弹性大的话，厂商可以通过降低价格而提升大量的销量进而提高利润。本国厂商利润与外国下游厂商成本、对外国下游厂商产品征税税率成正相关关系，这是因为当这两项数值较高时，外国的最终产品与本国产品相比成本上就处于劣势，由此本国厂商就可以获取超额利润。相反的是，本国厂商利润与本国上下游厂商的成本呈负相关关系，因为一旦本国上游厂商具有较高成本的话，会直接导致本国上游厂商利润下降，同时还会导致本国下游厂商成本提高，进而导致在最终商品市场上与外国下游厂商相比不再具有成本优势，利润降低；本国下游厂商具有高成本亦是如此，本国下游厂商利润压缩，会波及本国上游厂商，本国下游厂商为了与外国下游厂商竞争会降低成本，进而降低本国中间产品的价格，从而压缩了本国上游厂商的利润。

本国上游厂商利润与外国上游中间产品反倾销税税率以及外国上游厂商成本成正相关关系。这是因为这两个因素越高，外国上游厂商就在成本上处于劣势，从而本国上游厂商就可以获得高额利润。

然而，本国下游厂商的利润却与外国上游厂商产品的反倾销税率及外国上游厂商的成本呈负相关关系。这是因为，一旦这两个影响因素的取值较大，由于本国下游厂商的原材料一部分来源于外国上游厂商，因而会导致其产品成本上升，从而降低在最终产品市场获得的利润。

2) 从国家政府角度考虑

由本国政府为了使本国社会福利最大化，需适用的最佳反倾销税税率(7-123)、(7-124)两式。可以发现这两个税率都与本国市场规模成正相关关系，这一点很容易解释，就是因为本国市场规模越大，外国通过倾销所获取的利润越大，即便倾销了大量商品，却由于本国的市场规模太大而导致产生本国产业似乎没有受到太大冲击的假象。因而需要通过征收高额税收弥补这一损失。这两个税率还与外国上游厂商成本呈负相关关系。这是因为，外国上游厂商成本越高，会导致外国下游厂商成本也升高，因而不论中间产品还是最终产品，外国厂商都在成本上处在劣势，这样就要降低对中间产品和最终产品的反倾销税，以减弱外国厂商的成本压力，降低本国下游厂商利润及本国消费者的消费者剩余所受的影响。

对上游中间产品的征税与外国下游厂商成本呈负相关关系，这是因为，外国下游厂商的加工成本上升会导致其产品价格上升或者产量降低，从而会降低最终消费者的消费者剩余，从而降低社会福利，为了避免这一状况，就降低对上游中间产品的征税，使得更多的低价中间产品流入到本国下游企业，从而生产出更多的低价最终产品，提升本国下游厂商的利润，也提高消费者剩余，从而减缓社会福利的减少。但是，外国下游厂商的加工成本与下游的征税成正相关关系。一旦外国下游厂商成本上升，则通过提高最终产品的反倾销税率，使得外国下游厂商的成本更加处于劣势，这样就使得本国下游厂商在最终产品市场的竞争上处于强势，获得更大的利润，从而提高本国福利。

相反，上游反倾销税与本国下游厂商的加工成本成正相关关系，这是因为本国下游厂商加工成本大，就对外国中间产品征收较高反倾销税，使得中间产品更多的流入到具有较低加工成本的外国下游厂商，生产厂出更多的低价最终产品，从而提升消费者剩余，进而减缓社会福利的降低。而对下游产品征收的反倾销税率与本国下游厂商加工成本呈负相关关系。这是因为，本国下游加工成本较高，会使得本国最终产品的价格升高或者供给量降低，从而降低消费者剩余，因而降低对外国下游厂商产品的征税，会降低外国最终产品的量，降低其价格，从而减缓消费者剩余的减少，减缓社会福利的降低。

对上游中间产品征收的最优反倾销税税率与本国上游厂商的成本呈负相关关系，因为一旦本国上游厂商具有较高的成本，就需要降低对外国进口的中间产品的征税，以减缓本国下游厂商原材料成本的上升，从而减缓本国下游厂商利润降低的幅度，以缓解本国社会福利下降的程度。而对外国最终产品的征税税率与本国上游厂商的成本成正相关关系，因为本国上游厂商的成本上升直接导致本国下游厂商的成本上升，从而在最终产品市场上处于成本劣势，因而，为了扭转这一局面，需对外国最终产品征收较高的反倾销税，增加外国产品的成本，增加本国下游厂商的成本优势，从而增加本国下游厂商的利润，减缓本国社会福利的降低程度。

7.4.4　结论与政策建议

本节建立了完全信息垂直市场结构经济模型，并通过经济学动态博弈方法，对在垂直市场结构下，为了使本国社会福利最大化，对国外进口中间产品与最终产品征收最优反倾销税的问题进行了分析；得出了在对中间产品、最终产品要征收不同的反倾销税的结论，并且得出了在制定税率时要考虑本国和外国的上下游厂商的成本以及本国最终产品市场的市场规模，还求得了最优税率和这些影响因素的相关性及相关程度。

1）本国企业角度

由上面结果分析中的企业角度的分析，可以得知，作为国内产业链上游的厂商在考虑企业利润时，可以通过降低成本，进而提高企业利润。还可以转换行业，如向那些外国下游厂商具有高加工成本，具有较高上下游产品反倾销税税率，外国上游厂商具有较高成本，国内下游厂商具有较低加工成本或者最终产品具有较高需求价格弹性的行业，转向这些行业，都可以达到提升厂商利润的目的。

而对于国内下游厂商，同样也可以通过降低加工成本提高利润。当无法再降低成本时，也可以通过转换行业达到提高利润的目的。如转向具有较大市场规模，国外下游厂商具有较高加工成本，对下游产品征收较高反倾销税的产业或者具有较高需求价格弹性的行业，这与本国上游厂商的决策情况类似。对国内下游厂商来说，转向国外上下游厂商具有较低成本或者对上游产品征收较低反倾销税的行业，会提高其利润，这与本国上游厂商的情况相反。因此，认清自己在产业链的具体位置，才能做出正确的决策。同时，也可以转向那些本国上游厂商具有较低成本的产业，这样可以降低其产品成本、提高利润。

2）政府决策角度

政府决策制定对国外上下游厂商产品征收的反倾销税，通过不同的反倾销税税率，来提高本国总的社会福利水平。根据上一部分的结果分析可知，在制定最优税率的时候一定要关注征税的对象所处产业链的位置，因为对一类产品征收反倾销税会因为上下游的关系，采取截然相反的征收幅度。

对那些本国具有较大市场规模或者外国上游厂商具有较低生产成本的产业，不论对上游的中间产品还是下游的最终产品，最优税率的征收都是较高的。如我国市场规模很大的粮食、食品市场，应征收较高的反倾销税以提高本国社会福利。

但是对于那些外国下游厂商以及本国上游厂商具有较高成本的产业，对上游中间产品征收的最优反倾销税税率要较低，对下游厂商的最终产品征收的最优反倾销税要较高，这样才能达到提高本国社会福利的目的。如上游纺织业，下游服装业的产业链，这类行业是劳动密集型产业，我国由于具有廉价劳动力，因而国外上下游厂商就具有相对较高的成本，此时我国政府对国外，例如美国的纺织业要征收较低的反倾销税，而对处于下游的服装业，则要征收较高的反倾销税，这样就能达到提高我国总体社会福利的目的。

7.5　基于上下游的完全信息静态博弈的多国反倾销税率

本节主要讨论国内外企业在完全信息静态博弈下的基于上下游市场结构的国内政府对多个出口国的下游企业征收税收所适用的优化反倾销税率，并分析影响优化反倾销税率的因素。

7.5.1　基本模型假设

有三个国家，分别是东道国 D 和两个贸易往来国家 A 和 B。三个国家均生产无差异的同一种产品，都属于垂直市场结构模式。三国在完全信息条件下在本国 D 市场上同时销售，属于完全信息条件下的静态博弈。

具体假设如下：

假设 1：本国、A 国和 B 国三国的上游企业都使用原材料进行生产，且生产出的中间产品分别销售给自己国家下游企业。本国上游企业生产中间产品具有不变的边际成本为 C_d、A 国上游企业生产中间产品具有不变的边际成本为 C_a 和 B 国上游企业生产中间产品具有不变的边际成本为 C_b。

假设 2：每个国家的下游厂商分别按照自己国家的上游厂商的市场定价购买中间产品，也即下游厂商是价格接受者。本国和 A、B 两国下游企业购买中间产品的价格分别为 P_d 、P_f^a 和 P_f^b ，此外还具有不变的附加的边际生产成本分别为 C_{dd}、C_{df}^a 和 C_{df}^b）。

假设 3：三个国家下游企业投入-产出比是 1∶1，即下游企业能够运用一单位上游企业中间产品生产出一单位最终产品。

假设 4：本国国内最终产品市场上消费者的反需求函数为 $P=a-bQ$。销售到本国市场的产品同质，三个国家的下游企业都处在完全信息市场中，竞争对手同时决策各自的生产量（出口量）并追求利润最大化，即三个国家的下游企业同时博弈。

假设 5：三个国家下游企业生产出最终产品之后，均销售到东道国 D 的市场，为了保护本国产业，东道国政府对 A、B 两国下游企业分别征收税率为 t_a 和 t_b 的反倾销税。

假设 6：为简化模型方便分析，这里不考虑关税、补贴、运输成本等，同时假设国内外生产要素不能相互流通。

具体模型流程图见图 7.5。

7.5.2　优化反倾销税率模型

该模型属于完全信息下的静态博弈模型，国内外每个企业都追求各自利润最

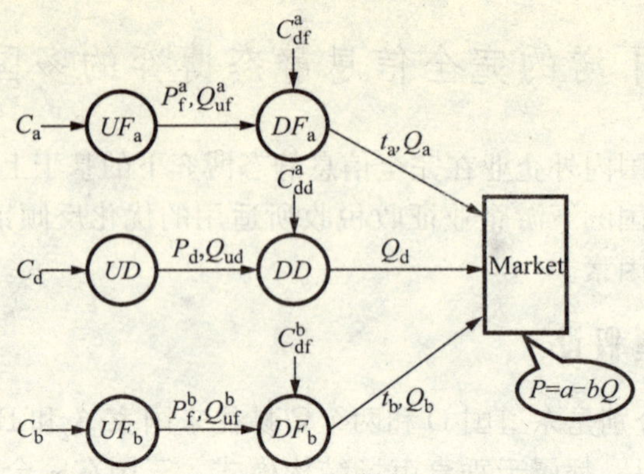

图 7.5　完全信息下基于垂直市场结构的三国反倾销静态博弈流程图

大化。如图 7.5，根据以上流程，利用博弈论中的逆向归纳法，由首先下游市场竞争均衡、其次上游市场均衡、最终确定使得国内社会福利最大化下的最优反倾销税率。

1）下游市场均衡

三国的下游企业在本国最终产品市场所面临的消费者反需求函数 $P=a-bQ$，其中 $Q=Q_d+Q_a+Q_b$，那么国内下游企业的利润函数为：

$$\begin{aligned}\pi_d &= PQ_d-(C_{dd}+P_d)Q_d \\ &= [a-b(Q_d+Q_a+Q_b)]Q_d-(C_{dd}+P_d)Q_d\end{aligned} \tag{7-125}$$

式中 $(C_{dd}+P_d)$ 为国内下游企业的边际成本。

由式(7-125)，求 π_d 对 Q_d 的一阶导数，并令其为零，可得：

$$\frac{\partial \pi_d}{\partial Q_d}=a-2bQ_d-bQ_a-bQ_b-(C_{dd}+P_d)=0 \tag{7-126}$$

由式(7-126)，可得出东道国下游企业的反应函数为：

$$Q_d=\frac{a-bQ_a-bQ_b-(C_{dd}+P_d)}{2b} \tag{7-127}$$

同理，A 国下游企业(DF_a)的利润函数为：

$$\begin{aligned}\pi^a_{df} &= PQ_a-(C^a_{df}+P^a_f)Q_a-t_aQ_a \\ &= [a-b(Q_d+Q_a+Q_b)]Q_a-(C^a_{df}+P^a_f)Q_a-t_aQ_a\end{aligned} \tag{7-128}$$

由式(7-128)，求 π^a_{df} 和 π_d 对 Q_a 的一阶导数，并令其为零，可得：

$$\frac{\partial \pi_{df}^{a}}{\partial Q_a} = a - 2bQ_a - bQ_d - bQ_b - (C_{df}^{a} + P_f^a) - t_a = 0 \tag{7-129}$$

由式(7-129)，可得 A 国下游企业的反应函数为

$$Q_a = \frac{a - bQ_d - bQ_b - (C_{df}^{a} + P_f^a) - t_a}{2b} \tag{7-130}$$

同理，可求得 B 国下游企业的反应函数为

$$Q_b = \frac{a - bQ_d - bQ_a - (C_{df}^{b} + P_f^b) - t_b}{2b} \tag{7-131}$$

由(7-127)、(7-130)、(7-131)三式联立，可以得出三个国家的下游企业在国内市场上均衡销售量：

$$Q_d = \frac{a - 3C_{dd} + C_{df}^{a} + C_{df}^{b} - 3P_d + P_f^a + P_f^b + t_a + t_b}{4b} \tag{7-132}$$

$$Q_a = \frac{a + C_{dd} - 3C_{df}^{a} + C_{df}^{b} + P_d - 3P_f^a + P_f^b - 3t_a + t_b}{4b} \tag{7-133}$$

$$Q_b = \frac{a + C_{dd} + C_{df}^{a} - 3C_{df}^{b} + P_d + P_f^a - 3P_f^b + t_a - 3t_b}{4b} \tag{7-134}$$

由下游企业的产量表达式可以看出，本国市场容量 a 的大小首先影响了三国企业的销售量；此外由于信息完全，三国的企业进行同时博弈，其产量不仅受限于自身的边际成本，还受其他两个竞争企业生产成本的约束。

本国下游企业生产成本越低，国外竞争厂商成本越高，国内企业的市场份额就会越大；同时，国内政府对国外企业征收的反倾销税率也有利于国内企业扩大其销售量。同样，两个国外下游企业面临相似的市场状况：本身的竞争力越强(相对生产成本越低)，会带来更大的市场占有率；而面对更高的反倾销税率，该企业只能选择减少产量来保证利润最大化。

2）上游市场均衡

由于假设三个国家下游企业投入产出比是 1∶1，即上游企业一单位中间产品能得到一单位最终产品，那么

$$Q_{ud} = Q_d,\ Q_{uf}^{a} = Q_a,\ Q_{uf}^{b} = Q_b \tag{7-135}$$

由式(7-135)，结合方程(7-132)、(7-133)、(7-134)可以得出三个国家上游企业的中间产品反需求函数：

$$P_d = \frac{a - 3C_{dd} + C_{df}^{a} + C_{df}^{b} + P_f^a + P_f^b + t_a + t_b - 4bQ_{ud}}{3} \tag{7-136}$$

$$P_{f}^{a}=\frac{a+C_{dd}-3C_{df}^{a}+C_{df}^{b}+P_{d}+P_{f}^{b}-3t_{a}+t_{b}-4bQ_{uf}^{a}}{3} \tag{7-137}$$

$$P_{f}^{b}=\frac{a+C_{dd}+C_{df}^{a}-3C_{df}^{b}+P_{d}+P_{f}^{a}+t_{a}-3t_{b}-4bQ_{uf}^{b}}{3} \tag{7-138}$$

由于上游企业也追求利润最大化，而在边际收益等于边际成本的时候获得利润最大化，根据假设，D、A、B 三国上游企业的边际成本分别为 C_{d} 、C_{a} 和 C_{b} ，可以得出以下等式：

$$MR_{ud}=C_{d}\Rightarrow\frac{a-3C_{dd}+C_{df}^{1}+C_{df}^{2}+P_{f}^{1}+P_{f}^{2}+t_{1}+t_{2}-8bQ_{ud}}{3}=C_{d} \tag{7-139}$$

$$MR_{uf}^{a}=C_{a}\Rightarrow\frac{a+C_{dd}-3C_{df}^{a}+C_{df}^{b}+P_{d}+P_{f}^{b}-3t_{a}+t_{b}-4bQ_{a}}{3}=C_{a} \tag{7-140}$$

$$MR_{uf}^{b}=C_{b}\Rightarrow\frac{a+C_{dd}+C_{df}^{a}-3C_{df}^{b}+P_{d}+P_{f}^{a}+t_{a}-3t_{b}-8bQ_{b}}{3}=C_{b} \tag{7-141}$$

又由 $Q_{ud}=Q_{d}$ ，$Q_{uf}^{a}=Q_{a}$ ，$Q_{uf}^{b}=Q_{b}$ ，因此上游企业的均衡可以得出市场上三国产品销售量的另一组表达式

$$Q_{d}=Q_{ud}=\frac{a-3C_{dd}+C_{df}^{a}+C_{df}^{b}+P_{f}^{a}+P_{f}^{b}+t_{a}+t_{b}-3C_{d}}{8b} \tag{7-142}$$

$$Q_{a}=Q_{uf}^{a}=\frac{a+C_{dd}-3C_{df}^{a}+C_{df}^{b}+P_{d}+P_{f}^{b}-3t_{a}+t_{b}-3C_{a}}{8b} \tag{7-143}$$

$$Q_{b}=Q_{uf}^{b}=\frac{a+C_{dd}+C_{df}^{a}-3C_{df}^{b}+P_{d}+P_{f}^{a}+t_{a}-3t_{b}-3C_{b}}{8b} \tag{7-144}$$

(7-142)、(7-143)、(7-144)三式结合(7-132)、(7-133)、(7-134)三式，可以得出上游企业销售中间产品的均衡价格：

$$P_{d}^{*}=\frac{7a-13C_{dd}+3C_{df}^{a}+3C_{df}^{b}+3t_{a}+3t_{b}+15C_{d}+3C_{a}+3C_{b}}{28} \tag{7-145}$$

$$P_{f}^{a*}=\frac{7a+3C_{dd}-13C_{df}^{a}+3C_{df}^{b}-13t_{a}+3t_{b}+3C_{d}+15C_{a}+3C_{b}}{28} \tag{7-146}$$

$$P_f^{b*} = \frac{7a + 3C_{dd} + 3C_{df}^a - 13C_{df}^b + 3t_a - 13t_b + 3C_d + 3C_a + 15C_b}{28} \tag{7-147}$$

将所得的均衡价格代入式(7-132)、(7-133)、(7-134)的产量表达式中，得出三个国家下游企业的均衡产量：

$$Q_d^* = \frac{3(7a - 13C_{dd} + 3C_{df}^a + 3C_{df}^b + 3t_a + 3t_b - 13C_d + 3C_a + 3C_b)}{112b} \tag{7-148}$$

$$Q_a^* = \frac{3(7a + 3C_{dd} - 13C_{df}^a + 3C_{df}^b - 13t_a + 3t_b + 3C_d - 13C_a + 3C_b)}{112b} \tag{7-149}$$

$$Q_b^* = \frac{3(7a + 3C_{dd} + 3C_{df}^a - 13C_{df}^b + 3t_a - 13t_b + 3C_d + 3C_a - 13C_b)}{112b} \tag{7-150}$$

把(7-148)、(7-149)、(7-150)三式代入最终产品的反需求函数，可得最终产品均衡价格为：

$$\begin{aligned} P^* &= a - b(Q_d^* + Q_a^* + Q_b^*) \\ &= \frac{7a + 3C_{dd} + 3C_{df}^a + 3C_{df}^b + 3t_a + 3t_b + 3C_d + 3C_a + 3C_b}{16} \end{aligned} \tag{7-151}$$

与第一部分下游企业均衡得出的反应函数类似，三个国家在本国市场上的均衡产量首先取决于本国市场容量 a 的大小，其次，最终的均衡结果表明，在垂直市场结构条件下，只有当上、下游企业均具备相对低廉的生产成本才可以增加其在东道国市场的销售量。

征收保护性的反倾销税也为本国企业扩大产量提供了契机，国外企业需要以更低的生产成本来抵消反倾销带来的负面影响。举 A 国为例，

$$Q_a^* = \frac{3(7a + 3C_{dd} - 13C_{df}^a + 3C_{df}^b - 13t_a + 3t_b + 3C_d - 13C_a + 3C_b)}{112b}$$

上游企业边际成本 C_a 、下游企业加工的边际成本 C_{df}^a 以及面临的反倾销税率 t_a 的系数均为 $\frac{-39}{112b}$，说明东道国政府对其征收所适用的反倾销税率每提高 1%，该国的上下游企业必须将其成本降低至少 1%来维持在东道国的市场份额。

3）反倾销税率的模型

本国国内社会福利由三部分组成，分别是：①国内上游企业和下游企业的利

润;②国内最终产品的消费者剩余 CS;③政府部门对 A 国和 B 国的下游企业征收的反倾销税之和。

(1) 国内上游企业和下游企业的利润:

$$\pi_{dd}+\pi_{ud}=(P^{*}-P_{d}^{*}-C_{dd})\cdot Q_{d}^{*}+(P_{d}^{*}-C_{d})\cdot Q_{dd}^{*}=(P^{*}-C_{dd}-C_{d})Q_{d}^{*}$$
$$=\frac{3(7a-13C_{dd}+3C_{df}^{a}+3C_{df}^{b}+3t_{a}+3t_{b}-13C_{d}+3C_{a}+3C_{b})^{2}}{1\,792b} \quad (7\text{-}152)$$

(2) 国内最终产品的消费者剩余 CS:

$$CS=\frac{1}{2}bQ^{*2}=\frac{1}{2}b(Q_{d}^{*}+Q_{a}^{*}+Q_{b}^{*})^{2}$$
$$=\frac{9(3a-C_{dd}-C_{df}^{a}-C_{df}^{b}-t_{a}-t_{b}-C_{d}-C_{a}-C_{b})^{2}}{512b} \quad (7\text{-}153)$$

(3) 政府部门对 A 国和 B 国的下游企业征收的反倾销税分别为:

$$t_{a}Q_{a}^{*}=\frac{3t_{a}(7a+3C_{dd}-13C_{df}^{a}+3C_{df}^{b}-13t_{a}+3t_{b}+3C_{d}-13C_{a}+3C_{b})}{112b} \quad (7\text{-}154)$$

$$t_{b}Q_{b}^{*}=\frac{3t_{b}(7a+3C_{dd}+3C_{df}^{a}-13C_{df}^{b}+3t_{a}-13t_{b}+3C_{d}+3C_{a}-13C_{b})}{112b} \quad (7\text{-}155)$$

本国国内社会福利为三部分的加总:

$$\omega=\pi_{dd}+\pi_{ud}+CS+t_{a}Q_{a}^{*}+t_{b}Q_{b}^{*} \quad (7\text{-}156)$$

把(7-152)、(7-153)、(7-154)和(7-155)四式代入式(7-156),分别求 ω 对 t_a 和 t_b 的一阶导数,并令它们为零,可得:

$$\begin{cases}\dfrac{\partial\omega}{\partial t_{a}}=\dfrac{273a-27C_{dd}-507C_{df}^{a}+261C_{df}^{b}-1\,131t_{a}+405t_{b}-27C_{d}-507C_{a}+261C_{b}}{1\,792b}=0\\[2ex] \dfrac{\partial\omega}{\partial t_{b}}=\dfrac{273a-27C_{dd}+261C_{df}^{a}-507C_{df}^{b}+405t_{a}-1131t_{b}-27C_{d}+261C_{a}-507C_{b}}{1\,792b}=0\end{cases} \quad (7\text{-}157)$$

由式(7-157),可得最优反倾销税率为:

$$t_{a}^{*}=\frac{182a-18C_{dd}-203C_{df}^{a}+39C_{df}^{b}-18C_{d}-203C_{a}+39C_{b}}{484} \quad (7\text{-}158)$$

$$t_{b}^{*}=\frac{182a-18C_{dd}+39C_{df}^{a}-203C_{df}^{b}-18C_{d}+39C_{a}-203C_{b}}{484} \quad (7\text{-}159)$$

以上是国家从国内社会福利最大化原则出发确定对其他两个产品输出国下游产业反倾销税率的最佳决策机制表达式。可见，反倾销税率与产品输出国上下游企业的成本大小负相关，与东道国企业的成本大小负相关，而与其他竞争国的企业成本正相关，只是相关的程度不同。

7.5.3　模型结论及政策建议

从模型的分析结果表明，在面对两个或两个以上国家竞争压力的情况下，对最终产品征收反倾销税时，应该充分考虑国内外中间产品和最终产品的成本结构，同时也要视不同产品的价值大小考虑反倾销税率的大小。

为了保护本国产业发展及遵循公共利益原则的情况下，使本国整体福利最大化，面对两个贸易国和本国企业的竞争，东道国政府对 A、B 两国分别征收适用 t_a^* 和 t_b^* 的反倾销税。反倾销税率与东道国市场容量 a 以及三个国家上下游生产的边际成本有关。

用以上结论分析我国面临反倾销诉讼的情况：首先，由于我国市场容量很大，从其他国家进口不容易受到损害；加上我国的劳动力禀赋使得生产许多熟练性的劳动密集型产品拥有比较成本优势，因此作为东道国，我国对国外无差异产品的输入会使用较高的反倾销税率。

其次，作为产品输出国，我国经济发展迅速，外贸出口持续快速增长、出口产品国际竞争力不断增强，产品出口种类多、数量大，使有些国家受到了冲击。与发达国家相比，我国凭借其在劳动力禀赋方面的比较优势降低了其产品成本；与发展中国家相比，中国产品的成本比较优势尽管不十分显著，但是中国企业的劳动生产率却远比其他发展中国家高，使中国产品在发展中国家市场上形成了合理的竞争优势。因此无论对发达国家还是发展中国家来说，与产品成本相对较高的其他竞争国相比，我国在向某一个东道国输出产品的时候比其他国家更容易遭遇到反倾销的贸易壁垒。

基于三国反倾销税率模型分析得出的东道国对国外企业下游企业征收的最优反倾销税率结构，可以为东道国政府在面临国外产品输出时征收反倾销税率的决策提供一定的政策建议。总的来说，在考虑国内社会福利最大化的基础上，征收合理的反倾销税率应该考虑到以下几点：

(1) 当国外的下游厂商向东道国销售某一同质产品时，东道国的市场容量越大(a 越大)则会对这些产品征收更高的反倾销税率。

(2) 从东道国产业链生产成本的角度来看，当东道国上下游产业生产成本较低的时候，国外产品出口到东道国面临的反倾销税率更高。即东道国产品竞争力比较强，为了维持该竞争力，本国政府对进口的同质产品征收较高的反倾销税率。

(3) 从产品输出国角度，其垂直生产的各个环节成本竞争力的强弱也决定了该国产品出口面临的反倾销程度大小。如果产品输出国在中间产品和最终产品生产上具有比较优势，较低的成本会使得其最终产品在出口到东道国市场时遇到更大的反倾销税率的挑战。

(4) 从第三国(与产品输出国同等地位的另一出口国)的产业竞争者角度来看，当第三国竞争者具备比较成本优势的时候，第三国就会面临更强劲的反倾销冲击，从一定程度上缓解了处于相对成本劣势的其他出口国面临的反倾销压力。

7.6 垂直市场结构下相似品反倾销税率模型

反倾销是世界贸易组织(WTO)允许采取的一种维护公平贸易、保护国内产业生存发展的合法手段。当国内产业受到国外倾销商品的损害时，征收相当于出口国本地价格与倾销价格之间的差价作为反倾销税，有利于抵消倾销的效用，保护国内产业。自 2001 年中国加入 WTO 后，欧美国家的国内市场保护势力面对具有低成本优势的中国出口商品，利用反倾销诉讼为工具，引发贸易纠纷。另一方面，入世之后中国遵循市场准入和自由贸易规则，放开国内竞争性市场。随着市场的开放，有竞争力的国外商品与服务大量进入国内市场，倾销案例的数量日渐增加，政府对其实施反倾销的必要性越来越大。制定恰当的反倾销战略，防止国外厂商挤压国内厂商的正当利益，保护国内产业的健康发展，是当前需要谨慎研究的问题。

垂直市场结构是指最终商品市场上的厂商需要从其上游供应商购买中间产品进行再生产。这里，本国最终产品的生产厂商受到政府保护，面临国外厂商的竞争。政府对国外最终商品征收的反倾销税额会改变国外厂商的成本，在给定的价格-需求函数和市场博弈模式下，影响下游市场均衡价格同供给量。下游厂商的供给又同其对上游市场产品的需求密切相关。因此，反倾销税额在垂直的市场结构中，会对国内外的下游、上游厂商造成直接和间接的影响。该结构下税额的确定包含更多因素，也更为复杂。

本节总结了先前的研究方法，在基于上下游企业市场结构的完全信息动态博弈模式假设下，并以相似品为研究对象，通过博弈模型与逆向归纳法，进一步地深入研究反倾销税率的优化问题，从而使得该领域的研究结果更为全面并具有现实意义。

7.6.1 基本模型假设

在最终商品的国内市场上只有两家厂商：D(国内商品零售商)和 F(国外商品

零售商)。假定不考虑销售成本,两个厂商各自面对的成本包括采购商品支付的价格 p_{du} 、p_{fu} ,以及政府对国外厂商征收的反倾销从量税额 t_{d} 。在完全信息动态博弈的模式下谋求各自利润最大化,达到 Stackelberg 均衡。其中,国内零售商 D 为产量领导者,国外零售商 F 为产量跟随者。

国内市场的价格-需求函数是线性的,两个企业面对的反需求函数分别为:$p_{\mathrm{d}}=a-b(q_{\mathrm{d}}+\theta q_{\mathrm{f}})$,$p_{\mathrm{f}}=a-b(\theta q_{\mathrm{d}}+q_{\mathrm{f}})$ 。其中,p_{d} 为国内产品的零售价格,p_{f} 为国外产品的零售价格,q_{d} 为国内零售商的供给量,q_{f} 为国外零售商的供给量。假定两种产品之间是相似的,有替代系数 $\theta(0<\theta<1)$ 。

D 和 F 在各自国内的上游企业为 D_{u} 和 F_{u} ,是商品的生产者。假设两国上游企业产品之间没有流通。D_{u} 和 F_{u} 有固定的边际成本 c_{du} 和 c_{fu} 。见图 7.6。

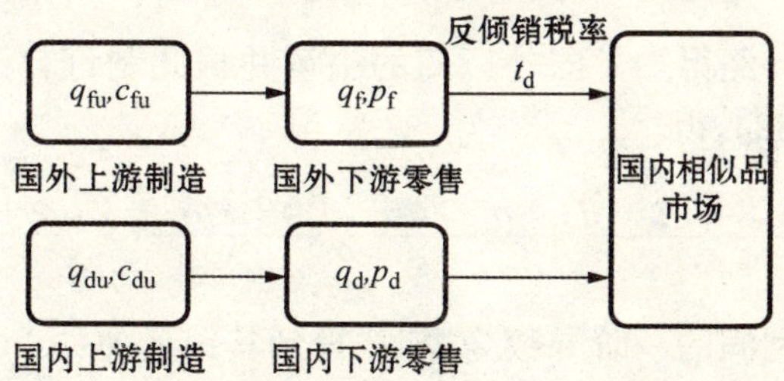

图 7.6　垂直市场结构下相似产品反倾销税率优化模型

由于 D 和 F 以及 D_{u} 和 F_{u} 是各自国内唯一的厂商,可以合理地假定其具备垄断性质,定价必须满足边际成本等于边际收益。生产的规模效应使得每个企业的边际成本不变,则国内零售商的边际成本 $c_{\mathrm{d}}=p_{\mathrm{du}}$,国外零售商的边际成本 $c_{\mathrm{f}}=p_{\mathrm{fu}}+t_{\mathrm{d}}$ 。国内企业的利润 $\pi_{\mathrm{d}}=p_{\mathrm{d}}q_{\mathrm{d}}-c_{\mathrm{d}}q_{\mathrm{d}}$,国外企业的利润 $\pi_{\mathrm{f}}=p_{\mathrm{f}}q_{\mathrm{f}}-c_{\mathrm{f}}q_{\mathrm{f}}$ 。反倾销税率是根据社会福利最大化的一阶条件求得。社会福利是消费者剩余、国内企业利润与国家税收收入的总和,

即
$$WS=CS+\pi_{\mathrm{d}}+\pi_{\mathrm{du}}+t_{\mathrm{d}}q_{\mathrm{f}}$$

式中消费者剩余 $CS=\dfrac{b}{2}(q_{\mathrm{d}}^2+q_{\mathrm{f}}^2)+b\theta q_{\mathrm{d}}q_{\mathrm{f}}$

7.6.2　模型建立

在现实的国际贸易中,国内企业首先确定符合利润最大化条件的产量,国外企业根据国内企业的决策制定其出口产量。分析 Stackelberg 模型的分析基于现代博弈论思想。这里运用博弈论中经常使用的逆向归纳法,按照下游零售市场均衡—上游产品市场均衡—求出最优产量—社会福利最优的顺序展开模型。

1）下游零售市场均衡

国外企业的利润函数为：

$$\pi_f = p_f q_f - c_f q_f = [a - b(\theta q_d + q_f)]q_f - p_{fu} q_f - t_d q_f \tag{7-160}$$

当企业利润最大化（边际成本等于边际收益）时，利润函数关于零售量的一阶导数值为零，由此求得

$$q_f = \frac{a - b\theta q_d - p_{fu} - t_d}{2b} \tag{7-161}$$

国内企业的利润函数：

$$\pi_d = p_d q_d - c_d q_d = [a - b(q_d + \theta q_f)]q_d - p_{du} q_d \tag{7-162}$$

由于国内厂商已经得知了国外厂商的决策并据此制订自己的销量，所以将式(7-161)代入式(7-162)，得

$$\pi_d = \frac{q_d[a(2-\theta) - q_d(2b - b\theta^2) + \theta p_{fu} - 2p_{du} + \theta t_d]}{2} \tag{7-163}$$

当国内零售商利润的一阶导数为零时，得到其销量为：

$$q_d = \frac{-2a + 2p_{du} - p_{fu}\theta - t_d\theta + 2\theta}{2b(\theta^2 - 2)} \tag{7-164}$$

将式(7-163)代入式(7-161)，得到国外零售商的跟随销量为

$$q_f = \frac{a(\theta^2 - 4 + 2\theta) - 2\theta p_{du} - p_{fu}(\theta^2 - 4) - t_d(\theta^2 - 4)}{4b(\theta^2 - 2)} \tag{7-165}$$

2）上游产品市场均衡

假设一单位上游产品生产一单位下游产品，所以可以令上游厂商面临的需求函数为：

$$q_{du} = \frac{-2a + 2p_{du} - p_{fu}\theta - t_d\theta + 2\theta}{2b(\theta^2 - 2)} \tag{7-166}$$

$$q_{fu} = \frac{a(\theta^2 - 4 + 2\theta) - 2\theta p_{du} - p_{fu}(\theta^2 - 4) - t_d(\theta^2 - 4)}{4b(\theta^2 - 2)} \tag{7-167}$$

由(7-166)和(7-167)两式，可以求得国内外上游厂商的反需求函数：

$$p_{du} = a(1 - 0.5\theta) - q_{du}(2b - b\theta^2) + 0.5t_d\theta + 0.5p_{fu}\theta \tag{7-168}$$

$$p_{fu} = \frac{a(\theta^2 - 4 + 2\theta) - 2\theta p_{du} - q_{fu}(4b(\theta^2 - 2)) - t_d(\theta^2 - 4)}{\theta^2 - 4} \tag{7-169}$$

国内外上游企业各自的利润如下：

$$\pi_{du} = p_{du}q_{du} - c_{du}q_{du} \tag{7-170}$$

$$\pi_{fu} = p_{fu}q_{fu} - c_{fu}q_{fu} \tag{7-171}$$

上游制造厂商同为垄断厂商，由各自的边际成本等于边际收益，求得最优产量：

$$q_{du} = \frac{a(-2+\theta) - p_{fu}\theta + 2c_{du} - \theta t_d}{4b(\theta^2 - 2)} \tag{7-172}$$

$$q_{fu} = \frac{a(-4+\theta^2+2\theta) - 2p_{du}\theta + c_{fu}(\theta^2-4) - t_d(\theta^2-4)}{8b(\theta^2-2)} \tag{7-173}$$

联立(7-164)、(7-165)、(7-172)和(7-173)四式，可得：

$$p_{du}^* = \frac{a(16-4\theta-6\theta^2+\theta^3) + c_{du}(16-4\theta^2) + c_{fu}(4\theta-\theta^3) - t_d(\theta^3-4)}{2(16-5\theta^2)} \tag{7-174}$$

$$p_{fu}^* = \frac{a(-8+2\theta+3\theta^2) - 2c_{du}\theta + c_{fu}(2\theta^2-8) - t_d(3\theta^2-8)}{5\theta^2-16} \tag{7-175}$$

将(7-174)和(7-175)两式代入式(7-164)和(7-165)，得到国内外下游零售商的最优销量分别是：

$$q_d^* = \frac{a(16-4\theta-6\theta^2+\theta^3) + c_{du}(6\theta^2-16) + c_{fu}(4\theta-\theta^3) - t_d(\theta^2-4\theta)}{2b(5\theta^2-16)(\theta^2-2)} \tag{7-176}$$

$$\begin{aligned} q_f^* = {} & [a(32-8\theta-20\theta^2+2\theta^3+3\theta^4) - c_{du}(2\theta^3-8\theta) - \\ & c_{fu}(3\theta^4-20\theta^2+32) - t_d(32-20\theta^2+3\theta^4)] \div [4b(5\theta^2-16)(\theta^2-2)] \end{aligned} \tag{7-177}$$

将(7-176)和(7-177)两式代入式(7-163)，求得国内下游零售零售商的均衡利润：

$$\pi_d^* = \frac{a(16-4\theta-6\theta^2+\theta^3) + c_{du}(6\theta^2-16) - c_{fu}(\theta^3-4\theta) - t_d(\theta^3-4\theta)^2}{8b(5\theta^2-16)^2(2-\theta^2)} \tag{7-178}$$

同理，国内上游制造商的均衡利润为

$$\pi_{du}^{*}=\frac{a(16-4\theta-6\theta^{2}+\theta^{3})+c_{du}(6\theta^{2}-16)+c_{fu}(\theta^{3}-4\theta)}{\theta(\theta^{2}-4)} \quad (7\text{-}179)$$

3）国内政府确定最优税率

国内消费者剩余用下式求得：

$$CS=\frac{b}{2}(q_{d}^{2}+q_{f}^{2})+b\theta q_{d}q_{f} \quad (7\text{-}180)$$

社会福利包括消费者剩余，国内上、下游企业的利润以及反倾销税收入

$$W=CS+\pi_{d}^{*}+\pi_{du}^{*}+t_{d}q_{f}^{*} \quad (7\text{-}181)$$

为了制定出令社会福利最优化的反倾销税额，求 W 对 t_{d} 的一阶偏导，并令 $\frac{\partial CS}{dt_{d}}=0$，可得到的最优税率表达式：

$$\begin{aligned}t_{d}=&[a(3\,072-4\,544\theta^{2}-64\theta^{3}+2\,480\theta^{4}+40\theta^{5}-588\theta^{6}-6\theta^{7}+51\theta^{8})+\\&c_{du}(64\theta^{3}-40\theta^{5}+6\theta^{7})-c_{fu}(3\,072-4\,544\theta^{2}+2\,480\theta^{4}-588\theta^{6}+51\theta^{8})]/\\&(111\theta^{8}-1\,300\theta^{6}+5\,584\theta^{4}-10\,432\theta^{2}+7\,168)\end{aligned} \quad (7\text{-}182)$$

当相似品替代系数 $\theta=1$ 时，

$$t_{d}^{*}=0.399a-0.416c_{fu}+0.027c_{du}$$

7.6.3 影响最优反倾销税率的因素分析

上述优化模型的结果可知，在国内企业追求利润最大化、政府追求社会福利最大化的框架下，最优反倾销税率的计算取决于国内市场容量 a、相似品替代系数 θ 和国内外上游企业制造成本 c_{du}，c_{fu}。下面讨论各个因素如何对最优税率造成影响。

1）市场容量对反倾销税率的影响

令 $c_{du}=10$，$c_{fu}=12$，$\theta=0.8$，则最优反倾销税率可以表示为 a 的一元函数：$t_{d}^{*}=0.412a-4.966$。由此可知，随着市场容量的增大，政府征收的反倾销税率应到相应提高。这是因为随着市场的扩大，国外零售商有更大的意愿进入国内市场，并侵占原本属于国内零售商的利润。政府为了达到国内福利最大化，需要对进口的产品征收更高的反倾销税。

2）相似品替代系数对反倾销税率的影响

令 $c_{du}=10$，$c_{fu}=12$，$a=50$，可得到最有税率关于 θ 的一元函数

$$t_{d}^{*}=(1938\theta^{8}-240\theta^{7}-22\,344\theta^{6}+1\,600\theta^{5}+94\,240\theta^{4}-2\,560\theta^{3}-172\,672\theta^{2}+116\,736)/$$

$(111\theta^8 - 1\,300\theta^6 + 5\,584\theta^4 - 10\,432\theta^2 + 7\,168)$

为了考察 t_d 与 θ 的关系，用 Matlab 软件做出函数图（见图 7.7）：

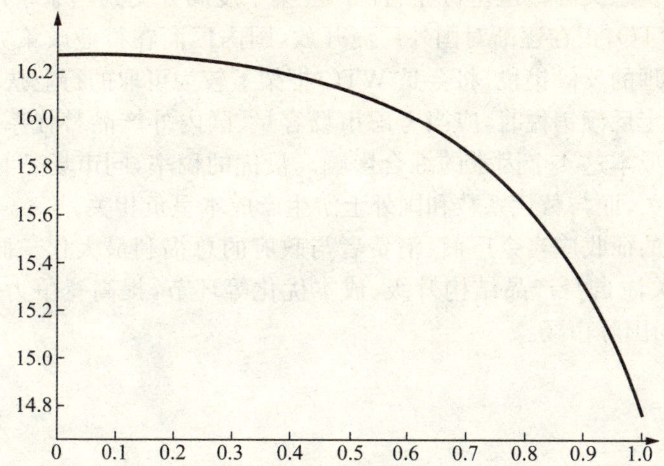

图 7.7　以相似品替代系数为自变量的最优反倾销税率函数图形

观察上图，可以得出的结论是：随着替代品相似率的增加，反倾销税率呈现降低的趋势。这说明税额与国内外商品之间的竞争程度负相关。当替代率很低时，表明国外商品在国内市场上受到来自同类产品的竞争很小。此时，国外零售商很有可能建立起垄断势力，不利于国内生产和销售相同产品企业未来的发展。政府为了保护潜在或出于发展期的国内行业，应当征收高额反倾销税。反之，当国内产品同国内产品相似度高时，表明国内生产和零售行业发展成熟度高，此时更多地遵循自由贸易原则，降低反倾销税。

3）国内制造商的边际成本对反倾销税率的影响

令 $c_{fu} = 12$，$a = 50$，$\theta = 0.8$，可得 $t_d^* = 15.569 + 0.008c_{du}$。

反倾销税率与国内上游厂商的边际生产成本正相关，原因是国内厂商的成本越高，在同国外产品的竞争中就越不利。政府可以通过提高反倾销税率来弥补这一劣势。

4）国外制造商的边际成本对反倾销税率的影响

令 $c_{du} = 12$，$a = 50$，$\theta = 0.8$，可得 $t_d^* = 20.123 - 0.421c_{fu}$。

上式说明国外上游生产商的边际成本越低，反倾销税率越高。国外的上游成本越低，其产品的零售价格就越低，并转化为国内市场上的优势，不利于国内零售商和生产商谋求更高的利润。因此，政府应当提高反倾销税来提高社会总福利。

通过逆向归纳法和现代博弈理论中的 Stackelberg 模型，分析了完全信息动态博弈下发生在相似品国际贸易下的最优税率制定过程。文中假设的一个国家内单一厂商，且国内厂商产量引导的情况，在分析钢铁、电力、通信等垄断性质很高的行业时是具有现实意义的。这些行业通常产业集中度高并受到国家政策的扶植。随着我国加入 WTO，正在逐渐对国外厂商开放，国内厂商在行业政策方面的优势将会被削弱。合理的反倾销税，将会是 WTO 框架下较为可取的行业扶植手段。

国家在制定反倾销税时，应当考虑市场容量、国内外产品替代系数、国内外上下游厂商边际成本这 4 个因素的综合影响。最优的税率，同市场容量和国内上游制造成本正相关，而与替代系数和国外上游生产成本呈负相关。

反倾销税的征收应当令厂商、消费者与政府的总福利最大化。而从厂商自身而言，则应当关注自身产品结构升级、成本优化等环节，提高竞争力，争取能够成熟、独立地走向国际市场。

第 8 章　我国政府及企业拟采取的策略

8.1　我国政府应采取的策略

8.1.1　我国政府的策略：面对国外对华反倾销

自从 1978 年我国实行改革开放尤其是加入世贸组织以来，我国开放型经济迅速发展，综合国力不断提升，改变了国际经贸格局，推动国际体系深刻演变，使得我国遭遇贸易摩擦和各类贸易保护主义具有必然性。30 年来，我国经济总量在世界占比从 1.8%增长到 7.3%，排名从第 13 位跃居第 3 位，人均 GDP 每 10 年不到就翻一番。对外贸易年均增长 17%，入世以来更是高达 27%，出口占世界比重由 0.8%增长到 8.9%，成为全球第二大出口国，第三贸易大国。2008 年，我国顺差占世界所有国家顺差的 15%，为第一顺差大国和拥有外汇储备最多的国家。与此同时，我国国际地位日益提升，被视作世界经济的重要驱动力和增长点，在 G20 金融峰会、WTO 多边谈判、国际货币基金组织和世界银行等多边组织和机构中，拥有了更多发言权和影响力。我国作为新兴大国的迅速崛起给各国心理和现有国际格局造成一定冲击。

其中最明显的经济形象是我国国内企业的出口产品一直遭受国外的反倾销(antidumping)调查，使我国企业不得不退出很多国外市场，失去很多国外市场份额。据统计，在短短的从 1995 到 2008 年 13 年中，其他 WTO 成员国对中国实施反倾销达到 441 起，总量占世界第一，是排名第二的韩国所遭受的反倾销措施数量的 3 倍之多。

我国出口企业受国外如此多的反倾销，其原因主要有以下两个方面：

1) 我国企业遭受国外反倾销的外部因素

(1) 贸易保护主义盛行。

由于国际经济形势持续低迷，一些国家经济不景气，这时贸易保护主义就开始抬头了。这也是近年来国际上对我国出口产品实行反倾销指控陡然增多的原因之一。

英国《金融时报》2002 年 4 月 25 日公布，在 20 世纪 90 年代，反倾销案平均每年发生 232 起，其中 2000 年发生了 251 起。而就在 2003 年，反倾销案的数量一下子增加到了348起。从这个简单的统计数字中，可以看出贸易保护主义正在迅速蔓延。在倡导全球经济一体化的今天，世界各国却面临着一个越来越严重的问题——贸易保护主义。

经济衰退与贸易保护主义犹如孪生姐妹，一旦经济陷入衰退，贸易保护主义就会马上抬头。2002年3月20日，美国正式启动"201条款"①，对进口钢铁加征30%的进口关税，这就是贸易保护主义的最好例证。美国启动的201条款不要求调查出口国是否进行了不公平的贸易活动，只要求对国内行业是否受到进口增加的损害进行深入调查。这种紧急保护措施的壁垒性质更加突出。

欧盟、日本、韩国等国都向世界贸易组织提出起诉，并准备采取紧急保护措施，贸易战可能会从钢铁扩展到其他产业，使贸易保护主义更加盛行。

(2) 国外把我国视为非市场经济国家，认为我国出口产品的国内价格不是真正的市场价格。

世界贸易组织将倾销定义为一国产品以低于正常价值的价格出口到另一国，并对进口国的相同或相似行业造成了损害的销售行为。这里的"正常价值"的确定有两套标准，其中的市场经济国家的标准是其在自己的国内市场上销售产品的市场价格，而非市场经济国家的标准则采取在替代国或者第三国市场上该产品的市场价格。

中国企业产品出口遭受的反倾销一个带普遍性的问题是许多国家仍然把中国作为一个非市场经济国家(入世后仍有15年时间才终止)。因为在一个非市场经济中，非市场经济国家自身就是一个大的企业，由于政府对市场价格的控制、对企业的直接参与，外国企业就有理由认为出口产品的国内产品成本是不真实的，价格不是真正的市场价格，是一个得到政府补贴了的低价格，是扭曲的市场价格，其国际市场价格也与成本无关。外国企业看到中国许多出口产品是国有企业生产的，就可以此认为这些企业仍是非市场经济，就可以认为企业定价不正常。这就导致了非市场经济国家出口商品更易遭到反倾销指控。只要中国是"非市场经济"，进口国的企业就会千方百计地利用这一点来使用反倾销的武器以达到保护它们自己的目的。因此，他们在判定是否存在倾销时，往往用替代国方式。而非市场经济国家的定性与随之而来的替代国标准具有相当大的主观随意性，在倾销的确定上采用与中国经济水平相差很大的国家作为价格比较的替代国，从而剥夺了中国廉价劳力等资源的比较优势。如欧盟在对中国产品进行调查时曾以美国、日本、挪威等

① "201条款"是关贸总协定和世界贸易组织所允许的进口国为保护本国工业、限制进口产品而设定的非关税壁垒措施，与反倾销和反补贴手段相比具有更大的任意性。到目前为止，中国受到"201条款"调查的产品有钢铁产品、蘑菇罐头、餐具、鞋类、金属铸件、刀具、照相机等。

发达国家作为参照，很显然中国与这些国家根本没有可比性，一比之下非市场经济的产品出口价格就显得低多了，反倾销的必要条件也就具备了。这在客观上不仅鼓励了进口国当地产业不断通过反倾销手段压制中国产品，而且导致中国产品被征收极高的反倾销税，而不得不退出当地市场。

2）我国企业遭受国外反倾销的内部因素

（1）出口企业缺乏自律。

改革开放以来，我国外贸体制经过了重大的变革，使许多地区、县、市和大量企业都有了外贸自营进出口权而竞相发展对外贸易。同时，我国对外出口的商品当中，以附加值低、技术含量值低的产品居多。这样，当一种外贸产品在国外市场上畅销时，各地企业蜂拥而上，造成出口产品过剩，不得不互相竞价促销。于是价格竞销战从国内市场一直打到国外市场，导致我国出口产品在国外市场上的销售价格非常低，甚至低于其生产成本，而作为非市场经济国家的我国的正常价值以替代国或第三国的市场价格为标准，这样，显然会导致我国出口企业对国外市场的销售符合世界贸易组织规定的倾销行为的含义。例如，在1997年美国对我国出口企业出口小龙虾实行反倾销调查期间，作为涉诉之一的南通德昌水产有限公司仍然以1.7美元/磅的价格向美国出口小龙虾19 939千克，远远低于2.8美元/磅的当时同行业协调价格，为他人输送反倾销炮弹，最后导致美国政府做出对我国的出口小龙虾实行反倾销的最终裁决。这就是我国出口企业互相低价竞销的结果。

（2）我国出口市场过分集中，结构单一。

从市场分布范围来说，我国出口企业的商品出口主要集中在欧美市场，而对其他国家和地区的市场的开拓则不大；从出口产品结构上看，我国出口商品主要集中于纺织、轻工和农副产品，附加值低且竞争过度。这些商品原本由于我国劳动力低廉，价格本身已经很低，加上出口企业未协调好彼此关系，更易造成低价销售，这样，很容易造成我国某种出口产品短时间内在某一国家和地区的市场上的销量迅速增加。同时，这种出口产品的销售很容易符合世界贸易组织及有关国家和地区的关于倾销的定义。因此，就会遭受该国家和地区的反倾销。我国的大量出口产品就只能退出该市场，而大量转向其他国家和地区的市场。这样，我国的出口产品受到国外的连锁反倾销。

（3）针对国外反倾销的应诉抗辩能力弱。

根据世界贸易组织1994年国际反倾销条例第6条第10款的规定，在面对国外的反倾销调查时，任何一个有利害关系的当事人在合理的时间内拒绝接受或者不提供必要的资料，或者极大地妨碍调查，那么有关的调查主管当局可以在现有事实的基础上做出裁决，也就是说被指控倾销的出口企业未能在规定的时间内递交相关资料，那么有关的调查主管当局就按照申述人提供的现有资料做出裁决，即所谓的 BLA(Best Information Available)规则。

但是国外对我国一些产品实行反倾销时，我国本来可以积极应诉并且有可能胜诉，但一些企业不愿意打这样的官司，那就只能听人家说什么就是什么，导致最后的裁决对我国出口企业极其不利。也就是说，面对国外政府的反倾销，我国出口企业的应诉抗辩能力不强。这种情况最冤枉，而且后果及影响也极其恶劣。人家指控你，你不应诉，人家觉得我国企业好“欺”，动不动就向我国的出口产品提起反倾销指控。我国出口企业应诉能力较弱的原因有：①国外对我国出口产品的反倾销指控是针对整个行业，且应诉费用高昂。据统计，在反倾销指控中，最高律师费高达 300 万美元。但应诉产生的收益并不只归于应诉企业而归整个行业享有，具有很大的外溢性，个体的理性行为决定企业的最优选择是不应诉；②企业对国外有关反倾销的法律法规了解不够，而自身的企业制度未能完全建立，为应诉收集材料所需的成本较大；③企业长期处于封闭的经济环境中，信息闭塞，不能及时获悉国外的反倾销指控和立案信息，即使想积极应诉也会陷于困难；④在面对国外倾销指控时，应诉企业往往不能协调一致，外贸公司和生产企业脱节，造成一部分资料无法获得而不能应诉。

针对我国出口企业在国际上遭受反倾销的原因及其严重程度，我国政府及出口企业都应采取相应的措施以减少我国出口企业不必要的损失。首先讨论我国政府应采取什么措施：

第一，如何应对“非市场经济国家”的歧视待遇。

由于以替代国或第三国的市场价格，甚至还可以采取其他“合理方法”，诸如使用调查国本国相同相似产品的销售价格作为出口企业的正常价值具有极大的歧视性和随意性。我国政府应想办法解决。

中国政府在入世谈判中同意美国这一并非合理的要价，当然是出于对全局的考虑。全面彻底地解决美国对中国实行的“替代国”政策问题，可能有待这个 15 年期限结束时，再因时因势而动。但是，对于其他国家(地区)对中国实行的“替代国”政策，中国政府有权而且应当尽早选择有利的案子和时机，提出挑战，直至最终经过世贸组织争端解决机构专家小组的裁定解决。因为中美协议中关于反倾销调查的条款不自动适用于其他世贸组织成员方，即其他世贸组织成员方无权引用中美协议关于反倾销的条款；除非其他世贸组织成员能够根据世贸组织的《反倾销措施协定》第 2.7 条和《1994 年关贸总协定》附件九第 6.1 条补充规定二，证明中国是“全部或大体上全部由国家垄断贸易并由国家规定国内价格的国家”，否则，任何世贸组织成员无权在反倾销调查中拒绝给予我国出口企业有关世贸组织《反倾销措施协定》规定的正常调查待遇。

同时，前面章节已经证明作为计算反倾销税率基础的倾销幅度公式存在诸多弊端,即按照正常价值与在进口国市场上的销售价格之差额作为反倾销税率的依据存在诸多弊端。因为出口国企业可以根据国外市场和国内市场的大小调整正常价值或在国内市场上的销售价格,而对国内相同或相似行业的损害程度并不变或有可能增大。这样,用替代国或第三国的市场价格来代替非市场国家的正常价值就显然站不住脚。因此,在以后的世界贸易组织的多边谈判中,我国政府应据理力争,争取抛弃现行世界贸易组织有关反倾销的不合理的法律法规,从而取消对"非市场经济国家"所采取的不公平的待遇。

第二,加强出口体制管理,帮助建立行业协会。

从政府的管理职能来说,国家对出口商品的品种、结构和地区布局应该实行强有力的宏观调控,进行国家统一规划,努力避免行业、企业的重复建设和盲目发展,防止出口结构的失衡。

主要策略是建立行业协会。每个行业都建立一个行业协会,达到一定规模的企业都是它的成员。行业协会的作用在于:①统一和协调本行业的出口价格、出口数量及出口地区,以提高本行业国内企业所创造的利润和降低我国出口企业遭受国外反倾销的概率;②代表本行业国内企业面对国外对我国的倾销提起反倾销申请及反倾销诉讼,以及应诉国外对我国出口商品进行的反倾销诉讼;③协助本行业的国内企业解决倾销和反倾销过程中所遇到的具体问题;④及时向本行业协会的成员通报反倾销的具体信息,如进口商品的价格,进口商品所占市场的份额,以及对国内商品价格的影响等等。

第三,建立反倾销预警机制,防患于未然。

今后我国在应对国外反倾销的重点应该由事后应诉转向事前预防。因为,国外的反倾销指控一经确立,就得去应诉,而应诉是一个非常复杂的过程,需要花费大量的人力、财力,若最后败诉,那么损失就更大。

我国政府可以利用其在外国的使领馆或其他驻外机构以及我国行业协会在外办事处了解国外有关反倾销法律法规以及当地企业、行业乃至政府对我国出口产品的反应,收集一些与我国出口产品有关的市场信息,并跟踪该国的反倾销动向,同时及时反馈到我国国内行业协会及出口企业,使它们及时采取有关措施及收集有关资料,以防范国外反倾销于未然。

第四,建立应对国外反倾销的应诉体系。

作为经济活动主体的我国企业,在面临外国的倾销指控时,往往应诉不力。1991 年、1993 年、1995 年、1997 年这几年的应诉率分别为 14%、22%、39%和 55%,虽然,具有递增的趋势,但其相对比率还是较低的。而据统计,应诉案件的胜诉率(指终裁结果较不起诉结果或初裁结果好的数量与遭受反倾销指控的数量之比)还是比较高的。例如,美国企业对反倾销案件应诉的胜诉率可达到82.3%[①]。

应对的策略是建立国家、行业协会和企业三位一体的反倾销应诉机制。其中,最重要的是建立行业协会,由行业协会按照上面所述的功能统一应对反倾销案件,而政府及出口企业从中协助。这样,就能克服应对反倾销案件的消极态度,以不断提高我国出口企业遭受反倾销指控时的应诉能力。

8.1.2 我国政府的策略:面对国外对华倾销

根据《WTO反倾销协议》的规定,某产品从一国出口到另一国的出口价格低于正常价值,则该产品的销售被视为倾销。

依据《中华人民共和国反倾销和反补贴条例》的规定,出口价格按照下列方法确定:①进口产品有实际支付价款或者应支付价款的价格的,以该价格为出口价格;②进口产品没有实际支付价款或者应支付价款的价格,或者其价格不能确定的,以该进口产品首次转售给独立购买人的价格或者以对外贸易经济合作部商海关总署后根据合理基础所推定的价格为出口价格。而正常价值按照下列方法确定:①进口产品的相同或类似产品在出口国市场上有可比价格的,以该可比价格为正常值;②进口产品的相同或类似产品在出口国市场上没有可比价格的,以该相同或类似产品出口到第三国的可比价格或者是以该相同或类似产品的生产成本加合理费用、利润为正常值。

依据上述两个规定,某些外国产品在我国市场上的倾销现象已相当严重,并且严重地挤占我国国内市场,给我国不少幼稚产业带来实质损害或实质损害威胁。这种情况的产生有其深刻的国外和国内原因,只有认真地研究和分析国外对我国倾销的内在原因,才能采取有效的反倾销措施、运用国际通行规则来抵御这种不正当的竞争行为,这样,我国企业才能维护其自身利益,振兴民族经济,最终使我国的消费者受益。

下面以博弈论有关原理分析我国企业遭受严重倾销的原因。

假设存在两个博弈参与人,一个为国外垄断企业,另一个为我国企业。国外垄断企业有两个战略,即实行倾销和不实行倾销。而我国企业也有两个战略,即进行反倾销和不进行反倾销。假设在我国市场上销售某种产品总共可以获得100个单位的利润,而国外垄断企业在我国进行倾销的成本以及我国企业进行反倾销的成本都是10个单位,若国外垄断企业实行倾销,我国企业进行反倾销,则国外垄断企业获得的收益为负20个单位,而我国企业获得的收益为90(100－10)个单位;若国外垄断企业实行倾销,我国企业不进行反倾销,则国外垄断企业获得的效用为40

① 参见:2002年05月02日,京华时报。

个单位，而我国企业获得的效用为 50 个单位；若国外垄断企业不实行倾销，我国企业进行反倾销，则国外垄断企业获得的收益为 10 个单位，而我国企业获得的收益为 80 个单位；若国外垄断企业不实行倾销，我国企业不进行反倾销，则国外垄断企业获得的收益为 10 个单位，而我国企业获得的收益为 90 个单位。并假设两者进行完全信息静态博弈，见下面的倾销反倾销博弈收益矩阵图（图 8.1）。

		我国企业	
		反倾销	不反倾销
国外垄断企业	倾销	-20,90	40,50
	不倾销	10,80	10,90

图 8.1　国内外企业倾销反倾销博弈收益矩阵图

该博弈没有纯粹的纳什均衡解，但有混合纳什均衡解。假设用 γ 表示国外垄断企业进行倾销的概率，θ 表示我国企业进行反倾销的概率。给定 γ，我国企业进行反倾销（ $\theta = 1$ ）和不反倾销（ $\theta = 0$ ）的期望收益分别为：

$$\pi_{\theta=1} = 90\gamma + 80\gamma = 170\gamma$$

$$\pi_{\theta=0} = 50(1-\gamma) + 90(1-\gamma) = 140 - 140\gamma$$

令 $\pi_{\theta=1} = \pi_{\theta=0}$，可得 $\gamma^* = \frac{140}{310} = 0.45$ 。

即：如果国外垄断企业对我国实行倾销的概率大于 γ^*，我国企业的最优选择是我国企业对国外的倾销实行反倾销；如果国外垄断企业对我国实行倾销的概率小于 γ^*，我国企业的最优选择是我国企业对国外的倾销不实行反倾销；如果国外垄断企业对我国实行倾销的概率等于 γ^*，我国企业的最优选择是我国企业对国外的倾销随机地选择实行反倾销或不实行反倾销。

给定 θ，国外垄断企业进行倾销（ $\gamma = 1$ ）和不进行倾销（ $\gamma = 0$ ）的期望收益分别为：

$$\pi_{\gamma=1} = -20\theta + 40(1-\theta) = 40 - 60\theta$$

$$\pi_{\gamma=0} = 10\theta + 10(1-\theta) - 10$$

令 $\pi_{\gamma=1} = \pi_{\gamma=0}$，得 $\theta^* = 0.5$。

即：如果我国企业对国外的倾销实行反倾销的概率大于 θ^*，国外垄断企业的最优选择是不对我国实行倾销；如果我国企业对国外的倾销实行反倾销的概率小于 θ^*，国外垄断企业的最优选择是对我国实行倾销；如果我国企业对国外的倾销实行反倾销的概率等于 θ^*，国外垄断企业的最优选择是随机地选择对我国实行倾销或不对我国实行倾销。

因此，该混合纳什均衡是：(γ^*, θ^*)，即国外垄断企业以 γ^* 的概率对我国实行倾销，而我国企业以 θ^* 的概率对国外的倾销实行反倾销。

但是，现实中我国对国外的倾销实行反倾销的概率远远小于达到均衡时的概率，因此，国外垄断企业选择实行倾销。

所以，使国外企业预期到我国实行反倾销的概率大于达到均衡时的概率，有利于国外垄断企业对我国实行倾销。

面对国外对我国的倾销，我国要实行有效的反倾销措施去抵制之。其策略主要有以下几个方面：

1）我国要建立合理的反国外倾销机制

根据“关于实施《1994年关贸总协定》第6条的协议”的规定：①除第6款的规定外，确定任何被指控的倾销的存在，程度和影响的调查应在收到由国内企业或代表国内企业提出的书面申请后发起；②除非主管机关根据对国内同类产品生产者对申请表示的支持或反对程度的审查，确定申请是由国内企业或代表国内企业提出的，否则不得按照上一款发起调查。如申请得到总产量构成国内产业中表示支持或反对申请的国内同类产品生产者生产的同类产品总产量的50%以上，则该申请应被视为“由国内企业或代表国内企业提出”。

中国建立社会主义市场经济的时间不长，而资本主义的市场经济已有几百年的历史，因此，中国市场产品的垄断程度较低，在某一产业中要想少数几个企业的总产量占国内同类产品生产者生产的同类产品总产量的50%以上是很困难的。这样，面对国外对我国的倾销，我国企业就会出现互相推诿、“搭便车”的现象，最后，无法联合起来对国外的倾销提出反倾销申请，从而无法对国外的倾销进行反倾销调查，更无法对国外的倾销采取反倾销措施。

所以，要实行反倾销措施的最根本条件是申请得到总产量构成国内产业中表示支持或反对申请的国内同类产品生产者生产的同类产品总产量的50%以上，为此，面对国外对我国的倾销，我国要实行有效的反倾销措施是建立各种行业协会，由各种行业协会代表国内企业提出反倾销调查申请，这样就达到“关于实施《1994年关贸总协定》第6条的协议”的规定。因此，面对国外对我国的倾销，我国要实行有效的反倾销措施是建立政府、行业协会和企业三个层次的反国外倾销体系，其中最重要的是建立各种行业协会。

（1）政府。我国政府应该设立专门的处理倾销和反倾销的有关部门，由对外经济贸易合作部主管。由该部门代表我国政府对每一项反倾销是否立案以及拟采取的措施负责，并处理与倾销和反倾销有关的各种问题。

（2）行业协会。每个行业都建立一个行业协会，达到一定规模的企业都是它的成员。行业协会的作用在于：①代表本行业国内企业面对国外对我国的倾销提起反倾销申请及反倾销诉讼，以及应诉国外对我国出口商品进行的反倾销诉讼；②协助本行业的国内企业解决倾销和反倾销过程中所遇到的具体问题；③及时向本行业协会的成员通报反倾销的具体信息，如进口商品的价格，进口商品所占市场的份额，以及对国内商品价格的影响等等。

(3) 企业。在倾销和反倾销中国内企业必须重视保护自己的利益，及时向行业协会了解有关倾销和反倾销的信息，同时把在国内市场和国外市场上了解到的进口商品的有关信息诸如进口商品在国内市场和国外市场的价格及在国内市场上的销售额等等，还要把对反倾销的意见及时反馈给本企业所属的行业协会。

只要政府、行业协会及企业各自发挥自己的作用，我国企业就能有效地防止国外对我国的倾销。

2）合理确定对国外出口企业的反倾销税率

有了上述的防止国外倾销体系，剩下的问题是我国政府有关当局如何根据有关资料确定合理的反倾销税率。根据前面有关章节的研究和分析，反倾销税率的确定应考虑以下几个因素：

(1) 国内市场消费者需求弹性对反倾销税率的影响。

当出口国企业对进口国市场的倾销幅度等条件基本相同的情况下，如果国内消费者对倾销产品的需求弹性很小，那么我国政府就应对该进口产品征收较高的反倾销税率；反之，如果国内消费者对倾销产品的需求弹性很大，那么我国政府就应对该进口产品征收较低的反倾销税率甚至不征收反倾销税率。

(2) 国外企业的单位边际成本对反倾销税率的影响。

按照现行计算反倾销税率的基础——倾销幅度的计算公式，反倾销税率的大小与国外企业的单位边际成本无关，但是，根据前述章节推导的反倾销税率的优化模型，在倾销幅度等条件相同的情况下，可以知道反倾销税率是国外企业出口到国内市场上的产品的单位边际成本的减函数，即随着国外企业生产产品的单位边际成本的增加而减少。所以，当国外企业生产产品的单位边际成本越高，也就是国外企业的竞争力越弱，应征收的反倾销税率越低；反之，国外企业生产产品的单位边际成本越低，也就是国外企业的竞争力越强，应征收的反倾销税率越高。

(3) 国内企业的单位边际成本对反倾销税率的影响。

按照现行计算反倾销税率的基础——倾销幅度的计算公式，反倾销税率的大小与进口国企业的单位边际成本无关，但是，根据前述推导的反倾销税率的优化模型，在倾销幅度等条件相同的情况下，可以知道反倾销税率是国内企业在国内市场上销售的产品的单位边际成本的增函数，即随着国内企业生产产品的单位边际成本的增加而增加，正好与国外企业生产的产品的单位边际成本对反倾销税率的影响相反，只是影响程度不同而已。即随着国内企业生产产品的单位边际成本的增加而增加。所以，当国内企业生产产品的单位边际成本越高，也就是国内企业的竞争力越弱，应征收的反倾销税率越高；反之，国内企业生产产品的单位边际成本越低，也就是国内企业的竞争力越强，应征收的反倾销税率越低。

3）如何应对非倾销的销售行为造成国内行业的损害

依据世界贸易组织有关协定及我国的反倾销法律法规的规定，国外企业生产的出口产品是否存在倾销需要满足三个条件：①倾销：在国内市场上销售的国外企业生产的产品存在倾销事实，即出口商以低于正常价值向进口国销售产品；②损害：上述销售的产品对进口国相关产业造成了实质损害或实质损害的威胁或对建立相关产业造成了实质阻碍；③因果关系：实质损害或实质损害的威胁或对建立相关产业造成了实质阻碍的产生是由该产品的倾销造成的。

但是，在实际情况中，存在着如此情况：国外企业在国内市场上的产品销售造成了实质损害或实质损害的威胁或对建立相关产业造成了实质阻碍，但是，不存在倾销或倾销幅度与造成的损害程度不匹配。如果此时仍然按照世界贸易组织有关协定及我国的反倾销法律法规的规定的倾销幅度来确定反倾销税率，进口国政府就不能有效地防止国外企业对国内企业所造成的损害。这种情况对大国（指国内市场容量大）来说更容易发生。因为，在大国里，由于其国内市场容量大，且生产某种产品的国内企业数量也多，因此，在国内市场上的竞争就比较激烈，从而其市场化程度也比较高，所以，某一家国内企业很难垄断整个行业；而在小国里，由于其国内市场容量小，且生产某种产品的国内企业数量也少，因此，在小国里很容易形成垄断企业而控制或影响在自己的国内市场上的销售价格。这样，小国向大国出口产品时，如果通过降低在自己的国内市场上的销售价格更有利可图时，国外企业就不会通过降低其在出口国市场上的出口价格而是通过降低在自己的国内市场上的销售价格来降低倾销幅度，于是，就可能出现这种情况：国外企业在国内市场上的产品销售造成了实质损害或实质损害的威胁或对建立相关产业造成了实质阻碍，但是，不存在倾销或倾销幅度与造成的损害程度不匹配。

美国是世界上最大的资本主义发达国家，在其国内有很大的市场容量，所以，很多小国都纷纷进军以占领一席之地，这样，肯定会在一定程度上造成对美国国内企业的损害，但是不一定存在倾销幅度。以美国钢铁行业为例，2002 年 3 月 20 日，美国正式启动“201 条款”，对进口钢铁加征 30%的进口关税。美国此次启动的 201 条款还不同于普通的反倾销、反补贴措施，不要求调查出口国是否进行了不公平的贸易活动，只要求对国内行业是否受到进口增加的损害进行深入调查。这种紧急保护措施较反倾销措施更具随意性，同时壁垒性质也更加突出。但是，其策略有一定的道理，因为，小国对大国的出口会造成实质损害或实质损害的威胁或对建立相关产业造成了实质阻碍但可以规避倾销幅度。但对大国的出口不宜采取这种政策，所以，美国商务部长埃文斯对我国外经贸部部长石广生表示同意把中国排除在钢铁“201 条款”之外。

我国是世界上最大的发展中国家，有很大的市场容量，所以，我国企业是很容易遭受国外企业销售产品的实质损害或实质损害的威胁或对建立相关产业造成了实质阻碍而不存在倾销或倾销幅度与造成的损害程度不匹配；所以，面对国外企业对我国企业的规避倾销的损害销售行为，也应该采取类似美国政府的做法，即根据国内行业的损害程度来确定是否进行反倾销及反倾销税率大小。

美国政府的“201 条款”对我国政府有关反倾销政策的制定具有非常重要的借鉴意义。因为，我国也是世界上国内市场容量最大的国家之一，同样会面对世界上很多小市场容量国家的出口企业会对我国许多行业造成损害而无倾销行为。

8.2　我国出口企业应采取的策略

上面讨论了我国政府应如何应对国外对我国企业的反倾销及国外企业对我国的倾销等问题，同时提出了我国政府拟采取的措施。由于上述的讨论包含了很多出口企业应采取的措施，故对之不再论述，仅对影响出口企业的出口价格的因素进行探讨。

1）需求弹性对出口定价的影响

根据前面几章的分析可知，当进口国市场上的消费者需求弹性大于出口国市场上的消费者需求弹性时，出口国企业对进口国市场实行倾销能增加出口国企业的利润，同时对进口国国内企业的损害也较小，所以，对于消费者需求弹性较大的进口国市场，出口国企业可以相对地确定较小的出口价格；反之亦然。

2）竞争力强弱对出口定价的影响

由前面几章的分析，可知：在完全信息的情况下，如果我国出口企业的边际成本较低，或者，在不完全信息的情况下，如果国外对我国出口企业的预期边际成本较低，那么，国外政府对我国的出口产品会选择实行反倾销政策，而且其实行的反倾销税率会随着国外企业的边际成本或预期边际成本的减少而增加，因为这样做有利于增加其国内社会福利的总值；反之，如果我国出口企业的边际成本或预期边际成本较高，则，进口国政府一般不会选择实行反倾销政策，因为这样做有利于不减少其国内社会福利的总值。因此，对于边际成本或预期边际成本较低即比较有效率的国外企业，在其要出口产品的国内企业提出反倾销申请或进口国政府实行反倾销调查前，主动与其要出口产品的进口国政府或企业达成价格承诺（PU）协议或实行自动出口限制（VER），或者，如果条件允许的话，可采取绕过关税和反倾销税的对外直接投资(FDI)政策,以避免遭受反倾销而失去更多的利润和市场份额。我国建立社会主义市场经济的时间还不长,而且我国人口众多,劳动力丰富,因此,我国企业以劳动密集型企业为主,从而决定了我国企业具有成本比较优势;同时,我国出口企业很少采取价格承诺(PU)协议、实行自动出口限制(VER)及绕过反倾销税的对外直接投资(FDI)政策,所以,我国的出口企业很容易遭受国外的反倾销调查。

3) 如何动态定价

出口企业应有长远的眼光,按照优化公式所确定的数值合理确定每一阶段出口产品的出口价格,以实现其出口利润的最大化。如果偏离优化动态模型所确定的价格,出口企业便会失去部分利润甚至退出国外市场。20 世纪 80 年代末中国彩电对欧出口就是一个很好的出口动态定价的例子。1988 年,欧盟在当地彩电生产企业的要求下,开始对来自中国的彩电进行反倾销立案调查,于 1991 年 7 月 18 日,欧盟决定对中国出口欧盟的彩电征收税率为 15.3%的反倾销税。由于没有按照优化模型确定出口价格,1995 年 4 月 1 日,欧盟对所有的中国企业的出口彩电征收 25.6%的反倾销税;1998 年 12 月 2 日,欧盟决定对所有来自中国的彩电征收 44.6%的反倾销税。至此,中国出口欧洲的彩电基本被赶出欧洲市场。固然,中国出口企业所遭受的反倾销有非价格因素,但是关键问题还在于出口产品的出口定价问题上。否则,所征收的反倾销税率不会一次比一次高,因为,现行反倾销税率的确定最终还是以倾销幅度为基础的。

参考文献

[1] Aradhna Aggarwal. Macro Economic Determinants of Antidumping: A Comparative Analysis of Developed and Developing Countries[J]. World Development, 2004, 32(6): 1043-1057.

[2] Aryashree Debapriya, Tapan Kumar Panda. Anti-dumping Retaliation—A Common Threat to International Trade [J]. Global Business Review, 2006(7): 297.

[3] Barrell, Ray and Nigel Pain. Trade Restraints and Japanese Direct Investment Flows [J]. European Economic Review, 1999 (43).

[4] Belderbos, Rene A. Anti-dumping and Tariff Jumping: Japanese Firms' DFI in the European Union and the United States [J]. Weltwirtschaftliches Archive, 1997(133).

[5] Blonigen, Bruce A. and Yuka Ohno. Endogenous Protection, Foreign Direct Investment and Protection-building Trade [J]. Journal of International Economics, 1998, 46(2): 205-227.

[6] Blonigen, Bruce A. US Antidumping Filings and the Threat of Retaliation [J]. Manuscript, 2000.

[7] Blonigen, Bruce A. Tarriff-jumping Antidumping Duties [J]. Journal of International Economics, Forthcoming.

[8] Blonigen, Bruce A. and Stephen E. Haynes. Antidumping Investigation and the Pass-through of Exchange rates and Antidumping Duties [J]. American Economic Review, Forthcoming.

[9] Blonigen, Bruce A. Jee-Hyeong Park. Dynamic Pricing in the Presense of Antidumping Policy: Theory and Evidence [J]. Manuscript, 2000.

[10] Blonigen, Bruce A. Tarriff-jumping FDI and Domestic Firm's Profits [J]. NBER Working Paper, 2002, No. w9027.

[11] Boltuck, Richard D. An Economic Analysis of Dumping [J]. Journal of World Trade Law, 21(1987).

[12] Bown, Chad. Antidumping Against the Backdrop of Disputes in the GATT/WTO System [J]. Manuscript, 2000.

[13] Brander. J. and Paul Krugman. A Reciprocal Dumping Model of International Trade [J]. Journal of International Economics, (15), 313-321, 1983.

[14] Bruce A. and Jee-Hyeong Park. Dynamic Pricing in the Presence of AD Policy [J]. NBER working paper, No. 8477 September 2001.

[15] Cassing, James and Ted To. Antidumping and Signaling [J]. Manuscript, 2000.

[16] Chad P. Bown. The WTO and Antidumping in Developing Countries [J]. Economics & Politics, 12(2), 255-288, 2008.

[17] DeVault, James M. The Welfare Effects of US Antidumping Duties [J]. Open Economics Review, 7(1996a).

[18] DeVault, James M. US Antidumping Administrative Review [J]. International Trade Joural, 10(1996b).

[19] Dobrin R. Kolev, Thomas J. Prusa. Dumping and Double Crossing: The (in)Effectiveness of Cost-based Trade Policy under Incomplete Information [J]. NBER Working Paper, No. w6986.

[20] Eymann, Angelika and Ludger Schuknecht. Antidumping Policy in the European Community: Political Discretion or Technical Determination [J]. Economics and Politics, 8(1996).

[21] Ficher. Ronald D. Endogenous Probability of Protection and Firm Behavior [J]. Journal of International Economics, (32), 149-163, 1992.

[22] Figlio, David N. and Bruce A. Blonigen. The Effects of Foreign Direct Investment on Local Communities [J]. Journal of Urban Economics,(48)338-363,2000.

[23] Furusawa, Taiji, and Thomas J. Prusa. Antidumping Enforcement in a Reciprocal Model of Dumping: Theory and Evidence [J]. Manuscript, 1996.

[24] Gallaway, Michael P. , Bruce A. Blonigen, and Joseph E. Flynn. Welfare Costs of US Antidumping and Countervailing Duty Laws [J]. Journal of International Economics, 49 (1999).

[25] Haaland, Jan I. And Ian Wooton. Antidumping Jumping: Reciprocal Antidumping and Industrial Location [J]. Weltwirtschaftliches Archive, 134(1998).

[26] Hansen, Wendy L. and Thomas J. Prusa. Cumulation and ITC Decision Making: The Sum of the Parts is Greater than the Whole [J]. Economic Inquiry, 34(1996).

[27] Hansen, Wendy L. and Thomas J. Prusa. The Economics and Politics of Trade Policy: An Empirical Analysis of ITC Decision Making [J]. Review of International Economics, 5(1997).

[28] Hartigan, James C. An Antidumping Law Can Be Procompetitive [J]. Pacific Economic Review, 5(2000).

[29] Hartigan, James C. Sreenivas Kamma, and Philip R. Perry. The Injury Determination Category and the Value of Relief from Dumping [J]. Review of Economics and Statistics, 71(1989).

[30] Hoekman B M,Leidy M P. Cascading contingent protection [J]. Canadian Journal of Economic,1992, 36:883-892.

[31] Jota Ishikawa. From Segmented Markets to Integrated Markets: an Analysis of Economic Integration and Antidumping Legislation [J]. Review of International Economics, 12(4),

706 - 722, 2004.

[32] Kelly Kenneth A. and Morris E. Morkre. Do Unfairly Traded Imports Injure Domestic Industries? [J]. Review of International Economics, (6), 321-332, 1998.

[33] Kohler, Philippe and Michael O. Moore. Design of an Antidumping Rule with Incomplete Information about Material Injury [J]. Journal of Economic Integration, 1998 (13).

[34] Krishnendu G. D. On Stackelberg Games in a Homogeneous Product Market [J]. European Economic Review, 2004, 48(3):549-562.

[35] Krupp, Corinne M., and Patricia S. Pollard. Market Response to Antidumping Laws: Some Evidence from the U. S. Chemical Industry [J]. Canadian Journal of Economics, 1996, Vol 29(1): P200-218.

[36] Krupp C M, Skeath S. Evidence on the up stream and downstream impacts of antidumping cases [J]. North American journal of Economics and Finance, 2002, 13:163-178.

[37] Leidy, Michael P. Macroeconomic Conditions and Pressures for Protection under Antidumping and Countervailing Duty Laws: Empirical Evidence from the United States [J]. International Monetary Fund Staff Papers, 44(1997).

[38] Leidy, Michael P. and Bernard M. Hoekman. Production Effects of Price- and Cost-based Antidumping Laws under Flexible Exchange Rates [J]. Canadian Journal of Economics, 23(1990).

[39] Leonard K. Cheng, Larry D. Qiu, Kit Pong Wong. Anti-dumping measures as a tool of protectionism: a mechanism design approach [J]. Canadian Journal of Economics/Revue canadienne d' Economique, Vol. 34, No. 3, August 2001.

[40] Michael R. Czinkota, Masaaki Kotabe. A Marketing Perspective of the U. S. International Trade Commission's Antidumping Actions—An Empirical Inquiry [J]. Journal of World Business, 1997. 32(2): 169-187.

[41] Michael O. Morre. Antidumping Reform in the WTO: A Pessimistic Appraisal [J]. Pacific Economic Review, 12(3), 357-379, 2007.

[42] Miranda, Jorge, Raul A. Torres, and Mario Ruiz. The International Use of Antidumping: 1987-1997 [J]. Journal of World Trade, 32(1998).

[43] Moore, Michael O. Facts Available Dumping Allegations: When Will Foreign Firms Cooperate in Antidumping Petitions? [J]. Manuscript, 2000.

[44] Murray, Tracy, and Donald J. Rousslang. A Method for Estimating Injury Caused by Unfair Trade Practices [J]. International Review of Law and Economics, 9(1989).

[45] Panagariye, Arvind and Gupta, Poonam. Antidumping Duty versus Price Competition [J]. World Economy, 21(1998).

[46] Prusa, Thomas J. Pricing Behavior in the Presence of Antidumping Law [J]. Journal of Economic Integration, 33(1992).

[47] Prusa, Thomas J. Why Are So Many Antidumping Petitions Withdrawn? [J]. Journal of

International Economics, (33), 1-20, 1992.

[48] Prusa, Thomas J. On the Spread and Impact of Antidumping [J]. NBER Working Paper No. 7404, 1999.

[49] Rosendorff, B. Peter. Voluntary Export Restraints, Antidumping Procedure, and Domestic Politics [J]. American Economic Review, 86(1996).

[50] Roger Farrell, Neol Gaston, Jan-Egbert Sturm. Determinants of Japan's Foreign Direct Investment: An industry and country panel study, 1984-1998 [J]. Journal of the Japanese and International Economies, 2004, 18: 161-182.

[51] Sabry Faten. An Analysis of the Decision to File, the Dumping Estimates, and the Outcome of Antidumping Petitions [J]. International Trade Journal, 2000. 14: 109-145.

[52] Simon P. Anderson, Nicolas Schmitt, Jacques-Francois Thisse. Who Benefits from the Antidumping Legislation [J]. Journal of International Economics, 1995. 38:321-337.

[53] Staiger, Robert W. and Frank A. Wolak. Strategic Use of Antidumping Law to Enforce Tacit International Collusion [J]. NBER Working Paper, No. 3016, 1989.

[54] Staiger, Robert W. and Frank A. Wolak. The Effect of Domestic Antidumping Law in the Presence of Foreign Monopoly [J]. Journal of International Economics, 32(1992).

[55] Staiger, Robert W. and Frank A. Wolak. Measuring Industry Specific Protection: Antidumping in the United States. Brookings papers on economics Activity [J]. Microeconomics, 1994:60-82.

[56] Vandenbussche, Hylke, Jozef Konings, and Linda Springael. Import Diversion under European Antidumping Policy [J]. NBER Working Paper, No. 7340, 1999.

[57] W. J. Ethier. Decreasing Costs in International Trade and Frank Graham's Argument for Protection [J]. Econometrica, (50), 1243-1268, 1982.

[58] Y. D. Park, B. Eggers. WTO Dispute Settlement 1995-1999: A Statistical Analysis [J]. Journal of International Economic Law, March 2000, 135-146.

[59] Genyuan Zhong, Jianwen Luo, Bin Zhou. Quantitative Study on the Economic Effects of Anti-dumping Rate. Proceedings of 2005 International Conference on Management Science & Engineering (12th) (Volume II).

[60] Genyuan Zhong, Jianwen Luo, Yuan XU. Optimal Model of Anti-dumping Duty Rate under Cournot Competition between Similar Products. 2005 International Conference on Services System and Services Management. Proceedings of ICSSSM'05 June 13-15, 2005, Chongqing, China (Volume 1).

[61] Xi Junfang, Cang Ping, Zhong Genyuan. Game Analysis of Implementing Price Undertaking Agreements in Anti-Dumping Disputes. Journal of Donghua University. January, 2008.

[62] 王方华,钟根元.国外对我国倾销及我国反倾销体制建立的博弈分析[J].对外经贸实务,2002(1).

[63] 钟根元,王方华. 完全信息动态博弈下反倾销税率优化定价模型[J]. 国际贸易问题,2003(1).

[64] 钟根元,王方华. Optimal Model of Anti-dumping Duty Rate Under Incomplete Dynamic Game. 2003 年 PPBA.

[65] 王方华,钟根元. 小国对大国倾销模型的经济学分析——兼析美国"201 条款"合理性. 2003 年 PPBA.

[66] 钟根元,王方华. 浅析我国反倾销税率的合理定价[J]. 价格理论与实践,2003(9).

[67] 钟根元,王方华. 行政复审反倾销税率与社会福利最大化税率优劣比较[J]. 管理评论,2003(3).

[68] 钟根元,王方华. 不完全信息下基于成本的倾销反倾销静态博弈分析[J]. 管理工程学报,2004(2).

[69] 钟根元,王方华. 完全信息动态博弈下反倾销税率优化定价模型[J]. 国际贸易问题,2003(1).

[70] 钟根元,王方华. 出口企业面对反倾销的确定性动态定价[J]. 系统工程理论与实践,2003(11).

[71] 钟根元,王方华. 基于行政复审与福利最大化的反倾销税率[J]. 系统工程学报,2004(6):25-28.

[72] 钟根元,周斌,许源. 不完全信息动态博弈下反倾销税率优化模型[J]. 哈尔滨工业大学学报,2006(1).

[73] 朱瀛,钟根元. 基于动态博弈的优化产业内贸易反倾销税率探讨[J]. 安徽农业科学,2007(2).

[74] 钱洁,钟根元. 完全信息动态下相似商品反倾销税率的确定[J]. 哈尔滨商业大学学报(自然科学版),2007(5).

[75] 梁枫,钟根元. 欧美对华"一国一税"反倾销政策的博弈分析[J]. 国际经贸探索,2007(6).

[76] 钟根元,唐一冰. 完全信息多静态博弈下反倾销税率研究[J]. 财经研究,2007vol. 33.

[77] 奚俊芳,唐宗明,钟根元. 垂直市场结构下继发性反倾销税率优化机制研究[J]. 系统管理学报,2007(5).

[78] 奚俊芳,钟根元. 基于垂直市场结构的反倾销诉讼决策机制研究[J]. 上海交通大学学报(自然科学版),2007(6).

[79] 彭高群,奚俊芳,钟根元. 完全信息条件下上下游反倾销税率优化的动态博弈分析[J]. 科学技术与工程,2009(1).

[80] 王珂珂,钟根元. 基于上下游垄断市场结构反倾销税率的博弈分析[J]. 国际经贸探索,2009(2).

[81] 王菲,钟根元,黄国祥. 完全信息四方动态博弈的反倾销税率研究[J]. 数学的实践与认识,2009(5).

[82] 顾承宗,钟根元. 完全信息博弈下三国反倾销税率优化定价模型[J]. 上海管理科学,2009(4).

[83] 郭竞男，钟根元. 基于垂直市场结构的三国反倾销税率模型研究[J]. 陕西科技大学学报，2009(2).

[84] 严俊樑，钟根元. 完全信息下实行反倾销措施与补贴措施的静态博弈分析比较[J]. 陕西科技大学学报，2008(6).

[85] 蔺江波，钟根元. 反倾销税对现行出口退税策略的影响[J]. 哈尔滨商业大学学报(自然科学版)，2009(4).

[86] 杨仕辉，熊艳. 对华反倾销与我国对策研究[J]. 商业经济与管理，2000(4) Vol. 126.

[87] 方勇，张二震. 出口产品反倾销预警的经济学分析[J]. 经济研究，2004(1)：74-82.

[88] 朱钟棣，鲍晓华. 反倾销措施对产业的关联分析[J]. 经济研究，2004(1)：83-92.

[89] 王仁祥，李芊蕾，陈艳林. 国际反倾销制度对我国应对反倾销的启示[J]. 财经理论与实践，2002(1) Vol. 23.

[90] 田祖海，林海. 反倾销：现状、原因与政策建议[J]. 中南财经政法大学学报，2002(2) Vol. 131.

[91] 王琴华. 做好反倾销反补贴工作[J]. 经济管理，2001 (15)：7-9.

[92] 黄艺，钱栋. 试论在国际市场竞争环境下的中国家电产业的发展[J]. 科技信息，2006(12)：29-33.

[93] 沈瑶，朱益，王继柯. 中国反倾销实施中的产业关联研究以聚氯乙烯案为例[J]. 国际贸易问题，205：83-87.

[94] 宾建成. 中国首次反倾销措施效果评估[J]. 世界经济，2003(9)：38-43.

[95] 石水平，杨维波. 内部控制对反倾销企业税负影响的实证分析[J]. 当代经济管理，2008(2)：70-76.

[96] 伍楠林，李大光. 反倾销税实施的经济效应分析及对我国的启示[J]. 理论探讨，2006(4)：101-102.

[97] 公强，伍楠林. 反倾销税实施对进口国的福利影响[J]. 国际经贸，2008，30(2)：16-18.

[98] 伍楠林，白双鹏，王普. 中国企业应对反倾销诉讼的博弈分析[J]. 理论探讨，2008(1)：75-77.

[99] 郑甘澍，邓力平. 反倾销税与反倾销补贴的经济学思考[J]. 国际贸易问题，2006(10)：74-80.

[100] 张宝均. 最优反倾销税的概念与计算[J]. 数量经济技术经济研究，2004(5)：148-151.

[101] 杨维波. 企业内部控制与反倾销的关系[J]. 对外经贸财会. 2005(12)：31-33.

[102] 于刃刚，王菊红. 美国对中国反倾销的变化趋势、原因及对策分析[J]. 经济与管理，2008(4)：24-26.

[103] 廖秀健. 美国对中国反倾销现状、原因及影响分析[J]. 全国商情·经济理论研究，2006(12).

[104] 杨仕辉. 反倾销规则的博弈分析[J]. 世界经济，2001(11)：31-41.

[105] 顾海兵，张越. 出口退税应该由常态变为例外[J]. 经济理论与经济管理，2008(4).

[106] 林珏. 加入 WTO 以来国外对华反倾销特点、原因及对策研究[J]. 世界经济研究，2008(4).